UNIVERSITÉ DE FRANCE — ACADÉMIE DE LYON

ÉTUDE

SUR LA

NULLITÉ DES ACTES DE DISPOSITION ENTRE VIFS

QUI ONT POUR OBJET LA CHOSE D'AUTRUI

THÈSE

POUR LE DOCTORAT

SOUTENUE

Devant la Faculté de Droit de Lyon, le 8 Février 1877

PAR

CHARLES-ADRIEN AUDIBERT

Avocat à la Cour d'appel de Lyon, licencié ès-lettres

LYON

IMPRIMERIE MOUGIN-RUSAND

3, Rue Stella, 3.

1877

THÈSE

POUR LE DOCTORAT

FACULTÉ DE DROIT DE LYON

MM. CAILLEMER ❋, professeur de Code civil, doyen.
MABIRE, professeur, chargé du deuxième cours de Code civil.
GARRAUD, agrégé, chargé du cours de droit criminel.
MICHEL, agrégé, chargé du premier cours de droit romain.
APPLETON, agrégé, chargé du deuxième cours de droit romain.
BRÉMOND, agrégé, chargé du cours de procédure civile.
FLURER, agrégé, chargé du cours de droit industriel.
ROUGIER, chargé du cours d'économie politique.
RAMBAUD, chargé du cours de droit commercial.
MORIN, chargé du troisième cours de Code civil.
ENOU, chargé du cours de droit administratif.
GIRAUD, secrétaire, agent comptable.

MM. CAILLEMER ❋, *président.*
MABIRE,
GARRAUD,
MICHEL,
APPLETON,
BRÉMOND,
} *suffragants.*

UNIVERSITÉ DE FRANCE — ACADÉMIE DE LYON

ÉTUDE

SUR LA

NULLITÉ DES ACTES DE DISPOSITION ENTRE VIFS

QUI ONT POUR OBJET LA CHOSE D'AUTRUI

THÈSE

POUR LE DOCTORAT

SOUTENUE

Devant la Faculté de Droit de Lyon, le   Février 1877

PAR

CHARLES-ADRIEN AUDIBERT

Avocat à la Cour d'appel de Lyon, licencié ès-lettres

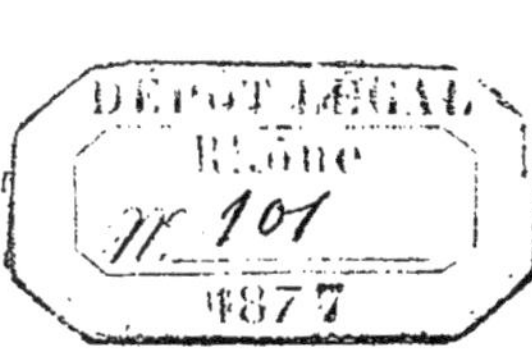

LYON

IMPRIMERIE MOUGIN-RUSAND

3, Rue Stella, 3.

1877

A MON PÈRE

A ma Mère

ÉTUDE

SUR LA

NULLITÉ DES ACTES DE DISPOSITION ENTRE VIFS

QUI ONT POUR OBJET LA CHOSE D'AUTRUI

Dans toute législation qui reconnaît et sanctionne le droit de propriété, s'il est un principe nécessaire c'est que nul ne peut aliéner la chose d'autrui. La propriété ne serait qu'un mot, si elle pouvait être transférée par le fait d'un tiers, sans la volonté du maître. On ne donne que ce qu'on a, *nemo dat quod non habet*. Ce n'est pas seulement une règle de justice, c'est encore un axiome de bon sens.

Tout acte de disposition de la chose d'autrui est donc nul; c'est cette nullité qui doit faire l'objet de notre étude.

Il importe, avant tout, de bien délimiter le terrain que nous aurons à parcourir. Nous ne nous proposons pas de présenter une théorie générale sur les actes de disposition *a non domino* et sur les effets qu'ils peuvent produire, soit en matière personnelle, soit en matière réelle ; la nullité dont ils sont atteints doit seule nous occuper. Et même dans cette limite, ce sont les principes généraux qui seuls appelleront notre attention. Nous négligerons d'en faire l'application aux différentes hypothèses dans lesquelles se produisent en pratique les aliénations *a non domino*, aux nombreuses catégories de personnes qui peuvent se trouver en rapport avec la chose d'autrui. au possesseur de bonne foi, à l'usurpateur, au voleur, au copropriétaire qui aliène au-delà de sa part dans la chose commune, au mandataire conventionnel ou légal, au mari, au tuteur qui par des actes de disposition excèdent les pouvoirs qu'ils ont reçus, à l'héritier apparent qui aliène les biens héréditaires, au fisc, à l'état qui vend la chose d'autrui ; nous n'aurons pas à nous demander, par conséquent, si, dans ces divers cas, notamment en ce qui concerne le fisc, l'héritier apparent, le mari vendeur du fonds dotal, le principe de la nullité n'a jamais subi et ne subit pas encore certaines exceptions. Ce côté de la question est à la vérité le plus pratique, le plus intéressant peut-être ; mais l'exposé des principes généraux nous entraînera à des développements trop étendus, pour que l'obligation de nous restreindre ne s'impose pas à nous comme une nécessité.

Nous nous placerons en présence d'un acte de disposition entre vifs, émané d'un autre que le propriétaire, et supposant cet acte nul, nous nous poserons successivement trois questions qui formeront, dans l'étude de droit romain et dans l'étude de droit français qui vont suivre, l'objet de trois chapitres distincts :

1° Quel est le caractère de la nullité dont l'acte est frappé ? Est-elle absolue ou relative ?

2° A la suite de quelles circonstances l'acte nul à l'origine peut-il régulièrement recevoir ses effets? Quelle est sur la validité de cet acte l'influence des divers évènements qui peuvent réunir, sur la même tête, la qualité de propriétaire et la qualité de l'aliénateur?

3° Lorsque l'acte de disposition a eu en fait pour résultat de dépouiller le légitime propriétaire, quelle est, vis-à-vis de celui-ci, la situation du disposant, et quelle influence exerce entre les parties, sur la validité de l'acte qu'elles ont accompli, l'évènement qui met l'acquéreur à l'abri de toute éviction?

Bien que nous plaçions sous une même rubrique les deux dissertations dont nous venons d'indiquer le plan, il ne faut pas croire que nous aurons à y traiter identiquement les mêmes questions.

Dans la partie romaine de notre sujet, nous nous limiterons exclusivement au domaine des droits réels; nous supposerons qu'il s'agit d'une tradition, d'une constitution de servitude, d'une convention d'hypothèque ou de tout autre acte translatif de propriété ou constitutif de droit réel, émané d'un *non dominus*; nous n'aurons à nous occuper ni de la vente, ni de l'échange, ni de la donation, ni d'aucun acte simplement générateur d'obligations.

Quand nous arriverons au droit actuel, il nous sera impossible de laisser de côté la question des obligations qui peuvent être contractées relativement à la chose d'autrui. Dans notre droit, le consentement par lequel on s'oblige à transférer la propriété opère par lui-même cette translation; l'acte par lequel on aliène se confond avec celui par lequel on s'oblige. Aussi, pour savoir de quelle nullité sont atteints les actes d'aliénation de la chose d'autrui, nous serons nécessairement amené à nous demander quelles obligations l'aliénateur a pu valablement contracter. Nous traiterons non-seulement du paiement (ou plus exactement de la tradition dans les cas où elle opère encore comme mode translatif), non-seulement de l'acte constitutif d'hypothèque, mais aussi de la vente, de l'échange, de la donation entre vifs ; et, à propos des divers actes que nous n'aurons pas encore rencontrés dans notre étude sur le droit romain, nous exposerons incidemment les principes des législations antérieures.

DROIT ROMAIN

CHAPITRE I

CARACTÈRE DE LA NULLITÉ DES ACTES DE DISPOSITION DE LA CHOSE D'AUTRUI

Nemo plus juris ad alium transferre potest quam ipse habet, a dit Ulpien (54, D, *de reg. jur.*), formulant une de ces vérités évidentes qui n'ont pas besoin d'être démontrées. Par application de ce principe, tout acte translatif de propriété ou constitutif de droit réel est nul, quand il n'émane pas de celui en qui réside le droit. Notamment, la tradition et la convention d'hypothèque, dont nous aurons plus spécialement à nous occuper, sont inefficaces quand elles émanent d'un autre que le propriétaire.

Traditio nihil amplius transferre debet vel potest ad eum qui accipit quam est apud eum qui tradit. Si igiter quis dominium in fundo habuit, id tradendo transfert; si non habuit, ad eum qui accipit nihil transfert. (Ulp. 20 pr. *de acq. rer. dom.)*

Non plus habere creditor potest quam habet qui pignus dedit (Papinian., 3, § 1. D. *de pign. et hyp.*; — Diocl. et Max., 6. C., *si aliena res pign.*; — Alex., 4., *eod. tit.*)

Il serait inutile de multiplier, sur un principe aussi évident, les citations de textes. Mais, si nous nous demandons quel est le caractère de la nullité qui frappe les actes de disposition de la chose d'autrui, les jurisconsultes romains ne fournissent à cette question aucune réponse directe. Ils s'abstiennent ici, comme presque toujours, de formuler des principes abstraits : *omnis definitio in jure civili periculosa* (Javol., 202, D. *de reg. jur.*). Nous essayerons, toutefois, malgré l'avertissement que nous donne ce célèbre adage, de dégager des lois romaines l'idée générale qu'elles renferment sur la nullité des actes d'aliénation *a non domino*.

On lit dans la loi 29, au Digeste, *de regulis juris ; quod initio vitiosum est, non potest tractu temporis convalescere*. Cette maxime, empruntée à Paul, n'avait probablement pas, dans la pensée du jurisconsulte, la généralité que lui ont attribuée, en l'isolant, les rédacteurs du titre *De regulis juris*, et que le droit canonique a continué de lui reconnaître (1). Comme le livre huitième, *ad Sabinum*, d'où elle a été détachée, traitait des tutelles (2), on peut croire, avec Pothier (3), qu'elle se référait uniquement aux actes faits par le pupille sans l'*auctoritas tutoris*, actes que le tuteur ne pouvait valider en donnant après coup son *auctoritas*. Mais cette règle pouvait-elle être généralisée ? Nous la trouvons formellement exprimée dans des textes relatifs à la stipulation (Instit., *de inut. stip.*, § 2), à l'institution d'héritier (Javol., 201, Licinius Rufus, 210. D. *de reg. jur.*), au legs (Cels., 1, *de reg. Caton.*). Devons-nous approuver les compilateurs du Digeste d'avoir établi, comme un principe absolu, que tout

(1) Dantoine, *Règles du droit canon*, 18.

(2) Compar., 4, 17, D. *de tutel.* ; 3, D. *de auctor. et cons. tutor.*

(3) Pothier, *Pandect.*, *ad. h. l.*

acte nul à l'origine demeure nécessairement nul, et appliquer sans restriction cette idée aux actes d'aliénation de la chose d'autrui? Dès qu'un acte ne réunit pas, au moment de sa formation, toutes les conditions nécessaires à sa validité, s'ensuit-il qu'aucun fait ultérieur ne pourra le soustraire à la nullité dont il est frappé?

I. — Il faut distinguer, à ce point de vue, deux espèces de causes de nullité : les unes *absolues*, les autres *relatives*, s'il nous est permis d'employer des expressions toutes modernes.

La nullité peut tenir à l'absence d'une des conditions requises pour la formation même de l'acte, telles que le consentement ou les formes prescrites par la loi; elle peut tenir à l'existence d'un vice absolu, soit chez les parties, privées, par exemple, du *jus commercii*, ou frappées d'incapacité par la loi civile, soit dans la chose, placée par sa nature en dehors du commerce (1) : dans tous ces cas, la nullité ne peut jamais être effacée. Quand l'acte est nul pour défaut de consentement ou pour vice de forme, il n'existe pas, à proprement parler, et on conçoit qu'il ne puisse jamais recevoir d'effet : on peut le *refaire*, non le confirmer. Quand il est nul, à raison de l'incapacité des parties ou de la nature de la

(1) Nous ne parlons pas des obstacles que le droit prétorien élève à l'efficacité de certains actes, valables *jure civili* : ces obstacles sont de nature à disparaître, et, quand ils seront enlevés, rien n'empêchera l'acte de sortir son plein effet; c'est ainsi que la *restitutio in integrum* donnée au mineur de vingt-cinq ans, qui a subi une lésion, n'est plus possible après une année utile, et, depuis Justinien, après quatre années continues, à compter de la majorité acquise (5, § 1, *Cod. de in integr. restit.*; 7, Cod., *de temp. in restit.*); c'est ainsi que l'action *de dolo* et l'action *quod metùs causâ* ne sont données que durant un an à ceux dont le consentement a été arraché par violence ou surpris par dol.

chose, l'obstacle qui s'oppose à la validité peut sans doute disparaître, mais par des événements exceptionnels, qui ne dépendent pas de la simple volonté de l'homme, et il n'est pas plus dans la nature des choses de prévoir cette disparition, qu'il n'est au pouvoir des parties de l'opérer. Aussi la nullité est-elle absolue : d'une part, on ne peut la prévenir en soumettant l'acte à la condition que les parties deviendront capables ou que la chose entrera dans le commerce, et, d'autre part, elle ne peut pas être effacée par la transformation qui se produira dans la capacité des parties ou dans la nature de la chose. C'est ainsi, pour sortir des généralités, que le défaut de *factio testamenti* au moment de la confection du testament entraîne une nullité que l'acquisition de la *factio testamenti* avant le décès sera impuissante à couvrir (Florent., 49, § 1, D. *de hered instit.*) ; c'est ainsi que, d'après l'opinion sabinienne, qui prévalut, la nullité du testament dans lequel un *filius* a été omis n'est pas couverte par la mort du *filius*, survenue avant le décès du père (Paul., 7, D. *de lib. et post.*). De même la stipulation et, à plus forte raison, la *datio* d'une chose sacrée ou d'un homme libre sont et demeurent nulles, quelles que soient les clauses dont l'acte soit accompagné, quels que soient les événements qui le suivent (Instit. *de inut. stipul.* § 2 ; Paul. 83, § 5, D. *de verb. obl.* Instit. *de legat.* § 4 : *nullius momenti legatum est ;* Ulp. *Reg.* 24, § 9 : *quoniam dari non potest.)*.

Mais supposons que la nullité tienne à ce que les parties, sans être incapables de figurer à l'acte, se trouvent respectivement placées dans une telle situation que le rapport de droit qu'elles veulent établir ne soit pas actuellement possible entre elles : par exemple, un testateur fait un legs à l'esclave de l'héritier qu'il institue (Instit., *de legat.*, § 2). Supposons encore que la nullité tienne à ce que la chose, sans être hors de commerce, ne peut pas, à raison de certaines circonstances, faire actuellement l'objet du droit qu'il s'agit de créer : par exemple, l'acte tend à conférer à une personne un droit de créance ou un droit réel sur une chose dont elle est déjà propriétaire : c'est une *stipulatio rei suæ ;* c'est un *legatum rei legatarii* (Inst. *de legat.*, § 10). Ici encore, le principe du droit civil est que l'acte, nul *ab initio*, demeure nul, quels que soient les événements ultérieurs : la règle catonienne, qui s'applique exclusivement aux causes purement relatives de nullité dont nous parlons, n'est qu'une application de ce principe général ; ce qu'elle offre de particulier, c'est qu'elle précise le moment initial auquel il faut se placer pour apprécier la validité du legs. Toutefois, si le principe subsiste, c'est sous une importante restriction : il est écarté par le droit civil lui-même, dans le cas où l'acte est conditionnel.

Dans les hypothèses que nous avons en vue, ce qui fait obstacle à l'efficacité de l'acte, ce n'est pas un vice qui affecte la capacité des parties ou la nature de la chose, c'est un simple accident, qui caractérise soit les rapports des parties entre elles, soit leurs rapports avec la chose. Or, cette relation particulière peut cesser, par suite d'événements qui dépendent de la volonté de l'homme, et que rien n'empêche de prévoir : aussi suffira-t-il, pour que l'acte soit valable, de le subordonner à l'événement d'une condition, et si à l'arrivée de la condition les circonstances qui le paralysaient ont disparu, il produira son plein effet. Ainsi le legs conditionnel échappe à la règle catonienne (Papin., 3, D. *de reg. Caton,*) ; la *stipulatio rei suæ* est valable pourvu qu'on y ajoute une condition (Pompon., 31 ; Marcel., 98, pr., D. *de verb. obl.*).

II. — La nullité de l'acte d'aliénation émané *a non domino* doit être rangé parmi celles qui tiennent à un vice purement relatif. La *res aliena* n'est pas *extra commercium ;* elle n'est pas de ces choses *quæ naturâ suî dominio nostro exempta sunt* (Instit., *de inut. stipul.*, § 2). Sans doute, elle ne peut pas être aliénée : mais à quoi tient cette impossibilité ? C'est à une situation accidentelle, de nature à se modifier par le moyen d'un simple déplacement de propriété ; c'est à la relation ou, si on le préfère, au défaut de relation existant actuellement entre la chose et l'aliénateur.

Si nous comparons, au point de vue qui nous occupe, la *res sacra*, la *res sua* et la *res aliena*, nous verrons que, de toutes les trois, la dernière est la plus propre à former valablement l'objet d'opérations juridiques.

La *res sacra*, ou toute autre chose placée hors du commerce, ne peut ni être due, ni être aliénée : on ne peut ni la stipuler, ni l'acheter, sauf toutefois le cas où, en l'achetant, on en a ignoré la nature (Inst. *de empt. et vend.*, § 5) ; on ne peut ni la transmettre en propriété, ni la grever de droits réels. C'est en vain que les parties auraient expressément subordonné la validité de l'acte à la condition que la chose deviendrait profane ; à plus forte raison, est-ce en vain que la chose entrerait dans le commerce, si les parties ont traité purement et simplement.

Quant à la *res sua*, c'est-à-dire quant à la chose dont on est déjà propriétaire, on ne peut en devenir ni créancier ni acquéreur : l'inefficacité de l'acte par lequel on stipule sa propre chose ou on la reçoit dans le but de l'acquérir, tient à l'impossibilité matérielle de réunir sur la même tête la qualité de propriétaire et celle de créancier ou d'acquéreur. Mais la condition qui suspend le sort de l'acte en entraîne la validité pour le cas où la chose aura cessé d'appartenir au stipulant ou à l'*accipiens*, lorsque la condition s'accomplira. Si au contraire l'acte est pur et simple, il est et demeure nul, malgré la perte de propriété qui pourrait ultérieurement survenir.

La *res aliena* se prête mieux encore à l'accomplissement des divers actes juridiques.

D'abord, rien n'empêche d'en devenir créancier ou débiteur, même purement et simplement. On peut s'obliger par stipulation, soit à la transférer en propriété (Paul., 91, § 1 ; Marcel., 98 pr., Venul. 137, § 4. D. *de verb. oblig.*), soit à la grever de servitudes (Paul., 25, § 10, D. *fam. ercisc.*) soit à en procurer la paisible possession (*rem habere licere*), soit enfin à ne rien faire personnellement qui empêche le le créancier d'en jouir (*per se non fieri quominus habere stipulatori liceat*) (Ulp. 38, §§ 4 et s., D. *de verb. oblig.*) : aussi la chose d'autrui peut-elle faire l'objet d'une vente (Ulp. 28. D. *de cont. empt.*) (1).

A la vérité, elle ne peut être aliénée. Aussitôt après avoir posé en principe la validité de la vente de la chose d'autrui, Ulpien se hâte d'ajouter : *sed res emptori auferri potest* (28, D. *de cont. empt.*). Peu importe que l'acheteur ait déjà payé le prix de vente ; le propriétaire n'en peut pas moins revendiquer, sans avoir à indemniser celui qu'il évince : *rem tuam a possessore vindicare etiam non oblato pretio poteris* (Alex., 3, C. *de rei vind.*) (2).

Mais pourtant, si la chose d'autrui a fait l'objet d'un acte d'aliénation, d'une tradition par exemple, cet acte est-il nul ?

S'il a été subordonné à la condition que la chose cesserait d'appartenir à autrui, il est parfaitement valable.

Supposons la tradition d'une *res aliena* faite sous la condition *si res tradentis futura sit* : l'évènement de cette con-

(1) Infra. —

(2) Nous n'examinons pas la question de savoir si ces principes ne comportaient pas des exceptions.

dition transférera au *tradens* la propriété et, du même coup, consommera l'aliénation au profit de l'*accipiens*. Sans doute, *pendente conditione*, la tradition doit réunir les éléments essentiels à sa validité, et par conséquent avoir un objet ; mais pourvu que cet objet existe et soit par sa nature susceptible d'aliénation, peu importe qu'il ne puisse pas actuellement être aliéné par le *tradens*, puisque l'effet translatif ne doit pas avoir lieu avant que la condition soit accomplie. Cet effet a été reculé au jour où l'évènement prévu se réaliserait : il suffit qu'à cette époque, le *tradens* soit propriétaire, et il le sera évidemment si l'évènement à l'arrivée duquel a été subordonnée l'efficacité de la tradition consiste précisément dans l'acquisition de la propriété par le *tradens*.

Il y avait là un moyen bien simple d'accomplir valablement sur la chose d'autrui des actes d'aliénation destinés à produire leur plein effet dans le cas où la propriété serait acquise à l'aliénateur. Ce moyen était surtout employé par les débiteurs, dans le but d'augmenter momentanément leur crédit ; de nombreux textes signalent comme très-fréquente l'hypothèque de la chose d'autrui sous la condition que le constituant deviendra propriétaire. Non-seulement, on pouvait, en exprimant la condition *si res debitoris facta fuerit*, hypothéquer telle chose déterminée appartenant à un tiers (Marcian., 16 § 7. D. *de pign. et hyp.*) ; mais cette condition était même sous-entendue quand l'hypothèque portait sur une chose qui était due au constituant (Papinian., 1 pr. *eod. loc.*)

Mais supposons que l'acte *a non domino* ait été accompli purement et simplement ; sans doute, il n'a pas pour effet d'opérer le déplacement d'un droit qui n'appartient pas à l'auteur de l'aliénation, mais dès que l'acte ne rencontrera plus d'obstacle dans le droit d'un tiers, l'efficacité qui lui manquait à l'origine lui sera en général acquise, grâce aux moyens de procédure mis par le préteur au service de l'équité. Ainsi la nullité des actes d'aliénation *a non domino* n'est pas irrémédiable ; elle tient à un simple obstacle de fait dont la disparition peut à chaque instant donner à l'acte toute son énergie. C'est ce que nous devons maintenant démontrer.

CHAPITRE II

DES ÉVÈNEMENTS QUI ONT POUR EFFET DE VALIDER L'ACTE DE DISPOSITION DE LA CHOSE D'AUTRUI

Lorsque l'aliénateur d'une chose appartenant à autrui acquiert la propriété qui à l'origine lui faisait défaut, ou bien lorsque le propriétaire de la chose devient l'héritier de ce *non dominus*, quel est le sort de l'acte? Dans les deux cas, la qualité de propriétaire et la qualité d'aliénateur ou d'héritier de l'aliénateur se trouvent après coup réunies sur la même tête : seulement dans le premier cas, celui qui est actuellement propriétaire ne l'était pas quand il a figuré à l'acte ; dans le second, celui dont la personne s'est confondue avec celle de l'aliénateur, était distinct de ce dernier, quand l'aliénation a été tentée. Mais maintenant, la situation est devenue telle que si l'acte s'accomplissait entre les mêmes personnes qui ont pris part à la tentative impuissante d'aliénation ou du moins entre leurs représentants, il ne rencontrerait plus d'obstacle. La cause de la nullité n'existe plus ; la nullité va-t-elle disparaître ?

I. — Supposons d'abord que celui qui a voulu aliéner la chose d'autrui, en devienne plus tard propriétaire.

Si l'évènement qui lui confère la propriété rétroagit jusqu'au jour où l'acte d'aliénation a eu lieu, cet acte est valable *ab initio*. Tel était, d'après la doctrine Sabinienne qui prévalut (Gaius, II, 195. Ulp., 44, § 1. D. *de leg. 1°*), le sort des actes faits par l'héritier *deliberante legatorio*, sur la chose léguée purement et simplement, lorsqu'ensuite le légataire répudiait ; peu importait d'ailleurs que ces actes fussent du droit des gens, comme la tradition (Pompon., 8. D. *de reb. cred.;* Marcian., 15. D. *de reb. dub.*), ou du droit civil, comme la *manumissio* (Ulp. 2. D. *de manum* ; Marcel., 31. D. *de testam milit.*). De même, dans le cas de donation entre époux, faite avec l'intention de conférer immédiatement la propriété au donataire (Ulp. 11, § 1. D. *de donat. int. vir.*), lorsque celui-ci, qui malgré tout n'était pas propriétaire de la chose donnée, en avait disposé cependant avant le décès de son conjoint, la confirmation de la donation rendait valable cet acte d'aliénation (Ulp. 11, § 9. *eod. tit.*), car elle opérait avec rétroactivité (Papin., 40. D. *de mort. causâ don.*). Ainsi s'expliquait encore la validité des actes de disposition faits par un père sur le *peculium castrense* de son fils, quand celui-ci prédécédait (Ulp. 44., pr. *de leg. 1°.*). Dans ces hypothèses, l'aliénateur est réputé avoir été propriétaire au moment de l'acte ; l'acte émane donc *a domino*. Ne disons pas qu'il est validé ; disons qu'il est valable.

Mais qu'arrivera-t-il si l'aliénateur devient, après coup, propriétaire, sans que son droit remonte dans le passé jusqu'à l'époque à laquelle il a disposé ? Par exemple, il succède au *dominus* à titre universel ; ou bien il acquiert la chose à titre singulier, soit qu'il en reçoive tradition, soit que la condition qui tenait son droit en suspens vienne à s'accomplir sans rétroactivité : c'est un légataire *sub conditione* qui aliène la chose léguée au moment où elle appartient encore à l'héritier, et dont le droit s'ouvre par l'arrivée de la condition (1) ; c'est un vendeur qui, n'ayant transmis à l'acheteur qu'une propriété résoluble, dispose de la chose *pendente conditione*, et que l'accomplissement de la condition rend ensuite propriétaire.

D'après le droit civil, il est certain que ces événements n'avaient aucune influence sur la validité de l'acte.

Cela va de soi, pour les modes solennels, comme la *mancipatio* ou l'*in jure cessio* : lorsque c'est de l'accomplissement de certaines formes que dépend la création d'un droit, si l'acte est nul, le droit ne pourra jamais naître, quoi qu'il arrive ; car c'est aux formes consacrées, et non à des événements contingents que sa naissance est attachée. « L'acte et l'effet à pro-« duire forment un tout indivisible. L'acte est complet, régu-« lier dans toutes ses parties et l'effet est produit, ou rien « n'est fait, et, si la volonté persiste, tout est à refaire (2). »

La tradition de la chose d'autrui demeurait aussi nulle *jure civili*, malgré la survenance de la propriété aux mains du *tradens*. Mais elle recevait du préteur les effets que lui refusait le droit civil.

Pour valider après coup la tradition *rei alienæ*, suivie de l'acquisition réalisée par le *tradens*, le préteur recourt à ses

(1) Dans cette hypothèse, il n'y a pas d'intérêt à distinguer entre la doctrine sabinienne, qui attribue provisoirement à l'héritier la chose léguée sous condition, et la doctrine proculienne, d'après laquelle cette chose est *res nullius, pendente conditione* : l'une et l'autre, en effet, s'accordent à décider qu'à l'arrivée de la condition le légataire devient propriétaire sans effet rétroactif. Dans le droit de Justinien, au contraire, la condition qui suspend le droit du légataire opère avec rétroactivité, 3, § 3, Cod., *Comm. de legat.*

(2) Labbé, *de l'effet de l'aliénation*..... (Rev. Prat., t. 40, p. 146.)

moyens ordinaires de procédure. Dans le cas où la tradition a eu lieu en exécution d'une vente, et où elle aurait été de nature à transférer la propriété si elle fût émanée du véritable propriétaire (ce qui suppose que le prix a été payé), l'acheteur qui est en possession a l'*exceptio rei venditæ et traditæ* pour repousser la revendication qui serait dirigée contre lui; l'acheteur qui a perdu la possession a l'action Publicienne pour se faire restituer la chose, et la *replicatio rei venditæ et traditæ*, pour repousser l'*exceptio justi dominii* qui lui serait opposée. (Ulp. 1, pr., D. *de exc. rei vend.*; 72, D. *de rei vindic.*) Si c'est à un autre titre que l'*accipiens* a reçu la tradition, le préteur le munira du même moyen d'attaque, la Publicienne, et de moyens de défense analogues, l'*exceptio* ou la *replicatio rei donatæ et traditæ*, etc.

On reconnaît là le mécanisme par lequel était protégée la propriété prétorienne. N'en faut-il pas conclure qu'au moment où le *tradens* devient propriétaire de la chose livrée, elle passe dans les biens (*in bonis*) de l'*accipiens*? Est-il possible d'expliquer, sans recourir à l'idée d'une translation de propriété, les effets que donne ici le préteur à la tradition?

On a voulu les rattacher simplement aux rapports de droit personnel créés entre les parties par le contrat en exécution duquel la chose a été livrée. C'est l'explication que propose Doneau: *non quod dominium rei alienæ in emptorem translatum sit, hoc ipso quod dominus venditori successit; sed quia dominus idemque heres factum decessoris sui improbare non potest, obstante ei doli mali exceptione* (1). Etant soumis à l'action en garantie pour le cas où l'acheteur subirait éviction, à plus forte raison peut-il être repoussé par une exception s'il prétend évincer l'acheteur. *Cui damus*

(1) Doneau, *ad tit. de reb. alien. non alien.* Cod. l. 6.

actiones, eidem et exceptionem competere multo magis quis dixerit (Ulp. 156, § 1, D. *de reg. jur.*). *Favorabiliores rei potius quam actores habentur* (Gaius, 125. D. *de reg. jur.*). C'est le principe qu'on exprime par le brocard, *quem de evictione tenet actio, eumdem agentem repellit exceptio.*

Nous croyons cependant que le préteur valide la tradition de la chose d'autrui comme acte translatif de propriété, du jour où la chose entre dans le patrimoine de l'aliénateur. Ce n'est pas comme créancier de la garantie, c'est comme propriétaire que l'acheteur se fera maintenir ou remettre en possession. Ce qui empêche le vendeur de triompher, c'est la translation de propriété qui, aux yeux du préteur, est désormais un fait accompli sur lequel on ne saurait revenir : *perfectam recte venditionem rescindere ac* DOMINIUM REVOCARE *non licet.* (Diocl. et Max., 3, Cod., *de reb. alien. non alien.*)

Ce qui le démontre bien, c'est que l'*exceptio rei venditæ et traditæ* peut être opposée par l'acheteur même à ceux qui ne sont tenus envers lui d'aucune obligation. Il triomphera, au moyen de cette exception, non-seulement du vendeur ou de ses ayant-cause à titre universel, mais aussi de ses ayant-cause à titre particulier, si on suppose que le vendeur, devenu propriétaire, a voulu aliéner la chose au profit d'un nouvel acquéreur, soit en la mancipant ou en la cédant *in jure*, soit en la livrant, s'il a recouvré la possession : *venditoribus etiam successoribus nocebit, sive in universum jus, sive in eam dumtaxat rem successerit* (Hermogen., 3, § 1, D. *de except. rei vend.*; Pompon., 2, *eod. tit.*; Ulp., 72, D. *de rei vindic.*) ; or, les ayant-cause à titre particulier, les acheteurs, par exemple, ne succèdent pas aux obligations de leur auteur. Si le vendeur, qui a livré la chose d'autrui et en est ensuite devenu propriétaire, n'a pas pu la transmettre à un nouvel acquéreur, c'est que, à peine entrée dans son patrimoine, elle en était déjà sortie pour passer aux mains de l'acheteur. Ulpien nous le dit en propres termes : *eum fundum rursum vendidisse,* QUEM IN BONIS NON HABERET (4, § 32, D. *de dol. mal. except.)* (1).

Cette idée, d'après laquelle la protection accordée à l'acheteur de la chose d'autrui contre le vendeur devenu propriétaire a son fondement dans le déplacement de propriété qui s'est opéré à son profit, doit être entendue sous une double réserve.

Et d'abord, si on ne peut méconnaître le caractère de *réalité* de *l'exceptio rei venditæ et traditæ,* il faut cependant remarquer que cette exception a pour base le contrat de vente en même temps que le fait de la tradition. Si le préteur donne au mode translatif de propriété l'efficacité qui lui manquait, c'est dans le but d'assurer le respect de l'obligation dont le vendeur est tenu. Les termes mêmes de l'exception indiquent assez le double fondement sur lequel elle repose. La propriété prétorienne est transférée à l'acheteur ; mais elle lui est transférée parce qu'il a contre le vendeur une créance dont le préteur garantit et assure l'exécution. Aussi, quand c'est indépendamment de tout rapport d'obligation entre les parties qu'un acte d'aliénation a eu lieu sur la chose d'autrui, il n'y a plus les mêmes raisons de valider cet acte dans le cas où l'aliénateur acquiert la propriété. C'est ce qui résulte clairement, comme nous le verrons, de la loi 35

(1) Molitor, *Possession*, n° 31. Pellat, *de rei vindic.*, l. 72. Labbé, *de l'aliénation consentie par un non propriétaire.....* Rev. Prat., t. 40.)

au Digeste, *de acquirendo rerum dominio* (1), et des règles spéciales qui s'appliquent en notre matière aux constitutions d'hypothèques (2).

En second lieu, dans le cas où l'acquisition faite par le vendeur n'a pas pu avoir pour effet de rendre l'acheteur propriétaire, par exemple si l'acheteur n'a jamais reçu tradition de la chose, mais est entré en possession de sa propre autorité, il ne faut pas lui refuser tout moyen de défense contre la revendication du vendeur. Ulpien nous dit, en effet : *Si quis rem emerit, non autem fuerit ei tradita, sed possessionem sine vitio fuerit nactus, habet exceptionem contra venditorem* (1, § 5, D. *de exc. rei vend.*)

M. Labbé décide cependant que dans ce cas le vendeur pourrait, non seulement se faire remettre en possession par le moyen des interdits, mais encore revendiquer, « pourvu qu'il « offrît de payer immédiatement à l'acheteur excipant de « l'obligation née de la vente tout ce à quoi il serait condamné « sur l'action *empti* (3). » Pour concilier cette solution avec le texte d'Ulpien que nous venons de citer, M. Labbé entend les mots *si res non fuerit tradita*, comme se référant, non pas au cas où l'acheteur se met de lui-même en possession, mais au cas où la tradition s'opère indépendamment de toute remise matérielle, par exemple « au cas où l'acheteur a dès avant l'achat le *corpus possessionis* (4). » Et à l'appui de cette opinion, on invoque un texte où est qualifié de *prædo* le créancier qui se met en possession de la chose contrairement

(1) *Infra*, p. 29.
(2) *Infra*, p.
(3) Labbé, *De l'Effet de l'Aliénation*.... ... (Revue Prat., t. 40, p. 155.)
(4) Labbé, *Loc. cit.*

à la volonté du propriétaire obligé à la lui livrer. (Paul., 5, *de acq. vel amit. posses.*)

Qu'une telle prise de possession ne rende pas l'acheteur propriétaire et ne lui permette même pas d'usucaper, nous le reconnaissons (1). Le vendeur conserve la propriété et peut valablement la transmettre à un nouvel ayant-cause qui triomphera dans sa revendication contre l'acheteur. Mais, s'il voulait lui-même évincer ce dernier, comment ne se verrait-il pas opposer les obligations dont il est tenu et qu'il méconnait en revendiquant? Ce n'est pas par l'*exceptio rei venditæ et traditæ*, c'est par l'*exceptio doli* qu'il serait repoussé. C'est une exception *personnelle* qui appartient en ce cas à l'acheteur, comme cela semble bien résulter du texte déjà cité d'Ulpien : *habet exceptionem contra venditorem.*

II. — Passons maintenant à certaines modifications qui peuvent se produire, non plus dans la personne de l'aliénateur, mais dans la personne du propriétaire. Qu'arrivera-t-i si le propriétaire de la chose, dont un tiers a disposé sans droit, vient à se trouver obligé lui-même vis-à-vis de l'acquéreur ?

D'après le droit civil, cette circonstance serait impuissante à valider l'acte nul *ab initio*. D'après le droit prétorien, au contraire, il est de principe que celui dont la chose a été aliénée par autrui et qui se soumet aux obligations de l'aliénateur *non dominus*, perd le droit de revendiquer efficacement.

Supposons d'abord que le propriétaire de la chose vendue par autrui devienne l'héritier du vendeur : tenu de toutes les

(1) On a soutenu pourtant, en se fondant sur la loi 8. D. *pro legato*, que l'usucapion était possible à la suite d'une prise de possession spontanée : mais il s'agit dans ce texte d'un legs *sinendi modo* qui autorise le légataire à se mettre de lui-même en possession.

obligations de son auteur, il doit garantie à l'acheteur, et par conséquent il ne peut pas l'évincer. L'acheteur est protégé contre la revendication par l'*exceptio* ou la *replicatio rei venditæ et traditæ :* la propriété prétorienne lui est acquise. (Ulp. 1, § 1. D. *de except. rei vend.;* Gordian., 14. Cod., *de evictionib.*) Si le propriétaire n'est héritier du vendeur que pour une certaine part, l'acheteur n'est à l'abri de la revendication que dans cette proportion. (Diocl. et Maxim., 14. Cod., *de rei vindicat.*)

Supposons que le propriétaire ait cautionné les obligations du vendeur *non dominus :* s'il revendique, il sera repoussé par une exception (Alexand., 11. Cod., *de evict.*).

Mais, que décider si le propriétaire succède en qualité d'héritier à celui qui s'est porté caution pour le vendeur *non dominus?* Rationnellement, comme l'obligation à laquelle s'est soumis le fidéjusseur l'empêche de revendiquer utilement, et que cette obligation s'est transmise à l'héritier avec le patrimoine dont elle fait partie, il semble bien que l'héritier, s'il revendique, pourra être repoussé par une exception. Nous trouvons cependant, dans un rescrit des empereurs Dioclétien et Maximien, une solution contraire : d'après ce texte, l'héritier de la caution ne perd pas le droit de revendiquer ; il est seulement tenu de réparer les conséquences de l'éviction qu'il a causée. *Heredem fidejussoris rerum quibus defunctus apud emptorem intercesserat pro venditore, factum ejus cui successit ex suâ personâ dominium vindicare non impedit : scilicet evictionis causâ durante actione.* (31, Cod., *de eviction.*).

Cette décision est fort embarrassante, si on entreprend de la concilier avec les principes que nous venons d'exposer.

Dira-t-on avec Cujas, Doneau et Pothier (1) qu'elle accorde bien à l'héritier le droit de *dominium vindicare*, mais qu'elle ne refuse pas à l'acheteur le droit de paralyser la revendication au moyen d'une exception? Le texte ne nous paraît pas favorable à cette interprétation. Pour un lecteur non prévenu, ce qu'il reconnaît à l'héritier, ce n'est pas le droit purement théorique d'exercer une revendication destinée à être repoussée par un moyen de défense invincible, c'est le droit de faire valoir efficacement sa propriété contre l'acheteur, réduit à exercer l'action en garantie à raison de l'éviction qu'il subit. Pour que l'acheteur ait le droit d'agir *evictionis causâ*, il faut bien qu'il ait succombé devant la revendication de l'héritier; et, s'il a succombé, c'est que l'héritier a pu dire : Le fait de mon auteur ne m'empêche pas de revendiquer *ex meâ personâ*.

Dans l'espèce prévue par le texte, il faut, dit-on, supposer qu'en fait l'acheteur n'a pas usé du moyen de défense qu'il pourrait opposer à la revendication ; dans ces circonstances, les empereurs décident qu'il conserve néanmoins le droit d'agir *de evictione*. Ainsi « la question de la loi est de savoir « si l'acheteur a, dans ce cas, l'action *de evictione*. La rai- « son de douter est qu'il n'y a pas lieu à cette action, lors- « que l'acheteur a pu éviter l'éviction, comme il le pouvait « en ce cas, en opposant l'exception de garantie; mais la loi « décide que cet héritier étant celui qui l'a évincé, n'est pas « recevable à opposer à cet acheteur qu'il aurait pu éviter « l'éviction (2). » Il faut convenir, observe M. Bugnet (3), que la raison de douter était d'une grande faiblesse ; et en

(1) Cujas.. Doneau, *ad l.* 11. C. *de evict.* Pothier, *Vente*, 178.
(1) Pothier, *Vente*, 178.
(2) Pothier, *eod. loc.*, note.

effet, il n'est pas douteux, comme nous le verrons, que l'acheteur *a non domino* qui se laisse évincer par son vendeur, devenu propriétaire, puise dans cette éviction le droit d'agir ; pourquoi y aurait-il plus de difficulté quand le revendiquant est l'héritier d'un fidéjusseur qui a garanti les obligations du vendeur ? Mais il y a mieux à répondre : l'interprétation qui prévalait chez nos anciens auteurs dénature le sens du rescrit, en transformant en position de l'espèce à résoudre ce qui fait le fond même de la décision rendue par les empereurs ; la question qui s'agite n'est pas, comme on le prétend, de savoir si l'acheteur peut agir *de evictione* contre l'héritier de la caution quand celui-ci l'a évincé ; elle est de savoir si cet héritier peut évincer l'acheteur en se soumettant d'ailleurs à l'action *de evictione.*

D'après une autre explication, moins admissible encore que la précédente, la caution dont il s'agit dans l'espèce se serait uniquement obligée à garantir le payement de l'indemnité ; mais, en présence des mots *de functus apudemptorem intercesserat pro venditore*, cette supposition est purement arbitraire.

De ces deux opinions, d'ailleurs, aucune ne rend compte des mots *ex suâ personâ* qu'on lit dans le texte et qui limitent à l'héritier de la caution la faculté de revendiquer ; ce n'est pas seulement l'héritier de la caution, c'est la caution elle-même qui triomphera dans la revendication si l'acheteur s'abstient de lui opposer l'*exceptio rei venditæ et traditæ* ou si elle a borné ses obligations à la garantie du paiement de l'indemnité. Or, pour pouvoir revendiquer avec succès, il faut, d'après notre rescrit, que l'héritier de la caution agisse *ex suâ personâ* ; en d'autres termes, il faut qu'il ne tienne pas la propriété de la caution dont il a recueilli l'hérédité.

Reconnaissons donc qu'en vertu de la loi 31, C. *de evict.*

si le propriétaire de la chose vendue *a non domino* succède comme héritier au fidéjusseur qui a cautionné les obligations du vendeur, il peut revendiquer et n'est tenu que de payer les dommages-intérêts dus à raison de l'éviction dont il est lui-même l'auteur. Dans cette hypothèse particulière, la règle *quem de evictione tenet actio eumdem agentem repellit exceptio* est en échec. Il y a là une dérogation aux principes que nous constatons, mais que nous ne nous chargeons pas d'expliquer. La loi romaine semble ici, suivant l'expression de M. Labbé, avoir une défaillance de logique (1).

On peut rapprocher du cas où le propriétaire de la chose vendue *a non domino* se porte fidéjusseur pour le vendeur, certaines hypothèses où par suite d'une erreur, il s'oblige à garantie envers l'acquéreur et aliène ainsi contre son gré ce dont il ne se sait pas propriétaire.

Un créancier a reçu hypothèque sur sa propre chose, qu'il croyait appartenir au débiteur; puis il la vend, faute de paiement à l'échéance. Si, revenu de son erreur, il revendique, il sera repoussé. Le rôle qu'il a joué dans la vente a suffi pour rendre l'aliénation efficace. (Paul., 10. D. *de distr. pign.*).

Un mandataire vend et livre une chose qu'il croit appartenir au mandant; puis il apprend qu'elle lui appartenait à lui-même. C'est en vain qu'il la revendiquera. Le propriétaire a été partie dans l'acte; il s'est dépouillé sans le savoir. (Marcel., 49. D. *mand.*).

Mais encore, pour que ce résultat se produise, faut-il que le propriétaire ait contracté vis-à-vis de l'acquéreur une obligation. S'il a simplement fait pour autrui tradition d'une

(1) Labbé, *de l'effet de l'aliénation....*, (Rev. Prat. t. 40, p. 192 et suiv.). Molitor, *de la revendication*, n°s 30, 32.

chose qu'il croyait appartenir au mandant et qui lui appartenait à lui-même, il n'a pas cessé d'être propriétaire, *quia nemo errans rem suam amittit* (Ulp., 35. D. *de acq. rer. dom.)* (1). L'efficacité de l'aliénation, dans les lois que nous avons citées, est donc une conséquence des obligations qui pèsent sur le propriétaire comme vendeur.

III.—Ainsi, et pour résumer ce qui précède, lorsqu'un *non dominus*, obligé de donner ou de faire avoir la chose d'autrui, l'a livrée au créancier dans le but d'en transférer la propriété, tout évènement qui a pour effet de réunir sur la même tête la qualité de propriétaire et la qualité de débiteur, entraîne comme conséquence la confirmation de l'aliénation.

Lorsque c'est une chose volée qui a été vendue et livrée par un *non dominus*, les divers évènements que nous venons de parcourir peuvent ils avoir pour effet de valider la tradition? La vente d'une *res furtiva* étant nulle au moins lorsque l'acheteur n'a pas été de bonne foi, on pourrait être tenté d'en conclure que la tradition accomplie en exécution d'une telle vente n'est pas susceptible d'être confirmée. Mais l'événement qui donne au vendeur la propriété de la chose volée, purge le vice de la vente et par suite lève tout obstacle à l'efficacité de la tradition. Dans la loi 42, au Digeste *de usurpationibus et usucapionibus*, Papinien décide que, si le mari vend le fonds dotal à un acheteur de bonne ou de mauvaise foi *(scienti vel ignoranti rem dotis esse)*, la vente est nulle, mais qu'elle se trouve confirmée quand, la femme venant à mourir *in matrimonio*, le mari

(1) Pellat, *Textes choisis*, p. 139. Labbé, *de l'effet de l'aliénation*... (Rev. Prat., t. 40, p. 167 et suiv.)

gagne toute la dot ; d'où il résulte que, si l'acheteur a reçu tradition, il ne peut plus être évincé *(fundus emptori avelli non potest) ;* or, ajoute Papinien, *idem juris est cùm is qui rem futuram vendidit, postea domino heres extitit.* Donc l'acheteur de la chose volée eût-il été de mauvaise foi, la tradition qu'il a reçue n'en est pas moins validée du jour où le vendeur acquiert la propriété.

A plus forte raison, dans une vente ordinaire de la chose d'autrui, la mauvaise foi de l'acheteur ne fait pas obstacle à la confirmation de l'aliénation.

Jusqu'à quel moment la tradition originairement nulle peut-elle être validée? Jusqu'à quel moment par exemple, la survenance de la propriété aux mains du vendeur pourra-t-elle avoir pour effet de conférer à l'acheteur tous les avantages de la propriété?

Si, lorsque le vendeur devient propriétaire, l'acheteur a déjà agi en garantie et obtenu condamnation contre lui, il est certain que les obligations nées du contrat de vente étant éteintes d'une manière définitive et remplacées par les rapports nouveaux qui résultent de la sentence du juge, la tradition demeurera nulle, quels que soient les événements ultérieurs : l'acheteur ne pourra donc pas, si le vendeur devient plus tard propriétaire, renoncer au bénéfice de la sentence qu'il a obtenue pour agir comme propriétaire de la chose. Nous trouvons, il est vrai, dans un fragment de Pomponius (9, D. *de furt.*) une solution différente, en faveur de celui qui, ayant été victime d'un vol, a obtenu condamnation par la *condictio furtiva* et veut ensuite revendiquer la chose volée ; mais c'est là une décision tout exceptionnelle, qui s'explique par le désir de protéger énergiquement les propriétaires contre les voleurs, et qu'il ne peut être question d'étendre à notre matière.

Si l'acquisition de la chose par le vendeur se place au cours de l'instance ouverte sur l'action en garantie, après la *litis contestatio* et avant la sentence, on pourrait croire, à raison de l'effet extinctif de la *litis contestatio*, qu'elle ne saurait avoir plus d'effet que lorsqu'elle intervient après la sentence elle-même. Mais il nous paraît certain que, dans ce cas, le vendeur, ayant le moyen d'exécuter son obligation, peut se soustraire à la condamnation ; il est de règle, en effet, que si le défendeur exécute avant la sentence, il doit être absous ; et, si la portée de la règle *judicia esse absolutoria* divisa les deux grandes écoles des jurisconsultes romains, on s'accorda toujours à l'appliquer aux actions de bonne foi (Gaius, *Com.* IV. 114). Aussi, n'hésitons-nous pas à en faire l'application à l'*actio empti*.

Supposons l'acheteur ainsi devenu propriétaire *jure prætorio*. Comme la propriété qui lui est acquise n'a d'effet que grâce au secours d'exceptions ou de répliques, il pourra, en négligeant ce secours, en perdre le bénéfice, pour s'en tenir à la créance qu'il tient du contrat de vente. Le vendeur pourra toujours prévenir cette option, en s'abstenant de revendiquer, si l'acheteur est en possession, ou d'opposer l'*exceptio justi dominii*, si l'acheteur intente la Publicienne. Mais, s'il fait valoir son *justum dominium* par voie d'action ou d'exception, l'acheteur pourra, ou bien faire échec à ce droit, en lui opposant une exception ou une réplique, ou bien le laisser triompher, pour exercer ensuite un recours en garantie. (Ulp. 17, D. *de evict.*; Diocl. et Maxim., 3, Cod. *de reb. alien. non alien.*) Cette situation présente une grande analogie avec celle de l'acheteur moderne qui, dans le cas où le vendeur résiste à opérer la délivrance, peut demander à son choix ou la résolution de la vente ou l'exécution forcée (art. 1610,

1654, C. Civ.). Voici en quels termes elle est décrite par Cujas : *Datum emptori duarum rerum optio, ut sive vindicet rem venditor qui domino successerit sive dominus qui venditori successit, emptor eum repellat exceptione doli mali, quasi improbe faciat qui non impleat fidem venditionis a defuncto contractæ vel a se ; vel etiam ut rem faciat sibi evinci emptor, ac deinde agat stipulatione duplæ ob evictionem* (1).

II.

Il ne faut pas hésiter à étendre aux modes d'établissement des servitudes personnelles ou prédiales les solutions que les textes consacrent en matière d'actes translatifs de propriété. Ici encore, le *jus civile* et le *jus honorarium* étaient en désaccord. Cette dualité de points de vue fournit l'explication de deux textes que nous allons étudier.

On lit dans un fragment d'Africain que, si vous me vendez un fonds dont l'usufruit appartient à Titius, et si j'en fais tradition à Mævius en m'en réservant l'usufruit, cette réserve d'usufruit est nulle. *Neque enim potuisse constitui usumfructum eo tempore quo alienus esset :* de telle sorte qu'à la mort de Titius, véritable usufruitier, l'usufruit passera, non sur ma tête, mais sur celle de Mævius, nu-propriétaire (46, pr. D. *de evict.*). Ainsi la constitution d'usufruit, nulle *ab initio* faute de droit chez le constituant, demeure nulle, quels que soient les événements ultérieurs. C'est la doctrine du droit civil. Notre texte suppose, il est vrai, que l'usufruit a été constitué au moyen d'une *deductio per traditionem,* et on peut se

(1) Cujas : *Recitationes in lib. IV priores Cod. Just., ad tit. de communium rer. alien* (Ed. Neap ; t. X, col. 1020, D).

demander pourquoi, étant donné ce mode d'établissement de la servitude, le préteur ne serait pas intervenu pour le valider. Mais, depuis la découverte des Fragments du Vatican, il est permis d'affirmer que le texte a été altéré : ce n'est pas dans une tradition que l'usufruit avait pu être retenu, car *per traditionem deduci ususfructus non potest* (Fragm. Vatic., § 47) ; Africain devait supposer que l'usufruit avait été établi dans une *mancipatio* ou dans une *cessio in jure*.

D'après un fragment de Paul (9 pr., D. *de aq. et aq.*), un fonds ayant été vendu avec clause d'*addictio in diem*, celui qui veut acquérir en toute sécurité une servitude sur ce fonds doit obtenir le consentement du vendeur et celui de l'acheteur ; s'il se contentait de traiter avec celle des parties qui est actuellement propriétaire sous condition résolutoire, la servitude tomberait par l'événement de la condition ; pour qu'elle soit valable en ce cas à l'encontre de l'autre partie, il faut que celle-ci ait concouru à l'établissement du droit. Or, la condition, en matière de transport de propriété, n'a pas d'effet rétroactif : celui qu'on appelle propriétaire sous condition suspensive est *pendente conditione* un *non dominus*, et à l'arrivée de la condition, c'est sans rétroactivité qu'il devient propriétaire. Lors donc que n'ayant encore aucun droit sur le fonds il constitue une servitude, il fait un acte nul ; et si, en même temps que son droit prend naissance, grâce à l'arrivée de la condition, la servitude devient valable, c'est que les modes constitutifs de servitudes émanés *a non domino* reçoivent leur effet quand le constituant devient propriétaire. Nous retrouvons ici la théorie du préteur. Paul ne dit pas expressément, il est vrai, que la servitude ainsi établie vaudra *jure prætorio ;* mais il le suppose nécessairement : puisqu'il ne requiert chez le constituant que le consentement à l'exercice du droit, il entend bien que la servitude se trouve constituée *jure prætorio, per usum et patientiam* (1).

III

Si maintenant nous passons aux constitutions d'hypothèques *a non domino*, nous n'observerons pas sans surprise que les jurisconsultes romains font bien des difficultés et bien des réserves pour en admettre la validation à la suite des mêmes événements qui, pourtant, donnent effet à la tradition. Pour que le créancier puisse agir en vertu de l'hypothèque qu'il a reçue d'un *non dominus*, il ne suffit pas toujours, nous dit le jurisconsulte Paul, que les qualités de débiteur et de propriétaire soient réunies sur la même tête : *neque utique sufficit ad competendam utilem pigneratitiam actionem, eumdem esse dominum qui pecuniam debet* (41, D. *de pigner. act.*).

Et d'abord, si favorable qu'on se montre à ce créancier, on ne lui accorde jamais qu'une action utile, et par une simple raison d'équité : *datur utilis actio pigneratitia creditori* (Paul, *loc. cit.*); *æquitatem facere ut facile utilis persecutio exemplo pigneratitiæ detur* (Diocl. et Maxim., 5, Cod., *si aliena res pign.*).

Ce refus de l'action directe s'explique. D'après les termes mêmes de la formule servienne et de la formule quasi-servienne, le créancier doit prouver qu'au moment de la convention la chose *appartenait* au débiteur ou à celui qui a constitué l'hypothèque : *rem* PERTINERE *ad debitorem eo*

(1) Bufnoir, *De la Condition*, p. 482 et 483.

tempore quo convenit de pignore aut cujus voluntate data sit (Marcian, 23, D. *de probat.*), qu'elle était *dans les biens* du débiteur : *cum conveniebat, rem* IN BONIS *debitoris fuisse* (Gaius, 15, § 2. D. *de pign. et hyp.*) *Cum serviana etiam actio declaret evidenter jure pignoris teneri non posse, nisi quæ obligantis* IN BONIS *fuerint* (Diocl. et Maxim., 6, Cod., *si aliena res pign.*).

Des termes mêmes de la formule, il résulte que, pour recevoir une hypothèque valable et pour avoir l'action hypothécaire directe, il n'est pas nécessaire de traiter avec un véritable propriétaire. Il suffit que le constituant, sans avoir la chose *in dominio*, soit muni d'exceptions ou d'actions, fussent-elles simplement utiles, pour la conserver et pour la revendiquer. Les expressions *pertinere* (Pompon., 181. D. *de verbor. signif.*), *in bonis esse* (Modest., 52, D. *de acq. rer. dom.*) ont, en effet, un sens très-large. Le *non dominus* qui possédant de bonne foi la chose d'un tiers, est en voie de l'usucaper, peut valablement l'hypothéquer, au regard de ceux contre qui il peut se faire maintenir ou remettre en possession ; car, vis-à-vis d'eux, il a cette chose *in bonis* : *in bonis nostris computari sciendum est, non solum quæ dominii nostri sunt, sed et si bonâ fide a nobis possideantur* (Ulp., 49. D. *de verb. signif.*). L'action hypothécaire appartiendra, en ce cas, au créancier, non-seulement contre le constituant, mais contre tous ceux que celui-ci pourrait écarter en exerçant l'action publicienne : *si ab eo qui publicianâ uti potuit quia dominium non habuit pignori accepi, sic tuetur me per servianam prætor, quemadmodum debitorem per publicianam* (Paul., 18, D. *de pign. et hyp.*). Et, remarquons-le bien, c'est l'action directe, ce n'est pas l'action utile qui est alors accordée au créancier : *tuetur me per servianam prætor... servianæ locus est* (Paul, 18 ;

Ulp., 21, § 1. D. *de pign. et hyp.)* (1). Pour avoir cru à tort que ces textes avaient simplement en vue l'action utile, certains commentateurs en ont argumenté *a contrario* pour prétendre que l'hypothèque constituée *a non domino* ne pouvait pas être confirmée par l'acquisition que ferait le constituant en dehors du cas où celui-ci avait, lors de la convention, une possession protégée par la publicienne ; mais cette opinion, démentie par les termes généraux des textes qui nous montreront l'hypothèque *a non domino* validée à la suite de certains événements, doit être repoussée, avec l'idée sur laquelle elle repose.

Ce qui est vrai, c'est que, dans le cas où le constituant n'avait, au moment de la convention, aucun droit sur la chose qu'il hypothéquait, le plus que puisse recevoir le créancier, c'est l'action utile.

Objectera-t-on que la loi 4 au Code *ad Senatus consultum macedonianum* accorde la *pignoris persecutio*, sans la qualifier d'*utilis*, contre le fils qui, après avoir hypothéqué les biens de son père, a ensuite recueilli sa succession ? Mais, dans ce rescrit, les empereurs Sévère et Antonin paraissent d'abord supposer que le père a donné son consentement et à l'emprunt d'argent contracté par son fils et à l'hypothèque consentie pour la sûreté de cette dette *(permittente patre)* ; c'est en vue de cette hypothèse qu'ils disent *pignoris persecutio non denegabitur* ; puis ils paraissent prévoir le cas où l'on mettrait en doute que le père a consenti à l'hypothèque de ses biens, et, comme on pourrait alors être tenté de méconnaître le droit du créancier, ils repoussent l'objection en disant qu'en tout cas le fils a succédé à son père *(præsertim*

(1) Merlin. *Questions de droit,* V° *Hypoth.* § 4 *bis,* n. 2. — *Contra,* Accarias. *Précis de droit romain,* I, p. 665, note 1 (2e éd.).

cum idem filius heres extiterit): ce qui lui permet au moins, ajouterons-nous pour compléter leur pensée, d'intenter l'action utile (1).

Quoique simplement *utile*, cette action n'en a pas moins tous les caractères essentiels de l'action hypothécaire : notamment elle est réelle. Quand nos textes parlent de l'*actio pigneratitia utilis*, ils entendent non pas l'*actio pigneratitia personalis*, mais l'*actio pigneratitia in rem*, c'est-à dire l'action hypothécaire. Ils la désignent, en effet, sous le nom de *persecutio* ; or, le simple créancier gagiste ne trouve pas dans l'action contraire, qui résulte pour lui du contrat de gage, le moyen de réclamer la chose *(persequi rem)* s'il en a perdu la possession. D'ailleurs, s'il s'agissait d'un contrat réel de gage, ce n'est pas une action utile, c'est l'action directe qui naîtrait (2).

Vu son caractère de réalité, l'action hypothécaire utile est donnée en principe, non-seulement contre le constituant, devenu propriétaire, ou contre le propriétaire, héritier du constituant, mais aussi contre les tiers à qui la chose, une fois grevée du droit d'hypothèque, a été transmise.

On a cependant prétendu qu'elle ne serait efficacement intentée que contre l'auteur de la constitution d'hypothèque : celui-ci est, en effet, le seul dont on puisse dire qu'il commet un dol en résistant à la demande du créancier ; or, c'est sur l'immoralité d'une telle résistance qu'est fondée, d'après la loi 11, D. *de pigneratiâ actione*, la concession de l'action

(1) Merlin. *Questions de droit*, V° *Hyp.*, § 4 *bis*, 1.

(2) Il n'est pas douteux en effet que la chose d'autrui puisse valablement faire l'objet d'un contrat réel de gage. Ulp. 9, pr. et § 4, D. *de pign. act.* ; Diocl. et Maxim., 6, Cod., *si aliena res pign.*

utile, et c'est l'exception de dol qui est accordée par la loi 7, § 2. D. *de Senatus consulto Macedoniano,* dans le cas où le débiteur, ayant donné en gage la chose d'autrui et en étant, par la suite, devenu propriétaire, prétendrait la revendiquer.

Mais, n'est-ce pas aussi une exception de dol que la loi 4, § 2. D. *de doli mali et metus exceptione* accorde à l'acheteur de la chose d'autrui contre la revendication du vendeur ? Et cependant, n'avons-nous pas vu que le droit de l'acheteur peut, au moyen de l'*exceptio rei venditæ et traditæ,* être opposé même aux tiers, demeurés étrangers à la vente (1)? Si le débiteur ne peut pas, sans dol, méconnaître l'hypothèque qu'il a lui-même consentie, comment lui serait-il permis d'en anéantir l'effet par le moyen d'aliénations qui confèreraient à des tiers un droit opposable au créancier? Une importante loi d'Africain, que nous aurons à commenter, ne permet pas de douter que l'hypothèque de la chose d'autrui, validée par l'acquisition que le débiteur fait après coup de la propriété, ne soit au moins en principe opposable à ceux au profit de qui il aurait ensuite aliéné la chose grevée (9, § 3. D. *qui potiores).* Un rescrit des empereurs Sévère et Antonin, statuant à propos d'un fils qui avait hypothéqué certains biens de son père, et lui avait ensuite succédé comme héritier, donne au créancier la *pignoris persecutio,* à moins, ajoute le texte, qu'un autre ne lui soit préférable, soit à raison de la date, soit à raison du rang : *si nullus alius jure conventionis vel ratione temporis et ordinis prior apparuerit ;* donc, il prime les créanciers qui ne lui sont pas antérieurs en date, et qui, d'ailleurs, n'ont pas d'autre cause de préférence (4. Cod. *ad Sctum Maced.*).

(1) Supra.

Voyons maintenant dans quels cas le créancier, qui reçoit hypothèque sur la chose d'autrui sera muni de l'action utile ; voyons quand il y a lieu, suivant l'expression des interprètes, à la *reconciliatio pignoris*.

I. — Supposons d'abord que le constituant devienne, après coup, propriétaire de la chose hypothéquée. La loi 41, au Digeste, *de pigneratitiâ actione*, et la loi 5, au Code, *si aliena res pignori data sit*, paraissent, sans distinction, donner en ce cas l'action utile. Mais on peut croire qu'elles posent seulement le principe et doivent être complétées par deux textes importants, l'un de Papinien, l'autre d'Africain, que nous devons maintenant étudier.

Papinien règle ainsi la situation du créancier qui a reçu hypothèque d'un *non dominus*, devenu plus tard propriétaire. Si ce créancier est en possession, il a, dans tous les cas, le droit de retenir la chose ; il repoussera, au moyen d'une exception, l'action qui sera dirigée contre lui. S'il n'est pas en possession, on doit distinguer : a-t-il ignoré que la chose appartenait à autrui, l'action utile lui est accordée ; a-t-il su qu'il traitait avec un *non dominus, difficilius utilis actio dabitur* (1, § 1. D. *de pign. et hyp.*).

Que signifie cette dernière expression ? Faut-il y voir une négation véritable, dont la forme seule serait adoucie, une *negatio modesta*, comme disent Noodt et Pothier (1), et doit-on penser que le créancier qui reçoit sciemment hypothèque sur la chose d'autrui, ne peut jamais, bien que le débiteur acquière la propriété, intenter l'action hypothécaire

(1) Pothier, *Pandect.*, XX, 1, n° 19. Accarias, *Précis de droit romain*, I, p. 664 et note 2 (2e éd.)

utile ? On fait seulement, dans cette opinion, une réserve pour le cas où les parties auraient entendu subordonner à l'acquisition de la chose par le débiteur, le droit pour le créancier d'agir hypothécairement (1). On invoque, en faveur de cette interprétation, la loi 41, que nous avons déjà plus d'une fois citée ; dans ce texte, Paul donne pour fondement à l'action utile, une raison d'équité qui implique évidemment la bonne foi du créancier : *sed si convenisset de pignore, ut ex suo mendacio arguatur improbe resistit quominus utilis actio moveatur.*

Cette doctrine absolue est peu conforme au sens naturel du mot *difficilius*, qu'il n'est pas exact quoi qu'on dise, de traduire par un *non* formel (2) ; elle n'est pas non plus en harmonie avec le texte de Paul, qui accorde sans restriction l'action utile quand le constituant acquiert la propriété, et dont les réserves se réfèrent uniquement au cas où le propriétaire devient l'héritier du constituant ; enfin, ce qui est plus grave, elle aurait dans maintes circonstances des résultats contraires à l'équité, sur le respect de laquelle repose la concession de l'action utile. La mauvaise foi du créancier, si l'on veut appeler ainsi la connaissance qu'il a eue du vice de la constitution d'hypothèque, n'implique en aucune façon une pensée coupable de spoliation ; et, dans tous les cas, comment permettrait-elle d'approuver la conduite du débiteur qui, devenu propriétaire, refuserait d'exécuter la convention ? Les mots de la loi 41, *ex suo mendacio arguatur*, signifient, non pas

(1) Doneau, *de pignoribus*, VII, §§ 13 à 15 : *non facile dari, id est omnino non dari, nisi quæ magna causa afferatur quæ suadeat esse dandam. Quod fieri potest, si nominatim id convenerit aut appareat debitorem creditoremque id sensisse.*

(2) Voët, *ad Pandect.*, *quæ res pignori vel hyp.* Compar. Papin. 8 et Ulp. 1, § 6, D. *de collatione bon.*

que le débiteur a trompé le créancier en lui donnant hypothèque sur la chose d'un tiers, mais qu'il le trompe en cherchant à soustraire cette chose, devenue sa propriété, à l'hypothèque qu'il a lui-même consentie ; ce n'est pas le fait d'avoir hypothéqué le bien d'autrui, c'est le fait de résister à l'action hypothécaire du créancier, que le jurisconsulte qualifie d'acte malhonnête (*improbe resistit*). Lorsque le créancier a ignoré que la chose fût à autrui, il est naturel, dit on, de présumer que, par une convention tacite (*tacitâ quâdam conventione*), les parties ont subordonné l'hypothèque à la condition que le débiteur deviendrait propriétaire ; cette présomption cesse quand le créancier a connu le vice de la chose (1). Comme si, bien au contraire, la possibilité d'une telle convention ne supposait pas avant tout que les parties ont traité en connaissance de cause ! Concluons donc que l'action utile n'est pas absolument refusée par Papinien au créancier qui a sciemment traité sur la chose d'autrui. Mais dans quelle mesure lui sera-t-elle accordée ?

Suivant les uns, elle serait donnée contre le débiteur, mais non contre le tiers possesseur (2). Cette distinction, purement conjecturale, est contredite par une loi d'Africain (9, § 3. D. *qui potior.*) qui, sans distinguer suivant que le créancier était de bonne ou de mauvaise foi, lui donne toujours, pourvu qu'il soit *potior jure*, l'action hypothécaire utile contre les tiers acquéreurs. Puis, dans cette opinion, on attache à la qualité de tiers acquéreur un avantage qu'en elle-même elle ne comporte pas, les ayant-cause ne pouvant recevoir plus de droit que n'en avait leur auteur.

Suivant d'autres (3), le créancier pourrait agir, sinon contre

(1) Doneau, *de pignor.*, ch. 7. § 16.

(2) Balde, L. 1. D. *de pign. et hyp.*

(3) Voët, *ad Pand.*, *quæ res pignori....* ; Merlin, *Questions de*

tous, du moins contre le débiteur devenu propriétaire et contre ses ayant-cause. *Non quidem adversus omnes, sed tamen contra ipsum debitorem qui obligavit, jam dominum factum, et adversus eos qui a debitore illo jam domino facto, causam seu rem illam debent.* Cette formule, empruntée à Voët, est trop large ; elle réduit à rien la réserve discrètement exprimée par Papinien *(difficilius)*. Le jurisconsulte, prévoyant le cas où le débiteur qui a hypothéqué la chose d'autrui en acquiert la propriété, suppose évidemment que le créancier se trouve en présence du constituant devenu propriétaire, ou de ceux à qui celui-ci a transmis la chose hypothéquée ; quels autres adversaires pourrait-il rencontrer dans l'exercice de son action utile ? De simples possesseurs sans droit ? Ce n'est pas contre eux, sans doute, qu'on lui déniera le droit d'agir. Les ayant-cause du précédent propriétaire ? Par exemple, ceux qui ont reçu hypothèque du *verus dominus* à une époque où la chose n'était pas encore entrée dans le patrimoine du constituant ? Assurément, ils devront être préférés au créancier qui a reçu, même à une époque antérieure, hypothèque d'un *non dominus*, et dont le droit n'a été confirmé qu'ultérieurement, grâce à l'acquisition réalisée par ce dernier ; le propriétaire qui a hypothéqué sa propre chose, ne peut évidemment pas porter atteinte au droit de ses créanciers en aliénant au profit d'un tiers, qui aurait lui-même antérieurement constitué, sans pouvoir, des hypothèques sur cette même chose ; il n'a pu en aliénant transmettre que ce qu'il avait, c'est-à-dire une propriété déjà grevée d'hypothèque. Mais cela est vrai d'une manière absolue, sans qu'il y ait à distinguer suivant la bonne ou la mau-

droit, V° *Hypoth.*, § 4 bis, n° 4 ; Troplong, *Priv. et Hyp.*, n°s 525, 526.

vaise foi du créancier. Que devient dès lors la distinction indiquée dans notre texte ?

Faut-il se résigner à dire que, dans la pensée de Papinien, le préteur doit décider suivant les circonstances ? (1).

Nous croyons cependant qu'il est possible de résoudre avec plus de précision la difficulté. Le texte d'Africain dont nous allons immédiatement nous occuper permet d'affirmer que, dans tous les cas, l'action hypothécaire utile doit être donnée, non-seulement contre le constituant devenu propriétaire, mais encore contre tous ceux qui ont, en connaissance de la convention d'hypothèque, reçu de lui des droits sur la chose grevée ; en effet, après avoir, par un motif de droit rigoureux, refusé à certains créanciers l'action hypothécaire utile contre le tiers acquéreur, Africain la leur accorde, si ce tiers a eu connaissance des hypothèques dont la chose était grevée ; *a fortiori*, si la mauvaise foi du créancier peut en principe justifier le refus de l'action utile, cette raison doit disparaître devant la mauvaise foi du tiers acquéreur. Ainsi, dans le cas où le créancier a traité sciemment avec un non-propriétaire, l'action utile lui sera refusée, si la chose est aux mains d'un tiers qui, en la recevant du constituant, a ignoré qu'elle fût hypothéquée. Cette interprétation du difficile fragment de Papinien ne repose pas seulement sur un argument de texte ; elle a pour elle l'équité, qu'il faut toujours consulter en matière d'actions utiles. C'est pourquoi nous nous hasardons à la proposer.

Passons maintenant au fragment d'Africain, dont nous venons d'argumenter : 9, § 3, D. *qui potior in pign.* — Si le débiteur devenu propriétaire de la chose qu'il a hypothé-

(1) Jourdan, *de l'hypothèque*, p. 369.

quée l'aliène ensuite, est ce que les créanciers qui ont reçu hypothèque sur cette chose, alors qu'elle appartenait à autrui, auront le droit de la suivre aux mains de l'acquéreur? Africain répond à cette question par une distinction qui ne manque pas de subtilité.

Il suppose que Titia a hypothéqué d'abord à Titius, puis à Mævius, un fonds appartenant à autrui, et qu'elle a acquis ce fonds, puis l'a aliéné, en le donnant à son mari à titre de dot avec estimation : l'action utile pourra-t-elle être exercée contre le mari par Titius, et, une fois celui-ci désintéressé, pourra-t-elle l'être par Mævius? Titius ayant eu le droit d'intenter l'action utile pendant le temps que la propriété a résidé sur la tête du débiteur, conserve ce droit, malgré l'aliénation, contre le tiers acquéreur ; mais au contraire, Mævius, n'ayant pas eu pendant ce temps le droit d'agir, ne peut pas l'acquérir par suite du désintéressement du premier créancier, parce qu'au moment où il devient premier en rang, la chose a déjà été aliénée par le débiteur. « L'action utile, dira-t-on à Mævius, n'a jamais pu naître à votre profit; vous ne l'avez acquise, ni pendant que le débiteur était propriétaire, puisqu'alors Titius seul pouvait agir, ni depuis que Titius a été désintéressé, puisqu'à ce moment le débiteur n'était déjà plus propriétaire: *nullum tempus inveniri quo pignus Mævii convalescere possit.* » Ainsi, pour que le préteur accorde l'action utile, il faut que simultanément la propriété appartienne au débiteur et le pouvoir d'agir au créancier ; si le créancier n'est pas premier en rang, il ne reçoit pas l'action utile, bien que la propriété soit acquise au constituant : *nulla actio est prodita de futuro* (Fragm. Vatic. 49) ; mais c'est en vain qu'il monte au premier rang, si à ce moment le débiteur a cessé d'être propriétaire.

Malgré sa subtilité, cette théorie se conçoit, et n'a d'ailleurs rien de contraire aux principes : sans doute, quand une même chose a été grevée au profit de plusieurs créanciers, les hypothèques différentes par le rang coexistent et pèsent simultanément sur cette chose ; mais il n'en résulte pas que, dans le cas où elles émanent *a non domino*, elles doivent toutes également être validées par l'acquisition que réalise le constituant (1). Aussi n'est-il pas nécessaire de rapporter notre loi 9, § 3, à l'époque du droit ancien où l'hypothèque du second créancier n'existait que sous la condition *si prior dimissus fuerit* (2), et surtout rien n'autorise à conjecturer, comme l'ont fait depuis la glose un grand nombre de commentateurs, que dans l'espèce le fonds avait été hypothéqué à Mævius, conditionnellement pour le cas où l'hypothèque de Titius viendrait à s'éteindre : *si prædium illud desierit Titio teneri*. (Marcian. 12, § 8, D. *qui potior*.)

Africain termine en apportant un tempérament à sa décision : le tiers acquéreur qui a su, au moment où il a reçu la chose du débiteur, qu'elle était hypothéquée à Mævius, ne pourra pas repousser l'action utile de ce créancier, bien que, d'après la rigueur des principes, cette action n'ait jamais pu prendre naissance : *hæc tamen ita, si bonâ fide in dotem æstimatum prædium maritus accepit, id est, si ignoravit Mævio obligatum esse*. C'est sur cette décision que nous nous sommes appuyé pour déterminer dans quels cas l'action utile est accordée au créancier qui a reçu sciemment hypothèque sur la chose d'autrui.

II — Supposons maintenant que le propriétaire de la chose hypothéquée *a non domino* devienne l'héritier du consti-

(1) *Contra*, Voët, *quæ res pign.*, n° 4.
(2) Dernburg, cité par Jourdan, *de l'Hypothéque*, p. 373, note 47.

tuant : le créancier aura-t-il l'action hypothécaire utile ? Nous rencontrons, sur cette question, deux textes contradictoires : Modestin permet au créancier d'agir (22, D. *de pign, et hyp.*) ; Paul lui refuse ce droit (41, D. *de pigner. act.*).

Avant de chercher à mettre d'accord les deux jurisconsultes ou à expliquer leur divergence d'opinions, débarrassons la loi 41 d'une légère difficulté qu'elle soulève. Paul commence par poser en principe que l'acquisition de la propriété par le constituant valide l'hypothèque ; puis, il refuse au créancier la *pignoris persecutio* dans le cas où le propriétaire devient l'héritier du constituant, et il termine en disant : *Sed si convenisset de pignore ut ex suo mendacio arguatur, improbe resistit quominus utilis actio moveatur*. Cette phrase signifie-t-elle que le propriétaire, héritier du constituant, est soumis à l'action utile s'il a donné son consentement à l'hypothèque ? Ainsi entendue, elle est inintelligible : que le consentement du propriétaire ait été donné au moment de la convention d'hypothèque ou seulement après coup, ce n'est pas l'action utile, c'est l'action directe qui compète au créancier : la constitution d'hypothèque émane en effet du propriétaire, soit directement, soit par l'effet de la ratification (16, § 1, D. *de pign. et hyp.*). Pour donner un sens à la réserve exprimée par notre texte, on est obligé de supposer qu'elle se réfère au cas où le propriétaire a contribué à induire en erreur le créancier qui a traité avec le *non dominus* (1) : mais cette interprétation fait dire à Paul ce qu'il ne dit pas. Il y a là, suivant nous, une simple erreur de traduction : le jurisconsulte, après avoir d'abord donné l'action utile dans le cas où le constituant acquiert la propriété, puis refusé cette

(1) Accarias, *Précis de Droit Rom.*, I, p. 664, note 3 (2e éd.).

action dans le cas où le propriétaire succède au constituant, termine en revenant à la première hypothèse, pour bien faire ressortir le contraste des deux décisions contraires qu'il met en opposition. Nous traduisons donc ainsi la dernière moitié du texte : « Il ne suffit pas toujours, pour qu'il y ait lieu à « l'action hypothécaire utile, que la propriété appartienne à « celui qui est tenu de la dette. Mais, si celui qui est actuel- « lement propriétaire a pris part à la convention d'hypo- « thèque (c'est-à-dire, s'il s'agit d'un constituant qui est en- « suite devenu propriétaire), » l'action utile doit être accordée au créancier. Ainsi, nous faisons disparaître de ce fragment de Paul le véritable non-sens qu'on lui a gratuitement prêté.

Mais, reste la contradiction que nous avons signalée entre Paul et Modestin. Les tentatives de conciliation qu'elle a suscitées nous paraissent absolument vaines.

Il est bien certain d'abord, et la loi 26, § 1, D. *de pignoribus et hypothecis* achèverait de le démontrer s'il en était besoin, que Modestin valide l'hypothèque lorsque le propriétaire devient l'héritier du constituant. C'est seulement, objectent les uns, une action personnelle, l'*actio pignoratitia contraria*, qu'il accorde au créancier (1); mais, outre que les mots *pignori rem meam obligaverit* désignent clairement une convention d'hypothèque, s'il s'agissait de l'*actio pignoratitia in personam*, ce n'est pas à titre d'action utile qu'elle serait accordée. Modestin suppose, prétendent les autres, que le propriétaire devenu héritier a ratifié l'hypothèque ; mais les mots *ex post facto* dont on argumente n'ont jamais eu cette signification.

Il n'est pas moins évident que, dans les mêmes circonstances, Paul refuse l'action hypothécaire utile. Suivant certains

(1) Doneau, *de pignorib.*, ch. 7, n° 20.

interprètes, il parlerait seulement de l'action directe. D'autres, par un rapprochement habile des deux phrases de la loi 41 *non est enim dicendum..., hoc enim modo...*, prétendent traduire ainsi la pensée du jurisconsulte : « L'action utile doit être accordée contre le propriétaire qui succède au constituant, mais elle *ne doit pas l'être par les mêmes raisons* qui donnent ouverture à cette action contre le constituant devenu propriétaire ; en d'autres termes, elle n'est pas fondée sur le dol qu'il y aurait à repousser la demande du créancier. » Enfin, on a imaginé de dire que la loi 41 se place dans le cas exceptionnel où le propriétaire a fait adition d'hérédité contre sa volonté, *jussu prætoris, ex Senatusconsulto Pegasiano;* pour admettre cette hypothèse, il faudrait ainsi ponctuer le texte : *Si ego Titio qui rem meam obligaverat, sine meâ voluntate heres extitero*, au lieu de la ponctuation ordinairement admise, *obligaverat sine meâ voluntate, heres extitero*. Mais le texte résiste à toutes ces suppositions, plus ou moins ingénieusement construites : Paul distingue nettement deux hypothèses, celle du constituant qui devient propriétaire, et celle du propriétaire qui succède comme héritier au constituant, et les décisions qu'il donne dans ces deux cas sont manifestement contraires.

Enfin, rien de moins fondé que les différentes distinctions qui ont été proposées pour résoudre l'antinomie. D'après Voët, si l'hypothèque a été consentie *domino ignorante*, elle peut être validée ; si elle l'a été contrairement à la volonté formelle du propriétaire, elle est définitivement nulle : comme si les mots de la loi 41, *sine meâ voluntate,* sur lesquels cette explication repose, pouvaient être traduits *me invito, contre mon gré*. D'après Pacius, Modestin soustrait à l'action utile le propriétaire qui succède au constituant ; Paul y soumet les autres tiers qui possèdent la chose hypothéquée.

Mais cette distinction n'est pas seulement divinatoire, elle est irrationnelle ; comment, en effet, l'hypothèque vaudrait-elle à l'égard des tiers, quand elle est nulle à l'égard du débiteur lui-même, ou, ce qui est la même chose, à l'égard de l'héritier du débiteur? Puis, ainsi que le remarque Pothier, *in specie quam proponit Modestinus, quæstio esse non potuit nisi an adversus me dominum qui heres sum Titii qui pignus constituit, actio daretur. Ut enim adversus tertios possessores detur, quid attinet me dominum debitori qui pignus constituit heredem esse* (1)?

Il faut donc reconnaître, avec Cujas et avec Pothier, que nos deux lois se contredisent. Nous trouvons un indice de cette dissidence dans le nom même de l'ouvrage auquel a été emprunté le fragment de Modestin : c'est un traité sur les *Différences : lib. 7, Differentiarum.*

III. — Comment comprendre toutes les distinctions, toutes les divergences d'opinions, que nous venons de constater, soit dans le cas où le constituant *non dominus* devient propriétaire, soit dans le cas où le *dominus* devient l'héritier du constituant? Comment expliquer surtout qu'elles soient spéciales à la constitution d'hypothèque? Pourquoi n'avoir pas accordé au créancier hypothécaire la même protection qu'on ne craignait pas, dans des circonstances identiques, d'accorder à l'acheteur?

On a cherché la raison de cette singularité dans des considérations économiques. Si la jurisprudence romaine s'est refusée à valider dans tous les cas les hypothèques émanées d'un

(1) Pothier, *Pandect., ad tit. de pign. et hyp.*, n° 20, note.

non dominus qui devient plus tard propriétaire ou dont le propriétaire recueille l'hérédité, c'est, a t-on dit, dans l'intérêt du crédit public. En effet, le plus souvent, ces hypothèques consenties *a non domino* ne peuvent être rendues efficaces qu'au préjudice de droits acquis à des tiers ; il y a donc à se demander lesquels doivent être préférés, de ceux à qui a été hypothéquée la chose avant son entrée dans le patrimoine du débiteur, ou de ceux qui ont reçu des droits sur elle à une époque où le concédant en était propriétaire. Sous une législation qui ne soumet la création ou la transmission des droits réels à aucune condition de publicité, on peut dire qu'en général les constitutions de droits antérieures à l'existence de la propriété chez le constituant et validées par l'effet d'événements ultérieurs doivent plus particulièrement échapper à la connaissance des tiers, et les exposent ainsi à de plus graves dangers. Mais, c'est surtout en matière hypothécaire qu'à Rome ces dangers étaient à redouter, l'hypothèque étant le seul droit réel que le simple consentement suffit à créer, le seul dont la naissance fût absolument occulte (1).

En s'inspirant de l'idée des dangers que présentait la clandestinité de l'hypothèque établie *a non domino,* on se rend aisément compte des décisions de Papinien, d'Africain et de Paul, que nous avons commentées.

D'abord, on conçoit que Papinieu traite favorablement le créancier qui possède : le fait même de sa possession est un avertissement pour les tiers.

Quant au créancier qui ne possède pas, pour que l'action utile lui soit accordée, il faut qu'il n'ait rien à se reprocher ; or, s'il a su que la chose appartenait à autrui, il n'avait qu'à

(1) Labbé, *De l'Effet de l'Aliénation....* (Rev. Prat., t. 40, p. 176, 178.)

se faire mettre en possession pour assurer l'efficacité de son droit dans le cas où le constituant deviendrait propriétaire; comme il aurait ainsi, dans une certaine mesure, porté son droit à la connaissance des tiers, il pourrait la leur opposer; il ne l'a pas fait, et par conséquent il doit s'attendre à être repoussé par ceux qui auront acquis des droits sur la chose une fois entrée dans les biens du constituant. Mais, au contraire, s'il a ignoré que la chose fût *aliena*, on ne peut pas lui adresser le même reproche, et on lui donne l'action utile.

De même s'explique la décision d'Africain. Le créancier qui, ayant reçu hypothèque *a non domino*, a été premier en rang à un moment où la propriété reposait sur la tête du constituant, pourra agir contre le tiers acquéreur : comme il avait le droit de vendre la chose et se trouvait ainsi en rapport plus direct avec elle, il a dû être connu de celui qui l'a acquise; quant aux autres hypothèques, qui avaient été établies *a non domino* et qui, tant que la chose a été dans le patrimoine du constituant, n'ont eu qu'un rang inférieur, le tiers acquéreur a dû en ignorer l'existence, et c'est pourquoi il n'en tiendra aucun compte, Tel est bien le fond de la pensée du jurisconsulte; car, si le tiers acquéreur a connu l'existence de ces hypothèques, elles lui seront opposables.

Enfin, si Paul refuse de valider l'hypothèque établie par un *non dominus* dont le propriétaire recueille l'hérédité, c'est toujours pour prévenir les mêmes dangers : il est à craindre, en effet, qu'en acceptant l'hérédité le propriétaire ait ignoré l'existence de l'hypothèque établie sur son propre bien, ou que, du moins, les tiers qui traitent avec lui n'aient pas pu en prendre connaissance.

Nous reconnaissons qu'il y a, dans cette explication, une large part de vérité. Pour décider dans quels cas le créancier qui avait reçu hypothèque *a non domino* avait droit à l'action utile, il est certain, et le fragment d'Africain nous a démontré qu'on prenait en considération, dans une certaine mesure, l'intérêt des tiers et les espérances qu'ils avaient pu légitimement former, dans l'ignorance de la convention d'hypothèque. Mais est-ce dans la crainte de compromettre le crédit, est-ce sous l'empire d'une idée de publicité que les jurisconsultes romains refusaient, en principe, d'attacher à toutes les circonstances qui validaient la tradition *a non domino* l'effet de confirmer les hypothèques consenties par un non-propriétaire? Cela paraît bien invraisemblable, quand on considère que la clandestinité était à Rome la condition normale de l'hypothèque, et que ses dangers étaient cependant, dans bien des cas, aussi graves que dans les hypothèses particulières dont nous nous occupons. Toutes les fois que les parties, en hypothéquant la chose d'autrui, avaient exprimé ou même sous-entendu la condition *si res debitoris facta fuerit,* on admettait, sans aucune distinction, que la réunion de la qualité de propriétaire à la qualité de débiteur donnait effet à la convention ; or, en quoi cette circonstance avait-elle averti les tiers? Il faut donc chercher ailleurs la raison des singularités que présente la théorie de l'hypothèque de la chose d'autrui.

Cette raison est, suivant nous, purement juridique. Nous avons vu que, si le préteur donne à l'acheteur, qui a reçu tradition de la chose d'autrui, un droit opposable à toute personne et valide ainsi la tradition dès que la chose est entrée dans les biens du vendeur, c'est que celui-ci, au moment où il devient propriétaire, est lié vis-à-vis de l'acheteur. Or, le pacte d'hypothèque est simplement constitutif de droit réel, il ne crée aucun rapport d'obligation entre les parties, et, par conséquent, lorsque celui qui a hypothéqué la chose d'autrui devient propriétaire, ou que le propriétaire lui succède en qualité d'héritier, on ne peut pas, pour donner effet à l'hypothèque, alléguer les obligations dont le constituant ou son héritier serait tenu : aussi les mêmes événements qui ont pour effet de rendre l'acheteur propriétaire *jure prætorio* ne peuvent-ils pas donner naissance à l'action hypothécaire, bien que cette action soit de création prétorienne. Seulement, il peut se faire que, dans certaines circonstances, la résistance opposée au créancier par le propriétaire de la chose hypothéquée ou par ses ayant-cause soit contraire à l'équité, et alors le créancier aura le droit d'agir, mais seulement par une action utile. Les textes que nous avons commentés ont précisément pour objet de discerner dans quels cas l'équité commande que, par dérogation au droit rigoureux, l'hypothèque consentie *a non domino* acquière, après coup, l'efficacité qui, à l'origine, lui faisait défaut. Si l'on ne veut pas s'en tenir à la notion vague d'équité, il est impossible de ramener à une idée unique les diverses décisions que nous avons longuement analysées.

Papinien semble avoir principalement en vue de consolider les espérances légitimes que le créancier a pu concevoir : c'est pourquoi il protége, dans tous les cas, le créancier qui, étant en possession, est plus près de la réalisation de son gage, et celui qui ne possède pas, mais a cru traiter avec le véritable propriétaire.

Africain se préoccupe de la situation des tiers, à qui le constituant, devenu propriétaire, a transmis la chose hypothéquée : lorsqu'il décide que le créancier *potior jure* seul peut intenter l'action utile contre le tiers acquéreur, c'est par des raisons où n'entre pour rien la considération du crédit public, et qu'on peut, sans injustice, traiter de pures subtilités ; au contraire, il s'inspire simplement de l'équité quand il déclare que, dans tous les cas et sans distinction de rang, le tiers acquéreur peut se voir opposer les hypothèques dont il a eu connaissance en traitant avec le *non dominus*.

Quant au désaccord qui sépare Paul et Modestin, comment l'expliquer? Pourquoi Paul refuse-t-il d'assimiler au constituant qui acquiert la propriété, le propriétaire héritier du constituant? A-t-il pensé que, malgré la confusion des personnes et des patrimoines qu'entraîne l'adition d'hérédité, l'équité ne permettait pas de faire subir à l'héritier l'effet des actes d'aliénation accomplis sans droit sur sa propre chose par le *non dominus* à qui il succède? C'est à tort, pensons-nous, qu'on a voulu fonder sur cette raison d'équité la décision de Paul (1) : la même raison n'aurait-elle pas commandé de maintenir la nullité de la tradition opérée par un vendeur *non dominus*, dans le cas où le propriétaire succéderait à ce vendeur? Pour comprendre que Paul ait pu refuser l'action hypothécaire utile contre le propriétaire héritier du constituant *non dominus*, alors qu'on ne faisait pas de difficulté pour protéger contre le propriétaire héritier du vendeur l'acheteur qui avait reçu tradition *a non domino*, il faut remonter à l'ancien principe, d'après lequel il n'était permis, ni de créer, par acte entre vifs, une obligation qui prît naissance seulement dans la personne de l'héritier (2), ni, à plus forte raison, de constituer directement des droits réels sur la chose de l'héritier. La vente de la chose d'autrui étant valable, l'obligation contractée par le vendeur *non dominus* se transmettait à l'héritier, propriétaire de la chose vendue, et ainsi le véritable propriétaire, se trouvant lié comme s'il avait lui-même vendu, la tradition émanée *a non domino* était confirmée sans que le principe dont nous parlons reçût aucune

(1) Labbé, *De l'effet de l'aliénation*.... (Rev. Prat., t. 40, p. 178).
(2) Gaius, *Comm. III*, 178.

atteinte (1). Au contraire, en constituant une hypothèque sur la chose d'autrui, le *non dominus* ne fait absolument rien; non-seulement il ne grève pas la chose, mais il ne s'oblige pas lui-même; aussi, lorsqu'il décède, ne transmet-il aucune obligation d'où puisse dériver la confirmation de l'hypothèque : donner effet à la convention, ce serait faire naître directement dans le patrimoine de l'héritier le droit réel que le défunt n'a pas pu créer. C'est donc sur un principe de droit rigoureux, ce n'est pas sur l'équité qu'est fondée la doctrine de Paul. Plus tard, cette raison ne parut pas décisive à Modestin, qui, plus jeune et peut-être plus porté aux innovations que son illustre devancier, ne craignit pas de traiter le propriétaire, héritier du constituant *non dominus*, comme s'il était l'auteur de la constitution d'hypothèque. Il est vrai, qu'à proprement parler, la convention d'hypothèque n'oblige pas, puisqu'elle tend simplement à créer un droit réel; mais qu'importe? En est-il moins vrai que l'héritier, continuateur de la personne du défunt, manque à la bonne foi quand il veut se soustraire aux conséquences des actes accomplis par son auteur? Plus équitable, l'opinion de Modestin dut sans doute prévaloir. Quoi qu'il en soit, depuis la constitution de Justinien, qui abrogea l'ancienne règle et décida « *liceat et ab heredibus et contra heredes incipere actiones et obligationes* (2), » cette doctrine ne rencontrait plus d'obstacle, et elle aurait seule dû trouver place dans les Pandectes.

(1) C'est donc à tort, nous semble-t-il, que M. Jourdan présente comme une exception à ce principe la décision qui valide la tradition *a non domino*, quand le propriétaire devient héritier du vendeur : *De l'hypoth.*, p. 375.

(2) L. un. C. *ut. act. et ab. hered.*

CHAPITRE III

DROITS DU PROPRIÉTAIRE CONTRE L'AUTEUR DE L'ACTE D'ALIÉNATION

Nous venons d'étudier les modifications que subit l'acte d'aliénation émané d'un *non dominus*, quand la qualité de propriétaire se réunit à celle d'aliénateur ou d'héritier de l'aliénateur. Mais il peut se faire, en dehors de ces circonstances, que le propriétaire perde le droit de revendiquer, soit qu'il donne son consentement à l'acte, soit que la chose périsse ou que le temps de l'usucapion s'achève : privé dès lors de toute action contre l'acquéreur, n'aura-t-il pas du moins un recours contre l'auteur d'une aliénation qui a finalement abouti à le dépouiller? C'est la question que nous devons maintenant nous poser. Avant d'y répondre, il est nécessaire d'esquisser, au moins à grands traits, la théorie des rapports que l'aliénation de la chose d'autrui établit entre le véritable propriétaire et l'aliénateur *non dominus* : de nombreuses distinctions doivent être faites.

I. — Supposons en premier lieu que le possesseur d'une chose particulière ou d'une hérédité, actionné en revendication par le *verus dominus* ou en pétition d'hérédité par le *verus heres*, aliène ce qui fait l'objet du litige. Par ce moyen il cesse de posséder; or, en principe, le défendeur à une action réelle doit posséder *et litis contestatæ tempore et quo res judicatur* (Paul, 27 § 1, D. *de rei vindic.*) ; pourra-t-il donc ainsi échapper à la condamnation? Non : d'une part.

en effet, le demandeur doit, autant que posssible, être placé dans la même situation que si la sentence était rendue au moment même de la *litis contestatio*; d'autre part, le défendeur s'engage, dans l'une des trois clauses que comprend la caution *judicatum solvi*, à ne pas commettre de dol (Ulp., 6, D. *judic solv*. Cels., 45, D. *de hered. pet.*) Aussi, comme en se dépouillant lui-même de la possession, le défendeur s'est mis par son dol. ou du moins par sa faute. dans l'impossibilité de restituer, il doit être condamné, lors même que d'ailleurs la chose aliénée pourrait encore être revendiquée aux mains du tiers acquéreur. De là, dans les deux hypothèses que nous allons séparer, les décisions suivantes :

1° Le possesseur d'une chose déterminée la vend pendant le cours de l'instance en revendication. S'est-il rendu coupable d'un dol ou seulement d'une faute : il doit, au choix du demandeur, ou bien restituer le prix qu'il a retiré de la vente, ou bien payer la valeur de la chose; l'estimation sera faite par le juge, s'il y a simple faute; par le demandeur sur la foi du serment, s'il y a dol (1). Est-ce par nécessité, *ex necessitate*, que la vente a eu lieu : le prix seul doit être restutué (2). Ulp., 15 § 1. D. *de rei vindic*.

2° Le *possessor hereditatis*, actionné en pétition d'hérédité, a consenti une aliénation. A-t-il vendu l'hérédité elle-même : si c'est par spéculation, *negotiationis causâ*, il doit restituter la véritable valeur de l'hérédite, *quod plus fuit in hereditate*; si c'est en exécution d'un fideicommis, *ex fidei-*

(1) V. Pellat, *Propriété, introd.*, n° 31; *l.* 17. *de rei vind.*

(2) D'après Cujas, il devrait ici encore restituer le prix ou la valeur de la chose; il aurait pour unique avantage de n'être pas condamné sur le serment du demandeur (*Ed. Neap.*, VII. p. 262 et 263). Mais cette doctrine est contraire au texte de la loi 15, § 1,

commissi causâ, comme il était forcé de vendre (1), il est seulement tenu de rendre ce qu'il a reçu de bonne foi (Javolenus, 48, D. *de petit. hered.*) A-t il vendu des objets héréditaires : il suffit que la vente ait été commandée par les circonstances *(res steriles erant vel tempore perituræ)* et consentie au prix véritable, pour que les obligations du défendeur soit limitées à la restitution du prix et des intérêts (Ulp. 20 § 16, D. *de pet. her.*) ; ce qu'on exige, ce n'est plus la nécessité, c'est simplement l'utilité de la vente.

II. — Supposons, en second lieu, que le possesseur ait aliené la chose d'autrui avant la *litis contestatio*. Ecartons le cas où, ayant commis un vol, il serait soumis aux conséquences civiles et pénales du *furtum*, et plaçons-nous en présence d'un simple vendeur de la chose d'autrui.

Comme en faisant tradition il a cessé de posséder, et que la première condition pour défendre à une action réelle est de posséder au moment de la *litis contestatio* (Paul., 27 § 1, D. *de rei vindic.*), on pourrait penser qu'il échappe à l'action du propriétaire. C'est en effet ce qu'on décidait à

de rei vindicatione : *fortassis huic officio judicis succurretur, ut pretium duntaxat debeat restituere...* ; *æquè non amplius quàm pretium præstabit* ; d'autre part, elle n'est pas en harmonie avec les décisions que nous allons analyser, concernant le possesseur de l'hérédité. Aussi est-elle généralement repoussée (V. Pellat, l. 15, § 1, *de rei vindic.*)

(1) Dans la doctrine de Cujas, pour expliquer que le possesseur soit en ce cas tenu seulement de restituer *quod bonâ fide accepit*, ce n'est pas assez de dire qu'il a été forcé de vendre ; il faudrait ajouter qu'il a dû vendre au prix fixé par le testateur, et qu'ainsi il ne saurait encourir aucun reproche, si disproportionné que fût le prix eu égard à la valeur de la chose. C'est ainsi que notre grand romaniste concilie la loi 48 *de petitione hereditatis* avec la doctrine que nous avons repoussée (*supra*, note précédente).

l'origine : mais cette application rigoureuse des principes avait des résultats manifestement contraires à l'équité et appelait une réforme législative.

Dans une hypothèse particulière, le préteur intervint : il déclara par un édit, que le possesseur qui aliènerait dans le but d'opposer au maître de la chose un autre adversaire serait tenu, par une *actio in factum*, de réparer tout le dommage que ce fait causerait au demandeur (Dig., *de alienatione judicii mutandi causâ, 4, 7*) ; le propriétaire pouvait agir à son gré par l'action *in rem* contre l'acquéreur ou par l'action *in factum* contre l'aliénateur (Cod., *eod. tit.*; l. unic.). Mais, en dehors de ce cas, le possesseur pouvait, par des aliénations même frauduleuses, se soustraire à l'action réelle (Ulp., 4 § 1, D. *de alien., mut. jud...*).

C'est en matière de pétition d'hérédité que la réforme s'accomplit d'abord. Préparée, au milieu des controverses, par le travail des Prudents (Ulp., 20, § 6, et 18 pr., D. *de pet. her.*), elle fut définitivement introduite par un sénatus-consulte, rendu sur la proposition de l'empereur Adrien, et désigné communément sous le nom de sénatus-consulte Juvencien. Elle se résume dans une distinction entre le possesseur de bonne foi et le possesseur de mauvaise foi.

Première hypothèse : — C'est de mauvaise foi que le possesseur de l'hérédité a vendu. Il sera condamné, comme s'il possédait encore (Ulp. 25, §§ 2. et 8 ; 13 § 2, D. *de her. pet.*) : ne pouvant restituer la chose elle-même, il doit non pas le prix qu'il a retiré de l'aliénation, mais la valeur véritable, d'après l'estimation faite par le demandeur sur la foi du serment. Si la chose a successivement passé entre les mains de plusieurs possesseurs de mauvaise foi, ils sont tous responsables (*et si per multos ambulaverit possessio, omnes tenebuntur :* Ulp. 25, § 8, *eod. tit.*) Si la chose a péri ou a été usucapée, le demandeur a droit au prix qu'il en aurait pu retirer si, l'ayant eue en sa possession, il l'avait vendue (Ulp. 20, § 1, D. *eod. tit.*). Si la chose existe encore et peut faire l'objet de l'action réelle, l'héritier peut agir à son choix contre l'acheteur qui possède ou contre le vendeur qui est censé posséder ; la condamnation qu'il obtiendra contre ce dernier ne l'empêchera pas d'agir ensuite contre le véritable propriétaire (1) (Ulp. 13 § 14, *eod. tit.*) ; mais elle ne sera prononcée que si le *verus possessor* n'a pas déjà fourni satisfaction à l'héritier (Papin, 95, § 9, D. *de solut.*) ou ne se présente pas pour soutenir le procès (Ulp., 13 § 14, D. *de pet. her.*).

Les jurisconsultes appliquèrent ces principes, par une raison d'analogie, *per consequentias*, à *l'actio specialis in rem* (Paul. 27 § 3 ; Ulp., 7, *de rei vindic.*). Si donc le possesseur d'une chose particulière l'aliène de mauvaise foi, il demeure soumis à la revendication ; s'il a aliéné pour opposer au propriétaire un autre adversaire, il peut, au choix du demandeur, être poursuivi par l'action *in factum* ou par l'action *in rem*, à moins cependant qu'il ne soit prêt à défendre sur cette dernière action (2).

La règle du sénatus-consulte Juvencien finit, en se généralisant, par s'étendre « à toutes les actions réelles et personnelles, dirigées contre un tiers en tant que possesseur ou

(1) Telle était du moins l'opinion d'Ulpien : V. cependant l. 10, D. *de rebus eorum qui sub tutelâ...* — Paul paraît avoir été d'un avis contraire, 24, D. *de noxat. action.* ; V cependant, 69. D. *de rei vind.* — V. Labbé, *de l'action à exercer contre celui qui par dol...* n° 22 à 23 (Rev. de lég., 1872).

(2) Pothier, *Pandect. ad tit. de alien. jud. mut..* n° 8, note 2.

détenteur (1). » notamment à l'action *ad exhibendum* (Ulp., 9 pr. § 2, D. *ad exhib.*), aux actions noxales (Gaius, 29, D. *de nox. act.*) ; et il fut vrai de dire, d'une manière générale : *qui dolo desierit possidere, pro possidente damnatur : quia pro possessione dolus est,* (Paul. 131 ; Ulp., 150, 157, § 1, *de reg. jur.*)

L'action *in rem* n'étant donnée contre le *fictus possessor* qu'à raison de son dol personnel, les héritiers qu'il laissera, s'il vient à mourir, n'y seront pas soumis : le propriétaire a seulement contre eux une action *in factum*, tendant à la restitution de ce dont ils se sont enrichis par le délit de leur auteur (Jul. 52, D. *de rei vindic.*).

Deuxième hypothèse : — C'est de bonne foi que le possesseur de l'hérédité a vendu. S'il a retiré quelque avantage de la vente, il demeure soumis à la pétition d'hérédité, quand même il ne posséderait plus rien de l'hérédité elle-même ; il sera condamné à restituer tout ce dont il s'est enrichi en aliénant, soit le prix qu'il a reçu, soit les choses qu'il a acquises en emploi de ce prix, soit les actions qu'il a contre l'acheteur (Ulp., 20, §§ 6 et 7 ; Paul, 25, pr. et § 1 ; Jul., 16, § 5. D. *de petit. her.*) : peu importe d'ailleurs que la chose ait péri par cas fortuit ou ait été usucapée par l'acquéreur (Ulp., 20, § 1, *eod. tit.*) ; le prix est en quelque sorte subrogé à la chose vendue : *potest existimari in locum hereditariæ rei venditæ pretium ejus successisse et quodammodo ipsum hereditarium factum* (Paul, 22, *eod. tit.*; Jul., 18. D. *quod met. caus.*). Mais si le prix a été perdu, dissipé ou donné, le sénatus-consulte, coupant court à une ancienne controverse qui divisait Labéon et Octavenus, décide

(1) Labbé, *de l'action à exercer contre celui qui par dol...* n° 4.

que le vendeur ayant été de bonne foi ne doit rien (Ulp., 18, pr., 23. D. *de pet. her.*).

Cette seconde règle, à la différence de la première, est demeurée spéciale à la pétition d'hérédité : le *possessor singularis*, qui n'a pas commis de dol en aliénant, n'est pas soumis à la *rei vindicatio*, bien qu'il se soit enrichi. Mais n'est-il pas du moins tenu, à un autre titre, de restituer le bénéfice qu'il a retiré de la vente ?

Etant de bonne foi, il échappe à toute action du propriétaire, tant que celui-ci peut recouvrer sa chose par la revendication ; comment serait-il tenu de restituer le prix au *dominus rei venditæ*, quand il doit à l'acheteur en sa qualité de garant, le double de ce prix ou une indemnité peut-être supérieure, pour le cas où l'éviction viendrait à s'accomplir ? Mais du jour où la revendication n'est plus possible, comme il est désormais à l'abri de toute action en garantie, il réalise un véritable gain en retenant ce qu'il a reçu *ex re alienâ*. Aussi le propriétaire, dépouillé de son droit, a-t-il un recours à exercer contre l'auteur de l'aliénation ; mais quelle est la nature de ce recours ? Est ce *de re suâ* ou *de pretio* que le propriétaire peut agir ? Est-ce le prix ou la valeur de la chose qu'il lui est permis de réclamer ? Nous arrivons ainsi à la question que nous avons tout d'abord indiquée comme devant faire l'objet spécial de cette section.

Nous traiterons successivement du propriétaire qui, en ratifiant l'aliénation, s'est enlevé le pouvoir de la critiquer, et de celui qu'un événement indépendant de sa volonté, tel que la perte fortuite ou l'usucapion de la chose, a dépouillé de son droit.

I.

I. — Le consentement que donne après coup le propriétaire à l'aliénation de sa chose supprime l'obstacle qui s'opposait à la translation de la propriété ou à l'établissement du droit, mais valide-t-il l'acte originaire? Constitue-t-il une véritable ratification, qui opère avec effet rétroactif?

Il ne peut y avoir ratification et l'acte ne peut être rétroactivement validé, que dans le cas où le *non dominus* a agi au nom du propriétaire. (Ulp. 12, § 1. D. *ratam rem hab.*). Tel est le cas pour lequel statue la loi 16, § 1, au Digeste *de pignoribus et hypothecis* : Marcien y décide que la ratification du maître donne rétroactivement effet à l'hypothèque consentie par un tiers. De même doit être entendue la loi 20, § 1, *de pigneratitia actiones*, où Paul oppose l'hypothèque consentie par un gérant d'affaires à celle consentie par un mandataire. Les mots *nesciente domino*, *ignorante domino*, qu'on lit dans ces deux textes, nous en révèlent le sens véritable ; supposer que le propriétaire a ignoré la constitution d'hypothèque pour subordonner la validité de cet acte à une ratification ultérieure, c'est donner à entendre que, s'il l'avait connue, elle aurait pu être valablement consentie, en vertu d'un mandat tacitement conféré au constituant; or, pour qu'un tel résultat puisse se produire, il faut que le tiers agisse pour le compte du propriétaire. (1).

(1) Pour qu'une hypothèque consentie par un *non dominus* en son nom personnel pût être validée dans les mêmes circonstances, il faudrait supposer que le propriétaire a été complice d'une fraude dirigée contre un créancier de bonne foi : *sciens hoc agi, in*

Telle n'est pas l'hypothèse dont nous nous occupons. Nous avons en vue un *non dominus* qui aliène en son propre nom; or, il n'y a pas de gestion d'affaires ni par conséquent de ratification, sans que l'auteur de l'acte ait eu la volonté de gérer pour le *dominus rei gestæ* (Paul., 14, § 1; 29 pr. D. *com. divid.*; 14, D. *de dol. mal. except.*). Aussi, l'approbation donnée par le propriétaire n'est-elle pas à proprement parler une ratification, bien qu'on la désigne souvent ainsi; elle ne valide pas l'acte primitif, mais elle forme un acte nouveau, valable comme émanant du propriétaire. A la volonté d'acquérir, qu'a manifestée l'*accipiens* en recevant tradition, vient se joindre, de la part du propriétaire, la volonté d'aliéner; dès lors, les évènements requis pour l'efficacité de la tradition sont réunis, et la propriété transférée (Gaius, 9, § 5. D. *de acq. rer. dom.*). *Si rem meam possideas, etiam velim tuam esse, fiet tua, quamvis possessio ad me non fuerit* (Pompon., 21, § 1, *eod. tit.*) (1).

Ce que nous disons de la tradition, disons-le de la constitution d'hypothèque : le consentement du propriétaire la confirmera, et ce consentement peut être tacite (Marcian, 5, § 2. D. *in quib. causis pignus*...).

L'approbation donnée par le propriétaire à l'acte *a non domino* opère-t-il *ipso jure* le déplacement du droit? Nous ne le pensons pas. L'acquéreur recevra seulement du préteur les exceptions et actions nécessaires pour conserver ou

fraudem creditoris ignorantis dissimulâsti (Sever. et Anton., 2, Cod., *si aliena res pign.*).

(1) V. Doneau. *ad tit. Cod. de rebus alienis non alienandis* : « *ratum habere non possum quod meo nomine gestum non est...; at possum tamen approbare eique consentire... Hæc approbatio et consensus meus ad dominium rei meæ transferendum sufficit, ubi res mea jam est apud emptorem.* »

reconquérir la possession de la chose. On comprend qu'en recourant au moyen détourné de la ratification, en approuvant un acte par lui-même dénué d'effet, le propriétaire n'arrive pas directement au résultat qu'il pourrait obtenir de plein droit en transférant au possesseur la propriété par son simple consentement. Cette idée est confirmée par un texte : Papinien (44, § 1. D. *de usurp. et usuc.*) suppose que l'acheteur de la chose d'autrui a été de mauvaise foi au moment de la vente, et il décide que cette circonstance, qui ferait obstacle à l'usucapion, n'empêchera pas l'acheteur de devenir propriétaire, si, au moment de la tradition, le maître donne son consentement : *constat, si rem alienam scienti mihi vendas, tradas autem eo tempore quo dominus ratum habet, traditionis tempus inspiciendum, remque meam fieri.* Donc, pour que l'acheteur puisse dire *rem meam esse,* il faut qu'à l'instant de la tradition, au plus tard, le propriétaire ratifie (1).

Si le propriétaire a bénéficié de l'aliénation, par exemple s'il s'est fait remettre le prix de la vente, il ne pourra plus revendiquer sans être repoussé par une exception (Ulp., 25, § 17, D. *de her. pet.* : *si minori pretio res venierint, et pretium quodcumque illud actor sit consecutus..., exceptione eum summoveri).* De même, si une hypothèque a été constituée sur sa chose sans son consentement, et qu'il ait profité des sommes prêtées par le créancier hypothécaire, *non inutilis erit exceptio duntaxat quod numeratum est exsolvi desideranti* (Sever. et Anton., 1, Cod., *si aliena res pign.).* La *versio in rem* équivaut à une ratification.

(1) Labbé, *de la ratification des actes d'un gérant...*, p. 22, note 2.

II. — Si, en consentant à la vente, le propriétaire s'enlève le droit de revendiquer, il acquiert en même temps le droit d'agir contre le vendeur ; mais par quelle action?

Nous ne lui accorderons pas l'action de gestion d'affaires. On a prétendu, il est vrai, que, d'après certains jurisconsultes, tels qu'Africain (1) et peut-être Julien (2), l'*actio negotiorum gestorum utilis* était donnée toutes les fois qu'à la suite d'un acte accompli par un *non dominus* sur la chose d'un tiers, l'un s'enrichissait au détriment de l'autre, sans qu'il existât d'ailleurs aucun moyen de le contraindre à fournir une réparation ; mais cette opinion fût-elle admise, il n'en résulterait pas qu'Africain et Julien dûssent accorder l'action utile au propriétaire qui avait donné son consentement à l'acte d'aliénation *a non domino*. D'une part, en effet, le propriétaire ayant, malgré l'aliénation, conservé son droit intact, rien n'exigeait que, par dérogation aux principes, on lui accordât le secours de l'action utile, quand il n'aurait tenu qu'à lui de revendiquer. D'autre part, le vendeur, n'ayant en rien touché au droit du propriétaire, n'avait rien fait qui permît de l'assimiler à un *negotiorum gestor;* ce qui faisait défaut, ce n'était pas seulement la volonté de gérer, c'était le *negotium gestum* (3). Rationnellement, si on voulait admettre l'idée de

(1) Afric., 49. D. *de neg. gest.* — V. *infra*, p. . — Accarias, *Précis*, II, p. 579, note 1.

(2) Demangeat, *oblig. solid.*, p. 230, note 2; p. 231, note 1. Pour attribuer cette opinion à Julien, M. Demangeat se fonde sur l'explication qu'il donne de la loi 30, D. *de neg. gest.*; mais de nombreux textes démontrent que Julien n'accordait pas l'action de gestion d'affaires en dehors du cas où le gérant avait eu la volonté d'obliger un tiers : 14 in f. *comm. divid.* ; 23, *de reb. cred.* ; 33, *de cond. indeb.*

(3) Compar., Jul., 33. D. *de cond. indeb.*

gestion d'affaires, il faudrait dire, non pas que le vendeur est réputé avoir géré l'affaire du propriétaire, et se trouve soumis à l'*actio negotiorum gestorum directa*, mais que le propriétaire, en consentant après coup à l'aliénation, a fait l'affaire du vendeur, placé désormais à l'abri de toute action en garantie pour éviction, et qu'il a ainsi, pour se faire indemniser, l'*actio negotiorum gestorum contraria*. Mais cette manière de voir serait en opposition avec le seul texte du Digeste dont on puisse tirer un argument sérieux en faveur de l'action de gestion d'affaires, avec la loi 49, *de negotiis gestis : de pretio negotiorum gestorum actio mihi (domino) danda sit : ut dari deberet, si negotium quod tuum esse existimares, cùm esset meum, gessisses*.

Cette loi, dit-on, accorde au propriétaire de la chose aliénée par un tiers une action de gestion d'affaires contre le vendeur ; mais elle suppose que la chose vendue a péri et ne peut, par conséquent, plus être revendiquée ; or, si la concession de l'action utile peut s'expliquer quand la perte de la chose a éteint la revendication, il n'en est plus de même quand le propriétaire abandonne volontairement son droit.

On objecte que, dans la loi 3, au C., *de rei vindicatione*, l'empereur Alexandre Sévère accorde à une femme, dont le fonds avait été vendu par sa mère ou par son mari, et qui avait approuvé la vente, une action de gestion d'affaires pour obtenir du vendeur la restitution du prix (1).

Mais la première phrase de ce rescrit nous démontre qu'il s'agit d'une vente conclue par un gérant d'affaires pour le compte du propriétaire. *Matertua vel maritus fundum tuum invita vel ignorante te vendere jure non potuit*. S'il était question d'une vente ordinaire de la chose d'autrui, ces pa-

(1) Pellat, *de la propriété*, p. 180, note 1.

roles seraient inexplicables. Prendrons-nous le mot *vendere* dans son véritable sens? Il n'est pas possible de dire *vendere jure non potuit* : car rien n'est plus valable, rien n'est plus conforme au droit que la vente de la chose d'autrui. Traduirons-nous *vendere* par aliéner ? Il est certain qu'on ne peut aliéner la chose d'un tiers sans son consentement ; mais il ne suffirait pas que le propriétaire eût été averti de l'acte *a non domino* pour que l'aliénation lui fût opposable, et, dès lors, comment comprendre les mots *ignorante te vendere jure non potuit ?* Il faut nécessairement supposer que le vendeur a agi au nom du propriétaire ; on peut dire alors que, s'il n'a pas consommé l'aliénation, c'est parce qu'il n'a pas obtenu le consentement, au moins tacite, du propriétaire ; c'est parce que la femme s'est opposée à la vente ou n'en a pas eu connaissance (1).

Dans le cas où un cohéritier a vendu pour le tout la chose commune, la loi 19, au Code, *de negotiis gestis*, donne aux autres cohéritiers, qui ont ratifié la vente, l'action de gestion d'affaires pour obtenir leur part dans le prix ; mais elle suppose aussi que le vendeur a agi au nom de tous : *pro solido re* VELUTI COMMUNI *venumdatâ.*

La seule action qu'on puisse accorder au propriétaire qui donne son consentement à la vente émanée *a non domino*, c'est une *condictio*, fondée sur ce principe d'équité, qu'on ne doit

(1) Cujas explique les mots *vendere jure non potuit* en disant qu'il s'agit dans l'espèce d'une *venditio per mancipationem*, vente nulle quand elle a pour objet la chose d'autrui : *quia mancipatione id agebatur ut dominium transiret in accipientem*. Mais est-il vraisemblable qu'au temps d'Alexandre Sévère, le mot *vendere* fût employé pour désigner la mancipation, mode translatif de propriété ? On ne s'expliquerait guère cette réminiscence du très ancien droit.

pas s'enrichir injustement aux dépens d'autrui (Pompon., 206. D. *de reg. jur.*), et tendant à la restitution du prix que le vendeur gagnerait *ex re alienâ* s'il lui était permis de le retenir. C'est la seule action que donne Julien dans le cas où la chose vendue par le *non dominus* a péri (Afric., 23. D. *de reb. cred.*) ; à plus forte raison est-elle la seule qu'on puisse accorder au propriétaire, qui s'est lui-même enlevé la faculté de revendiquer en approuvant l'aliénation.

Signalons cependant, en matière d'affranchissement, une disposition exceptionnelle : le propriétaire de l'esclave, affranchi par un *non dominus*, pouvait donner effet à la *manumissio* en ne faisant pas valoir son droit de propriété ; mais, en ce cas, on lui permettait d'exiger du *manumissor*, qui pourtant ne s'était pas enrichi, la valeur de l'esclave à titre d'indemnité : *pretium eorum quanti suâ interest* (1). (Anton., 1. Cod. *de his qui a non domino manumit*). Cette décision, qui encourageait le propriétaire à confirmer l'affranchissement émané d'un *non dominus*, fut sans doute inspirée par un motif de faveur pour l'esclave : sous Antonin Caracalla, elle avait déjà été consacrée par de nombreux rescrits (*sæpe rescriptum est*).

II.

Arrivons enfin au cas où le propriétaire de la chose aliénée a contre son gré perdu le droit de la revendiquer. Par exemple, elle est *deperdita vel deminuta* (Ulp. 20, § 21. D. *de pet. her.*) ; c'est-à-dire, elle a péri ou elle a été usucapée :

(1) Il faut rejeter la leçon *pretium*... VEL *quanti suâ interest*. *Pretium* ne signifie pas le prix de vente, puisqu'il n'y a pas eu de vente, mais la valeur de l'esclave (Cujas, *ad Cod.* VII, 10).

deperditum intelligitur quod in rerum naturâ esse desierit; deminutum vero quod usucaptum esset (Gaius, 21, D. *eod. tit.*). On pourrait aussi supposer qu'elle a été aliénée de bonne foi par un *possessor hereditatis* qui s'est soumis à un recours en cas d'éviction. de telle sorte que l'acquéreur peut repousser par une exception l'action du véritable héritier (Ulp. 25, § 17. *eod. tit.*). La perte fortuite, l'usucapion accomplie, ou toute autre circonstance ayant pour effet d'écarter le danger de l'éviction, soit par le transfert de la propriété, soit par l'anéantissement de la chose, libère définitivement le vendeur vis-à-vis de l'acheteur ; mais ne l'oblige-t-elle pas vis-à-vis du propriétaire ?

Le propriétaire, ainsi privé du droit de revendiquer, peut certainement exiger du vendeur la restitution du prix ; mais par quelle action ? Cette question doit nous occuper un instant. Deux fragments d'un même ouvrage d'Africain, intitulé : *Quæstiones*, paraissent la résoudre contradictoirement.

Dans la loi 23, au Digeste, *de rebus creditis*, le jurisconsulte décide, d'après Julien, que, si je vends comme m'appartenant un esclave qui vous a été légué, vous pouvez, bien qu'il soit mort, agir contre moi en répétition du prix : *mihi pretium condicere, quasi ex re tuâ locupletior factus sim.*

Dans l'espèce de la loi 49, au Digeste, *de negotiis gestis*, j'achète un esclave qui m'apporte une chose dérobée à son précédent maître ; je la vends comme mienne, et elle périt ; Africain permet au propriétaire d'intenter contre moi l'action de gestion d'affaires pour se faire restituer le prix : *de pretio negotiorum gestorum actio mihi danda sit : ut dari deberet, si negotium quod tuum esse existimares, cum esset meum, gessisses.*

L'antinomie est manifeste, et on ne peut songer à la résoudre, en disant que le propriétaire a le choix entre la *con-*

dictio sine causâ et l'action de gestion d'affaires. Ces deux actions, observe en effet Cujas, ne peuvent pas concourir ; *nam hæc condictio datur ex æquo et bono, deficiente igitur justâ actione* (1).

Nous ne pouvons pas davantage accepter la conciliation que propose ce grand jurisconsulte : il accorde l'action de gestion au propriétaire qui a ratifié la vente, la *condictio sine causâ* à celui qui a refusé de ratifier (2) ; or, nous avons rejeté cette idée, d'après laquelle l'approbation donnée par le propriétaire à la vente engendrerait l'action de gestion d'affaires, comme s'il s'agissait d'une véritable ratification.

De nos deux textes, Doneau ne semble voir que la loi 49, *de negotiis gestis :* dans tous les cas, il donne au propriétaire l'*actio negotiorum gestorum*. En vain objecterait-on, dit-il, que le vendeur a agi pour son propre compte : en réalité, il a fait l'affaire d'un tiers, *reverâ domini negotium fecit, quia res non erat venditoris, sed domini : hanc veritatem rei falsa opinio venditoris mutare non potest.* Mais alors, pourquoi le propriétaire ne pourrait-il pas immédiatement agir, comme s'il était en présence de tout autre gérant d'affaires? Pourquoi est-il obligé d'attendre que la chose ait été détruite ou usucapée? Doneau, qui se pose l'objection, y répond en disant que, pour être soumis à l'*actio negotiorum gestorum*, il ne suffit pas d'avoir fait l'affaire d'autrui, mais qu'il faut en outre avoir retiré de l'opération un profit, dont la restitution puisse être exigée : *opus est ut aliquid ex eo negotio pervenerit ad eum, quod deinde restituerit.*

En partant de cette idée que le recours du propriétaire con-

(1) Cujas, *ad Afric., tractat.* 2.

(2) Cujas, *loc. cit. : si ratam venditionem non feceris, est condictio sine causâ ; si ratam feceris, est actio negotiorum gestorum.*

tre le vendeur constitue une action de gestion d'affaires, on a été conduit à décider que, dans tous les cas, le vendeur devrait restituer le prix, lors même qu'il n'aurait retiré de la vente aucun enrichissement. Supposons, par exemple, qu'ayant acheté la chose d'autrui il la vende à son tour, et qu'ainsi, en touchant le prix, il ne fasse que rentrer dans ses déboursés : il devra, malgré sa bonne foi, restituer ce prix ; étant réputé avoir fait l'affaire du propriétaire, il est dans tous les cas tenu de l'*actio negotiorum gestorum utilis*, sans qu'on soit admis à distinguer, suivant qu'il a lui-même fait des sacrifices pour arriver à posséder la chose qu'il a ensuite vendue, ou suivant qu'il l'a obtenue sans bourse délier (1).

Pothier s'élève contre cette doctrine, sans toutefois la réfuter par des raisons bien décisives (2). L'argument *a contrario* qu'il tire de la loi 17, D. *de rei vindicatione*, est extrêmement faible, et il le reconnaît lui-même : de ce qu'Ulpien permet au propriétaire d'agir en restitution du prix contre celui qui a vendu la chose *post acceptum judicium*, il ne s'ensuit pas que la vente opérée de bonne foi avant la *litis contestatio* n'expose pas le vendeur aux mêmes condamnations. S'il fallait appliquer ici les règles ordinaires de la gestion d'affaires, il nous paraît indiscutable que le prix touché par le vendeur *negotiorum gestor* devrait dans tous les cas être restitué au *dominus rei gestæ*.

Mais, même en s'attachant à la loi 49 *de negotiis gestis*, ce ne sont pas les règles de la gestion d'affaires qu'il faut appliquer. Vainement Africain appelle-t-il *negotiorum gestorum* l'action qu'il donne au propriétaire : il la soumet à des

(1) Pulveus, *de rei alien. distract.*, cap. 20.
(2) Pothier, *Vente*, 275.

règles si particulières qu'elle ne peut pas mériter ce nom. Ce qu'il accorde en réalité, c'est une action tendant à la restitution de l'enrichissement réalisé par le vendeur ; c'est une action fondée sur ce principe d'équité qu'on ne peut pas s'enrichir injustement aux dépens d'autrui. Pour l'appeler de son véritable nom, c'est une *condictio sine causâ.*

En somme, c'est uniquement sur le nom de l'action que porte la dissidence de nos deux textes (1). Réduite à ces termes, la question ne peut plus faire de difficulté : quant aux règles de fonds à appliquer, nous donnons raison à Pothier contre Pulveus ; quant au nom que l'action doit recevoir, nous suivons, comme plus juridique, l'opinion de Julien rapportée par Africain dans la loi 23, *de rebus creditis.*

(1) Accarias, *Précis de Droit Romain*, II, n° 656, p 578.

DROIT FRANÇAIS

CHAPITRE I

CARACTÈRE ET EFFETS DE LA NULLITÉ DES ACTES DE DISPOSITION ENTRE VIFS DE LA CHOSE D'AUTRUI

Dans le droit français, comme dans toute législation civilisée, l'acte d'aliénation de la chose d'autrui est nul. Cette nullité est maintes fois consacrée, expressément ou implicitement, dans les articles de nos divers codes (art. 545, 1165, 1238, 1599, 2124, 2125, 2182 du Code civil ; art. 717 du Code de procédure). Au reste, il était inutile de la prononcer : le droit de propriété étant admis (art. 544), elle en découle nécessairement.

Mais quel en est le caractère ? Est-elle définitive ou réparable ? Est-elle absolue ou relative ? Telle est la question qui se présente d'abord à notre étude.

Nous nous occuperons, en premier lieu, du paiement de la chose d'autrui ou, plus exactement, de l'acte par lequel on fait tradition d'une chose appartenant à autrui dans le but d'en transférer la propriété. Puis, passant au mode translatif qui, dans notre droit, occupe la place la plus importante, nous rechercherons quels sont les effets du contrat, et particulièrement de la vente, qui a pour objet la translation de propriété d'une chose actuellement appartenant à autrui, et, après avoir exposé, sur l'article 1599, les principes généraux qui régissent la matière, nous nous demanderons s'il n'y est pas dérogé dans certains actes translatifs de propriété ou constitutifs de droits réels.

SECTION I

Du paiement de la chose d'autrui

« Pour payer valablement, dit l'article 1238, il faut être propriétaire de la chose donnée en paiement..... » Par conséquent, si le *solvens* n'est pas propriétaire, le paiement est nul.

La formule de l'article 1238 a été, dans la doctrine, l'objet de vives critiques, qui nous paraissent fort exagérées, et dans l'examen desquelles il serait inutile d'entrer ici. On a prétendu qu'en exigeant chez le *solvens*, comme condition de la validité du paiement, la qualité de propriétaire, le législateur méconnaissait le principe nouveau d'après lequel la translation de propriété s'opère par le seul consentement des parties, indépendamment de toute tradition. Nous aurons bientôt à relever ce qu'il y a d'excessif et d'immérité dans ce reproche (1). Mais, pour le moment, ce qui nous importe et ce qui est hors de toute contestation, c'est la nullité de l'acte par lequel un débiteur, dans le but de transférer la propriété, livre en paiement à son créancier une chose appartenant à un tiers : la propriété n'étant pas transférée, la libération n'est pas acquise ; le paiement est nul.

Mais quel est le caractère de cette nullité ? Dans l'intérêt

(1) *Infra*. p.

de quelles personnes est-elle établie? Par qui peut-elle être invoquée? Est-elle relative ou absolue?

I. — Que le créancier puisse s'en prévaloir, c'est ce qui ne fait aucun doute. N'ayant pas reçu la propriété qui lui était et qui lui reste due, il peut, avant même d'être évincé, exiger un nouveau paiement, ou, d'une manière plus générale, exercer toutes les actions qui lui compètent en sa qualité de créancier. Seulement, en retour de la nouvelle satisfaction qu'il obtient, il doit restituer la chose d'autrui qui lui a d'abord été livrée : c'est ainsi qu'en vertu de l'article 1704, celui des coéchangistes, qui a reçu une chose appartenant à un tiers, doit la rendre, s'il veut se refuser à livrer ou répéter ce qui fait l'objet de sa propre obligation.

Tels étaient déjà, dans la législation romaine, les droits du créancier, lorsque le débiteur, tenu non-seulement de procurer la paisible possession, mais de transférer la propriété, avait livré la chose d'un tiers (1). Toutefois, les lois romaines distinguaient, suivant la nature de l'obligation, que le paiement avait eu pour but d'éteindre (2). En promettant de *dare*, le débiteur s'était-il soumis à la garantie : il ne se libérait pas par la tradition de la chose d'autrui ; peu importait d'ailleurs qu'il eût promis de donner cette chose même, ou qu'il l'eût livrée en exécution d'une dette de genre. Au contraire, n'était-il pas tenu de l'obligation de garantie : dans ce cas, s'il avait, sans dol, promis de donner la chose qui appartenait à autrui, il se libérait en la livrant : *traditione protinus libe-*

(1) Pompon. 20, Jul. 33, Afric. 38, § 3. D. *de solut.*

(2) Scævola, 131, § 1. D. *de verb. obl.* — V. Labbé, *Garantie*, nos 66 à 68.

rari ; s'il avait contracté une obligation de genre, et que pour l'exécuter il livrât une *res aliena,* il n'était pas sans doute tenue de la garantie, mais il devait un nouveau paiement (1).

Il ne faudrait pas, sans discernement, transporter dans notre droit toutes ces décisions. Dans tous les cas, sans doute, celui qui promet un genre et livre en paiement une chose appartenant à autrui reste soumis à l'action du créancier, lors même qu'il s'agirait d'un donateur : l'obligation a été valablement contractée ; n'ayant pas reçu d'exécution, elle subsiste. Mais, si la chose d'autrui livrée en paiement par le débiteur a fait l'objet de la dette qu'il a contractée, il ne s'agit pas seulement de savoir s'il peut être considéré comme libéré : on doit auparavant se demander si l'obligatiou elle-même a pu valablement se former : c'est la question que nous aurons plus tard à nous poser.

II. — D'après le droit romain et notre ancienne jurisprudence, le créancier pouvait seul se prévaloir de la nullité du paiement *a non domino.* Aujourd'hui, en vertu de l'article 1238, le même droit doit être accordé au débiteur. En effet, après avoir posé en principe que, pour payer valablement, il faut être propriétaire, cet article ajoute : « Néanmoins, le paiement d'une somme en argent, ou autre chose qui se consomme par l'usage, ne peut être répété contre le créancier qui l'a consommée de bonne foi, quoique le paiement en ait été fait par celui qui n'en était pas propriétaire..... » La loi enlève au débiteur, dans une hypothèse exceptionnelle, le droit de répéter le paiement ; donc, en thèse générale, ce

(1) Labbé, *de la Garantie,* nos 91 et suiv.

droit existe. Le débiteur, qui a livré la chose d'autrui, peut se la faire restituer par le créancier, tant que celui-ci ne l'a pas consommée de bonne foi. Ainsi, le paiement *a non domino* est frappé de nullité, non-seulement en ce sens que le créancier n'ayant pas été rendu propriétaire conserve son droit d'agir, mais aussi en ce sens que le débiteur peut répéter la chose livrée, à la condition seulement d'offrir au créancier un nouveau paiement ou une indemnité satisfaisante.

Cette doctrine toute nouvelle soulève de graves objections. Il semble que le débiteur ne devrait pas être admis à critiquer le paiement qu'il a lui-même accompli. N'est-il pas tenu de l'obligation de garantie, au moins en ce sens qu'il ne doit pas par son fait causer l'éviction du créancier ? Comment dès lors ne serait-il pas repoussé par la maxime *quem de evictione tenet actio eumdem agentem repellit exceptio?* On répond qu'en exerçant l'action en répétition fondée sur la nullité du paiement, il n'*évince* pas, à proprement parler. Soit ! mais du moins, ne cause-t-il pas, par son fait, le préjudice qu'il est précisément tenu de réparer, et ce résultat n'est-il pas manifestement contraire aux principes comme à l'équité?

Ces raisons ont entraîné un certain nombre d'auteurs à nier que l'action en répétition puisse appartenir au débiteur : l'article 1238 signifierait simplement que le propriétaire dont la chose a été donnée en paiement par un tiers, conserve le droit de la *répéter*, ou, pour parler plus exactement, de la *revendiquer* contre le créancier, tant que celui-ci ne l'a pas consommée de bonne foi (1).

Cette opinion est condamnée par le texte. D'abord l'expression *répéter un paiement* n'est pas synonyme de *reven-*

(1) Marcadé, art. 1238, n° 2. Larombière, art. 1238, n° 8.

diquer une chose : l'art. 1238 consacre une action en répétition, action personnelle fondée sur la nullité du paiement ; or, comment le propriétaire aurait-il contre le possesseur une telle action en nullité? Vis-à-vis de lui, le paiement n'existe pas (art. 1165) : il ne peut donc avoir à en demander la nullité. S'il est propriétaire, qu'il revendique : c'est la seule action qui puisse lui appartenir. Au reste, il suffit de lire l'art. 1238 pour voir qu'il ne se réfère pas au propriétaire de la chose donnée en paiement ; en effet, c'est dans une seule et même phrase qu'il traite du paiement *a non domino* et du paiement émané d'un incapable ; or, c'est évidemment au débiteur incapable qu'il reconnaît le droit de répéter la chose livrée ; par conséquent, c'est aussi au débiteur *non dominus* qu'il permet d'agir. Enfin, si l'article 1238 avait en vue le véritable propriétaire, il en résulterait que la revendication peut être valablement intentée contre le créancier qui de bonne foi a reçu la chose d'autrui et ne l'a pas encore consommée ; mais un tel possesseur n'a-t-il pas juste titre et bonne foi, et ne peut-il pas repousser l'attaque du propriétaire en invoquant la maxime « en fait de meubles, possession vaut titre ? » C'est ainsi que, pour échapper à l'autorité embarrassante d'un texte, on arrive à mettre en contradiction les articles 2279 et 1238.

Et maintenant voyons comment les partisans de l'opinion que nous combattons s'efforcent de résoudre cette antinomie imaginaire. Ce ne sera pas là une digression inutile, si nous démontrons que les difficultés soulevées par cette doctrine ne peuvent être résolues d'une manière satisfaisante.

D'après l'explication la plus généralement admise, l'article 1238 se réfère aux cas exceptionnels où l'article 2279 laisse subsister pendant un certain temps la revendication, c'est-à-dire aux cas de vol et de perte ; il enlève au maître de la chose volée ou perdue le droit de la revendiquer, dans le cas où cette chose vient à être consommée de bonne foi.

Une telle interprétation ajoute au texte de l'article 1238 une circonstance qu'il ne mentionne pas ; elle restreint à des hypothèses exceptionnelles l'application d'une règle formulée cependant en termes très-généraux. Il est bien certain que la revendication s'éteint lorsque la chose est détruite, et que le propriétaire n'a plus aucune action contre l'ex-possesseur si celui-ci n'a pas commis de dol en se dépouillant de la possession ; mais à quoi bon rappeler ici ces principes incontestables, et surtout comment en reconnaître l'expression dans la formule que le législateur a employée ?

Aussi, cette explication n'a-t-elle pas satisfait M. Demolombe. L'éminent professeur distingue, suivant la nature de la dette que le paiement a eu pour objet d'acquitter. S'agit-il d'une obligation de corps certain, il applique l'article 2279, et déclare éteinte l'action en revendication. S'agit-il d'une obligation de genre, il applique l'article 1238, et permet au propriétaire d'agir tant que la chose n'a pas été consommée de bonne foi (1).

Cette distinction n'est pas seulement contraire à l'article 2279, qui dispose en termes absolus. Juridiquement, elle ne se conçoit pas : dans le cas où l'obligation a pour objet des quantités, si le paiement est de sa nature translatif de propriété, c'est qu'il détermine la chose due et transforme ainsi la dette de genre en dette de corps certain ; pourquoi la détermination de l'objet, qui résulte du paiement, ne serait-elle pas assimilée à celle qui résulte de la stipulation elle-même ? Pourquoi le créancier d'un corps certain serait-il traité dif-

(1) Demol., XXVII, nos 116, 117.

férenment suivant que sa qualité remonte au jour du contrat ou seulement au jour de la tradition ?

Mais objecte M. Demolombe, le créancier est plus intéressé à retenir ce qu'il a expressément stipulé que ce qui lui a été payé en exécution d'une dette de genre ; dans le premier cas, ayant compté sur la chose même *in specie*, il sera déçu dans ses espérances si on permet au propriétaire de revendiquer ; dans le second cas, n'ayant pas eu en vue au moment du contrat la chose même qu'il a reçue, il peut en être dépouillé sans éprouver aucun mécompte, s'il reçoit d'ailleurs un nouveau paiement.

Voyons ce que vaut cette considération. D'abord, comment celui qui a stipulé et s'est fait livrer la chose d'autrui pourrait-il se faire une arme, contre le véritable propriétaire, de l'intérêt qu'il puise dans une convention radicalement nulle (nous le démontrerons) comme ayant pour objet la tradition d'une *res aliena?* Puis, cet intérêt est-il bien sérieux ? Si l'on décide avec M. Demolombe, qui argumente par analogie de la disposition tout exceptionnelle de l'article 2280 (1), que le propriétaire, revendiquant sa chose aux mains de celui qui l'a reçue en paiement, doit pour l'évincer lui offrir une chose semblable à celle qu'il lui enlève, le créancier qui a stipulé la chose *in specie* peut-il se dire véritablement intéressé à la retenir, en présence d'une offre qui doit le rendre complètement indemne? Si l'on décide au contraire, comme il nous semblerait plus rationnel de le faire, que le revendiquant n'a pas en principe à indemniser le possesseur qu'il évince, le créancier qui a reçu la chose d'autrui en paiement d'une obligation de genre, nous paraît exposé, non moins que s'il avait stipulé cette chose même *in specie*, à de durs mé-

(1) Dem., XXVII, n° 118.

comptes, pour le cas où le débiteur tenu de la garantie serait insolvable.

Concluons donc qu'il n'existe entre les articles 1238 et 2279 aucune contradiction : l'un règle la situation des parties qui ont donné ou reçu en paiement la chose d'autrui ; l'autre, celle du propriétaire, demeuré étranger à l'acte d'aliénation.

III. — Si, en vertu de l'article 1238, le débiteur, qui a livré en paiement la chose d'autrui, a le droit de la répéter, cette disposition, qui déroge aux traditions anciennes, peut-elle être rationnellement expliquée ? Nous arrivons ainsi à rechercher sur quel fondement repose la nullité du paiement de la chose d'autrui.

D'après une opinion très-répandue, c'est dans un intérêt purement privé que le paiement *a non domino* est entaché de nullité ; il est nul, parce qu'il ne donne pas satisfaction au créancier.

Si on admet cette idée, on s'explique bien que le créancier puisse réclamer un nouveau paiement, mais on ne comprend pas que le débiteur puisse agir en répétition.

Vainement on dit que le débiteur a un intérêt considérable à reprendre ce qu'il a livré sans droit, pour se soustraire à l'action en dommages-intérêts du véritable propriétaire ; que d'ailleurs le créancier, recevant un nouveau paiement ou une indemnité, n'a aucun motif avouable de refuser l'arrangement qu'on lui propose, et qu'enfin le législateur, voulant placer les deux parties sur un pied d'égalité, n'a pas dû refuser à l'une le droit qu'il accordait à l'autre d'invoquer la nullité du paiement (1).

(1) Colmet de Santerre, V. 177 bis, VIII.

Toutes les fois qu'un acte est entaché d'une nullité relative, il y a entre ceux qui y ont concouru une inégalité nécessaire : celui dans l'intérêt de qui la nullité existe peut s'en prévaloir, s'il le juge à propos ; mais il dépend de lui qu'elle ne soit pas prononcée, et l'autre partie ne peut pas, même en offrant une indemnité, émettre une prétention contraire. Or, si la nullité de l'article 1238 repose sur une raison d'ordre privé, c'est dans l'intérêt de celui à qui le paiement devait profiter, c'est dans l'intérêt du créancier qu'elle a été édictée ; par conséquent, c'est au créancier seul que l'action en nullité doit appartenir.

Aussi, faut-il partir d'une idée tout autre. Ce n'est pas l'intérêt des parties en cause, c'est le droit supérieur du propriétaire que la loi a voulu protéger. Les violations de la propriété portent au droit une trop grave atteinte pour que le législateur n'ait pas cru devoir, même lorsqu'elles échappent à la répression pénale, les frapper en matière civile d'une sanction énergique : cette sanction, c'est la nullité absolue. L'ordre public est intéressé à ce qu'on ne paie pas ses dettes avec le bien d'autrui : aussi la nullité d'un tel paiement pourra-t-elle être invoquée par le débiteur comme par le créancier.

Dira-t on que le moyen de protéger le véritable propriétaire serait de lui conserver son droit de revendiquer, et non d'accorder au créancier ou même au débiteur une action en nullité du paiement? Mais des raisons de nécessité sociale exigeaient qu'après un certain laps de temps ou même par le seul effet de la mise en possession l'action en revendication fût éteinte et les tiers acquéreurs mis à l'abri de tout danger d'éviction ; elles ne commandaient pas, dans les rapports des parties entre elles, le maintien d'un acte illégal de disposition ; aussi l'action en nullité survit-elle, comme nous le verrons plus tard (1), à la revendication elle-même. Cette action peut avoir pour le propriétaire de grands avantages. Sans doute, si elle n'appartenait qu'au créancier, elle profiterait bien rarement au propriétaire ; car elle aurait pour mobile, au lieu d'un intérêt pécuniaire, le simple désir de satisfaire à un devoir de conscience. Mais le débiteur à qui elle appartient aussi et qui est passible de dommages-intérêts envers le propriétaire l'exercera pour se soustraire à la condamnation qui le menace, et, s'il ne le fait pas, le propriétaire pourra se substituer à lui, en vertu de l'article 1166. Par ce moyen détourné, on arrive au résultat si désirable de réintégrer le propriétaire dans son bien, sans toutefois léser le créancier qui, dans tous les cas, devra être indemnisé (2).

IV. — La disposition de l'article 1238, que nous venons de commenter et de justifier, a, suivant nous, une importance capitale. Conçue en termes généraux, elle s'applique à tout paiement qui, dans la pensée des parties, a pour but de transférer la propriété. Or, tout acte d'aliénation de la chose d'autrui, pour se réaliser extérieurement, vient aboutir à la tradition de la chose, c'est-à-dire à un paiement : le titre *pro soluto* est un titre général d'acquisition qui comprend en lui tous les autres (3). Aussi l'idée fondamentale que nous avons dégagée de l'article 1238 doit recevoir la plus large application ; elle est la base de tout le système nouveau qu'a édifié le Code civil sur les aliénations de la chose d'autrui.

Cependant, on a prétendu restreindre l'application de l'ar-

(1) *Infra* p.
(2) Laurent, 17, n° 499. — *Infra*, p.
(3) Hermog., 46. D. *de usurp.*

ticle 1238 au paiement qui a pour objet d'éteindre des obligations de genre : le débiteur d'un objet déterminé seulement *in genere* pourrait répéter la chose d'autrui qu'il a livrée en paiement ; celui qui s'est obligé à livrer et qui a effectivement livré la chose d'autrui n'aurait pas le même droit (1).

L'article 1238 fournit à cette opinion deux arguments de texte, qui ne nous semblent, ni l'un ni l'autre, supporter l'examen.

D'abord, la deuxième partie de l'article 1238, qui exclut l'action en répétition lorsque la chose a été consommée de bonne foi par le créancier, prévoit l'hypothèse spéciale d'un « payement d'une somme en argent ou autre chose qui se consomme par l'usage; » telle doit être aussi l'hypothèse unique où l'action en répétition est donnée au débiteur : en effet, c'est en argumentant de cette disposition exceptionnelle qu'on reconnaît au débiteur le droit de répéter, tant que le créancier n'a pas consommé de bonne foi la chose livrée.

L'argument n'est pas probant. D'abord, s'il était exact, ce n'est pas entre les corps certains et les genres, c'est entre les choses consomptibles et les choses non consomptibles qu'il faudrait distinguer (2). Puis, la nullité du payement, qui a pour objet la chose d'autrui, est consacrée en termes généraux par la première partie de l'article 1238, et il n'est pas possible d'en limiter l'application au cas spécial où se place le législateur pour apporter une dérogation à ce principe : ce n'est pas sur l'exception que se mesure la règle.

Mais, à considérer la règle en elle-même, ajoute-t-on, il est aisé de voir qu'elle concerne uniquement les obligations de genre. Et voici comment on le démontre : le premier

(1) Demol., XXVII, nº 100 à 101.
(2) Demol. XXVII, nº 109.

alinéa de l'article 1238 nous dit que, « pour payer valablement, il faut être propriétaire de la chose donnée en paiement. » Cette formule n'a pas la généralité qu'elle semble d'abord comporter : elle est évidemment étrangère au paiement qui consiste à exécuter une obligation de faire, par exemple à livrer au créancier une chose dont il est devenu déjà propriétaire, soit par l'effet d'un contrat, soit par l'effet d'une disposition de dernière volonté ; elle recevra son application la plus ordinaire en matière d'obligations de *dare* qui ont pour objet des quantités ; car, lorsque la chose due n'est pas déterminée *in specie*, c'est le paiement qui a pour résultat, en déterminant cette chose, d'en transférer la propriété. Pour concevoir que le principe de l'article 1238 puisse s'étendre aux obligations de *dare* qui ont pour objet des corps certains, il faut imaginer des hypothèses toutes spéciales, par exemple une convention enlevant au contrat l'effet translatif de propriété pour en douer le paiement lui-même, ou bien un créancier consentant à recevoir, soit du débiteur, soit d'un tiers, autre chose que ce qui lui est dû. Si c'est sur une chose certaine appartenant à autrui que s'est formée l'obligation de *dare*, l'article 1238 ne peut trouver place ; car dès que le débiteur aura acquis cette chose, elle sera, par voie de conséquence, acquise au créancier lui-même, et le paiement ne consistera plus qu'à la livrer à son légitime propriétaire.

Ces observations ont quelque chose de juste ; mais, prenons garde qu'elles ne nous méprennent sur la véritable pensée du législateur. Parmi les paiements valables, se référant à une obligation de *dare*, les uns ont pour effet de transférer la propriété et ne peuvent émaner que d'un débiteur en qui cette propriété réside ; les autres consistent simplement à livrer la chose à un créancier déjà devenu propriétaire, et par conséquent, loin de supposer la propriété chez le *solvens*, la supposent acquise à l'*accipiens*. Mais, est-ce là ce qu'ont voulu dire les rédacteurs de l'article 1238? La généralité des termes qu'ils ont employés permet d'affirmer que cette distinction, d'ailleurs très-juste, n'était pas présente à leur esprit. Et, en effet, ils ne songeaient pas à déterminer les cas où la propriété est transférée indépendamment de toute tradition, mais ceux où le paiement est nul comme ayant pour objet la chose d'autrui. Le débiteur doit être propriétaire de ce qu'il donne en paiement : cela veut dire que, s'il donne en paiement la chose d'autrui, dans le but d'en transférer la propriété, le paiement sera nul. Tout acte translatif émané *a non domino* et tendant à l'acquittement d'une obligation tombe sous le coup de cette nullité. Le législateur prohibe tout paiement qui aboutirait à rendre le créancier non propriétaire, mais possesseur *animo domini* d'une chose appartenant à un tiers. Rien ne permet de distinguer entre celui qui, ayant promis la chose d'autrui, en fait tradition; et celui qui, ayant promis un objet indéterminé, fait porter son choix snr une *res aliena* qu'il livre au créancier. Quel que soit le motif sur lequel repose l'article 1238, qu'il soit d'intérêt privé ou d'intérêt social, il s'applique à l'un comme à l'autre : dans les deux cas, le débiteur ne doit pas demeurer exposé aux attaques du propriétaire et du créancier, sans avoir lui-même un moyen de sortir d'une situation aussi fausse ; dans les deux cas, il y va de l'ordre public que le bien d'autrui ne fasse pas l'objet des transactions.

Voici pourtant comment on justifie cette distinction : celui qui a promis *in specie* une chose appartenant à autrui et qui l'a livrée, ne peut la répéter sans violer l'obligation qu'il a contractée, ni offrir une chose équivalente sans être écarté par l'article 1243, d'après lequel « le créancier ne peut pas être contraint de recevoir une autre chose que celle qui lui est due ; » au contraire, celui qui a promis un genre et qui a livré la chose d'autrui « ne viole pas son obligation en demandant d'être autorisé à substituer une autre chose à la chose qu'il a payée, car il n'a pas promis l'une plutôt que l'autre (1). »

Cette considération ne saurait nous convaincre. Admet-on qu'il puisse exister une obligation valable de faire avoir la chose d'autrui *(rem alienam habere licere)?* Alors, nous soutenons que le débiteur de genre, en livrant la chose d'autrui au créancier qui l'accepte, se soumet relativement à cette chose aux mêmes obligations que si le contrat l'avait eue dès l'origine pour objet (2) : par le paiement il détermine la chose due, et désormais ses obligations portent sur ce dont il a fait choix. Admet-on, au contraire, suivant l'opinion que nous soutiendrons, la nullité absolue de l'obligation qui tend à *rem alienam habere licere?* Alors, comme celui qui a promis la chose d'autrui n'est tenu, tant qu'elle demeure *res aliena*, ni de la livrer, ni d'en assurer la paisible possession, il ne peut être accusé de manquer à ses obligations, parce que, l'ayant livrée, il la réclame en se fondant sur la nullité du payement : comment, pour repousser cette demande, le créancier exciperait-il d'une prétendue obligation que la loi destitue de toute efficacité ? Tout est nul, la convention et le paiement : deux raisons pour une de permettre au débiteur d'agir !

(1) Demolombe, *loc. cit.*

(2). M. Demolombe ne le reconnaît-il pas lui-même, quand il décide que, si le débiteur de genre avait une option, par exemple s'il devait sous alternative un cheval *in genere* ou cent mesures de blé, il ne pourrait pas, après avoir livré en paiement, puis répété en vertu de l'article 1238, un cheval appartenant à autrui, se libérer en donnant cent mesures de blé ? (Demol., XXVII, n° 102) Si en livrant la chose d'autrui le débiteur a épuisé sa faculté de choisir, n'est-ce pas que le paiement a eu pour effet de le lier envers le créancier ?

En résumé, l'article 1238 frappe le paiement *a non domino* d'une nullité absolue, que le débiteur même peut invoquer, et cette disposition s'applique généralement à tout acte par lequel un débiteur livre en paiement la chose d'autrui pour en transférer la propriété. Ces premiers résultats sont d'une importance capitale pour l'étude que nous avons entreprise : ils forment, pour ainsi dire, la base fondamentale sur laquelle nous aurons à construire une théorie générale de la nullité des actes d'aliénation *a non domino*. Et maintenant, nous pouvons aborder la partie la plus difficile de notre sujet, l'article 1599.

SECTION II

De la vente de la chose d'autrui.

Dans notre droit, la vente est tout à la fois créatrice d'obligations et translative de propriété : quels effets produit-elle, à ce double point de vue, lorsqu'elle a pour objet la chose d'autrui ?

Avant d'entrer dans l'étude de cette question, il est indispensable de rechercher quels étaient, d'après la législation romaine et d'après notre ancienne jurisprudence, les effets de la vente consentie par un non-propriétaire. Quand nous connaîtrons les doctrines traditionnelles en face desquelles s'est trouvé le législateur de 1804, nous pourrons nous demander en quoi il a voulu y déroger.

Historique.

I. — A l'origine de la législation romaine, suivant une hypothèse qui nous paraît très-vraisemblable, la mancipation n'était autre chose que la forme du contrat de vente. Au temps de Gaius, sans doute elle n'était qu'une *venditio imaginaria* (Gaius I, 119) ; mais ce qui n'était alors qu'une fiction avait probablement commencé par être une réalité. Dans cette législation primitive, il est évident que la vente de la chose d'autrui était nulle : la mancipation ne pouvait se concevoir sans transfert de propriété, puisque les formes solennelles qui la constituaient contenaient l'affirmation du *dominium ex jure quiritium* de l'acheteur. Vendre, *venumdare*, c'était aliéner : or, on n'aliène pas la chose d'autrui. A vrai dire, la vente n'existait pas à cette époque comme contrat productif d'obligations ; elle consistait dans un double acte translatif, rendant à la fois le vendeur propriétaire du prix et l'acheteur propriétaire de la chose. Ou bien ces deux translations s'opéraient régulièrement, et tout était dit ; ou bien le défaut de propriété chez l'aliénateur empêchait l'acte d'aboutir, et rien n'était fait. On ne distinguait pas la formation du contrat de vente de son exécution. Lors donc que les solennités de la mancipation avaient été accomplies sur une *res aliena,* il n'y avait ni propriété transférée ni lien de droit créé entre les parties. Pour conférer à l'acheteur qui n'avait pas reçu la propriété le droit d'agir contre son vendeur, il fallait recourir à des stipulations, par lesquelles le vendeur s'obligeait, par exemple, à payer le double du prix en cas d'éviction. Peut-être est-ce là qu'il faut rechercher l'origine de la *stipulatio duplæ* dont l'usage se maintint lorsque la vente fut devenue un simple contrat consensuel, obligeant par lui-même le vendeur à payer une indemnité à l'acheteur évincé (1).

II. — Le contrat de vente proprement dit, l'*emptio venditio*, telle que nous la trouvons organisée dans tous les textes qui nous sont parvenus, n'était pas un mode d'acquérir : aussi n'avons-nous pas eu à nous en occuper dans l'étude de droit romain qui précède. Par la vente, les parties se liaient entre elles ; pour consommer l'aliénation, il fallait un acte

(1) Labbé, *de la garantie*, nos 7 et suiv. (Rev. Prat., t. 19).

translatif. N'ayant pour effet que d'engendrer des obligations, la vente pouvait, comme la stipulation, avoir pour objet la chose d'autrui : *rem alienam distrahere quem posse, nulla dubitatio est : nam emptio et venditio est, sed res emptori auferri potest* (Ulp., 28, D. *de contr. empt.*). Bien plus (et en cela elle différait de la stipulation par laquelle on s'obligeait à *dare rem alienam*), elle était susceptible d'une exécution régulière, lors même que la chose vendue continuait d'appartenir à un tiers ; le vendeur n'avait pas besoin, pour se libérer, d'acquérir la propriété et de la transférer à l'acheteur : c'était assez qu'il s'obligeât à la garantie en cas d'éviction, qu'il fît tradition, et qu'il s'abstînt de tout dol : *venditori sufficit ob evictionem se obligare, possessionem tradere, et purgari dolo malo : itaque si evicta res non sit, nihil debet* (Paul, 1, pr. D. *de rer. permut.*). *Qui vendidit necesse non habet fundum emptoris facere* (1), *ut cogitur qui fundum stipulanti spopondit.* (Ulp. 25, § 1, *de contr. empt.*) S'il avait commis un dol en se présentant à l'acheteur comme propriétaire, sachant qu'il ne l'était pas, il était immédiatement sujet à l'*actio empti*, par cela seul qu'il n'avait pas transféré la propriété (Afric., 30, § 1, D. *de act. empt.*) ; et il demeurait sous le coup de cette action, lors même que l'éviction cessait d'être possible, par suite de la perte de la chose (Ulp. 21, pr., D. *de evict.*). Mais, en dehors de ce cas, l'acheteur ne pouvait agir avant l'éviction.

En s'inspirant de ces décisions, on a dit que le vendeur romain n'était pas obligé en principe de transférer la propriété.

(1) Nous ne nous arrêterons pas à discuter la prétention d'un interprète qui a voulu supprimer la négation et lire : *necesse habet fundum emptoris facere.* Elle a été réfutée par Noodt, *Probabil.*, lib. II, cap. 12.

Cette proposition est trop absolue. Si les textes que nous avons cités n'exigent pas que le vendeur rende l'acheteur propriétaire, c'est qu'ils se préoccupent du cas où la propriété, n'appartenant pas au vendeur, ne peut pas être transférée par lui. Quant aux textes qui, d'une façon générale, et sans prévoir le cas où la chose d'autrui a été vendue, décident que le vendeur est tenu de *tradere* (Ulp., 11, § 2, D. *de act. empti et vend.*), il ne faut pas les entendre en ce sens que le vendeur devrait seulement mettre l'acheteur en possession et pourrait retenir lui-même le *dominium* : si la chose vendue était une *res mancipi*, le vendeur, qui en était propriétaire, n'était pas quitte en la livrant : il en devait faire mancipation. Les jurisconsultes dont Justinien nous a plus ou moins exactement transmis les textes devaient sans doute mentionner, à côté de l'obligation de livrer, l'obligation de *mancipare*, en prévision du cas où la chose serait une *res mancipi ;* et ce sont les rédacteurs du Digeste qui ont fait disparaître cette mention, pour effacer toute trace de la mancipation, devenue sans utilité dans le dernier état du droit. Nous lisons, en effet, dans les textes du droit classique qui nous sont parvenus autrement que par l'intermédiaire de Justinien, que le vendeur était obligé de *tradere* ou de *mancipare* (Paul, I. 13 A, § 4, et II, 17. §§ 2 et 3 ; Ulp. I, 16), et que l'acheteur pouvait même agir en vue d'obtenir séparément la *mancipatio*, en se réservant, au moyen d'une *præscriptio de fundo mancipando* insérée en tête de la formule, le droit de réclamer plus tard la tradition (Gaius, IV, 131). L'acquisition de la propriété par l'acheteur est donc bien le but que les parties se proposent : *nemo potest videri eam rem vendidisse, de cujus dominio id agitur, ne ad emptorem transeat : sed hoc aut locatio est, aut aliud genus contractûs* (Labeo, 80, § 3, D. *de contrat. empt.*)

Ainsi, il n'y a pas de vente s'il a été convenu que le prétendu acheteur ne traite pas pour acquérir la propriété ; mais, d'autre part, si les parties ont voulu que le vendeur fût obligé de transférer la propriété, ce n'est pas davantage un contrat de vente qui s'est formé : leur volonté s'est elle manifestée sous la forme d'une stipulation, il y a un contrat *verbis* qui oblige le stipulant à *dare* (Ulp., 25, § 1. D. *de contr. empt.*); si la convention est restée à l'état de simple pacte, elle vaudra, en qualité de contrat innommé, du jour où elle sera exécutée de part ou d'autre (Cels., 16. D. *de condict. caus. dat...*). Comment résoudre cette apparente autinomie ?

L'obligation de *dare*, dit M. Accarias (1), « n'est sans « doute jamais imposée au vendeur comme obligation princi- « pale et distincte. Mais elle est contenue dans l'obligation « de livrer toutes les fois qu'il est propriétaire et que la « chose est *res nec mancipî*; et elle résulte de l'obligation « de ne pas commettre de dol, tant lorsqu'il est propriétaire « et que la chose est *res mancipî*, que lorsqu'il n'est point « propriétaire et qu'il le sait. » Si donc le vendeur de mauvaise foi qui a livré une *res aliena* est soumis immédiatement à l'*actio empti*, c'est qu'il a commis un dol en présentant comme sienne la chose d'un tiers. Si le vendeur, qui a la propriété, ne peut pas se refuser à la transférer, c'est que, par ce refus, il porterait atteinte à la bonne foi, qui est de l'essence du contrat de vente.

Il est ingénieux, mais est il rigoureusement exact de faire rentrer sous ce chef des obligations du vendeur « *purgari dolo malo* », l'obligation de transférer la propriété ? Cette idée ne suffit pas à expliquer la théorie romaine de la vente de la chose d'autrui. Sans doute, le vendeur *non dominus* qui

(1) *Précis de droit Romain*, II, p. 458, note 1.

se fait passer pour propriétaire commet un dol, et c'est pour cela que l'acheteur peut agir avant même d'avoir été évincé ; Africain nous le dit : ....*quia dolum malum abesse præstare debeat, teneri eum qui sciens non suam ignoranti vendidit* (Afric., 30. § 1. D. *de act. empti...)*. Mais pourquoi est-il contraire à la bonne foi de se parer, aux yeux de l'acheteur, d'un droit qui appartient à autrui ? Parce qu'on fait espérer à l'acheteur une acquisition de propriété qu'on est dans l'impossibilité de lui procurer ; or, s'il a pu concevoir cette espérance, c'est qu'il aurait eu le droit, dans le cas où il aurait véritablement traité avec un propriétaire, d'exiger la propriété et non-seulement la possession. « Soit, nous dit-on, mais le droit qui appartient à l'acheteur « d'exiger du vendeur propriétaire un acte translatif de pro- « priété se rattache lui-même à l'obligation de ne pas com- « mettre de dol. » Or, c'est là ce que nous ne pouvons comprendre. Il y a, sans doute, un véritable dol, de la part du vendeur d'une chose *mancipî*, à refuser, s'il est propriétaire, la *mancipatio* ou l'*in jure cessio ;* mais pourquoi, sinon parce qu'il est de l'essence du contrat de vente que le vendeur ne puisse rien retenir de la chose vendue ? Il y a, nous semble-t-il, un véritable cercle vicieux à rattacher à l'obligation de ne pas commettre de dol l'obligation de transférer la propriété, alors que le dol dont le vendeur se rend coupable en refusant de *dare* ne peut consister que dans la résistance opposée par lui à l'exécution des obligations qu'il a contractées. Sans doute, la bonne foi exige que le vendeur exécute pleinement la convention : *sciendum est*, nous dit Ulpien, *in hoc judicio id demum deduci quod præstari convenit : cum enim sit bonæ fidei judicium, nihil magis bonæ fidei congruit, quàm id præstari quod inter contrahentes actum est* (11, § 1. D. *de act. empt.*). Mais, si on se place à ce point de vue,

il faut, avec le jurisconsulte que nous venons de citer, considérer l'obligation générale de se conformer à la bonne foi comme servant de base à toutes les obligations particulières qui résultent du contrat de vente (**11**, § 2, *eod. tit.*) ; il n'en faut pas faire un chef distinct, auquel se rattacherait spécialement l'obligation de rendre l'acheteur propriétaire quand on a vendu sa propre chose. Cette façon de classer les obligations du vendeur nous paraît tout-à-fait artificielle et arbitraire.

Pour nous, nous remarquons que les textes du droit antejustinianéen, que nous avons déjà cités, ne séparent pas de l'obligation de livrer l'obligation de transférer la propriété, mais, au contraire, les rapprochent l'une de l'autre : le vendeur doit *tradere vel mancipare*. Sous Justinien, il doit *tradere*, c'est-à-dire accomplir sur la chose vendue l'acte translatif de propriété, qui, désormais, s'applique à toutes les choses, sans distinction entre les *res mancipi* et les *res nec mancipi*. C'est donc sous ce chef des obligations du vendeur, *tradere*, que nous plaçons l'obligation dont il est tenu de transférer la propriété quand il en est lui-même investi. Doit-on, pour cela, dire qu'il est obligé de *dare*, comme s'il avait, par stipulation, promis une *datio ?* Non ; mais il doit se dépouiller de tous les droits qu'il a sur la chose : s'il a la propriété, il est tenu de la transmettre à l'acheteur ; s'il n'a que la possession, il se libère en la livrant, pourvu que l'acheteur en puisse jouir paisiblement ; s'il a pris faussement la qualité de propriétaire, il a permis à l'acheteur de compter sur l'acquisition de la propriété, et il peut être poursuivi, à raison du dol qu'il a commis, s'il trompe cette légitime attente On voit qu'il est impossible de préciser d'une manière positive l'étendue de l'obligation du vendeur : elle varie, suivant qu'il est ou n'est pas propriétaire, suivant qu'il a été de bonne ou de mauvaise foi. Il ne serait exact ni de dire que la vente oblige à transférer la propriété, ni de dire qu'elle oblige seulement à livrer la possession. Ce qui est vrai, c'est que le vendeur ne doit rien garder de la chose vendue. Il faut, dans tous les cas, que l'acheteur reçoive la chose à titre de propriétaire ; mais tantôt il pourra exiger la propriété, tantôt il devra se contenter de la possession paisible : qu'il se tienne pour satisfait, si le vendeur le fait jouir de la chose, sans retenir aucun droit sur elle et sans qu'on puisse, d'ailleurs, lui reprocher aucun dol. Les obligations du vendeur restent, on le voit, dans un certain vague, que caractérisent bien les expressions employées par les jurisconsultes romains, *præstare rem ipsam* (Ulp. 11, § 2. D. *de act. empt.)*, *rem habere licere* (Afric., 30, § 1, *eod. tit.*). Ce n'est pas la simple possession, ce n'est pas non plus la propriété, mais c'est la chose même, *rem ipsam,* qu'il s'agit de procurer (*præstare*) ou de faire avoir *(habere licere)*. *Habere,* nous dit Paul, *duobus modis dicitur, altero jure dominii, altero, obtinere sine interpellatione id quod quis emerit* (188, pr. D. *de verb. signif.)*.

III. — Telle est, si nous l'avons bien comprise, la théorie romaine de l'*emptio venditio rei alienæ ;* il reste à voir si elle peut s'expliquer rationnellement.

On comprend très-bien que la vente, comme tout acte productif d'obligations, puisse avoir pour objet la chose d'autrui. Mais, ce qu'il est plus difficile de justifier, c'est que le vendeur ne soit pas soumis à l'*actio empti* par cela seul qu'il ne transfère pas la propriété, comme il le serait s'il avait promis, par stipulation, de rendre l'acheteur propriétaire ; c'est que celui-ci soit obligé d'attendre l'éviction pour pouvoir agir, et de se contenter de la possession, lors même qu'il aurait compté sur la propriété, si d'ailleurs il n'a aucun dol à reprocher au vendeur.

On peut expliquer par une raison historique cette singularité de la législation romaine. Si on eût déclaré le vendeur tenu en principe de transférer la propriété, il en serait résulté qu'au moins pour les choses dont le *dominium* ne pouvait être transféré que par des modes du droit civil, c'est-à-dire pour les *res mancipi*, les pérégrins auraient été, incapables de prendre part à la vente, soit comme vendeurs, soit comme acheteurs ; il eût alors été vrai de dire, en prenant les mots *emere vendere* dans leur sens usuel, et non dans le sens de *mancipare*, que les pérégrins étaient privés du *jus emendi vendendique invicem* (Ulp., XIX, § 5). De même, en imposant au vendeur l'obligation de *dare*, on aurait rendu impropres à former l'objet du contrat de vente les choses qui n'étaient pas susceptibles de propriété quiritaire, c'est-à-dire les fonds provinciaux. Or ces résultats n'étaient évidemment pas compatibles avec les nécessités de la pratique ; le commerce, si peu d'extension qu'il eût reçu à l'origine, avait des exigences qui ne permettaient pas de se former de la vente une conception si étroite (1).

Cette explication n'est-elle, comme on l'a dit, qu'un « paradoxe ingénieux (2) » ? « Si l'on se place au début du droit, « observe d'abord M. Accarias, il n'est pas croyable que la « théorie de la vente ait été organisée en vue des pérégrins. » Cependant, s'il est un contrat qu'on ait dû de très-bonne heure songer à rendre accessible à tous, n'est-ce pas le contrat de vente ? Mais, ajoute le savant romaniste, « est-ce que « les pérégrins ne peuvent pas stipuler ou promettre une

(1) Mainz, *Droit Romain*, II, n° 297.

(2) Accarias, *Précis de Droit Romain*, II, p. 457, note 1.

« dation? Pourquoi ne pourraient-ils pas figurer aussi dans « une vente, quand même la vente entraînerait en règle gé- « nérale obligation de donner? » Nous demanderons à notre tour comment ils pourraient exécuter une telle obligation, lorsque la chose vendue est de celles qu'ils ne peuvent pas aliéner. « Il ne faut pas oublier, nous répond-on, que le con- « trat de vente est de bonne foi : vendeur, le pérégrin ne « transportera donc que ce qu'il a, et acheteur, il n'exigera « que ce qu'il peut acquérir, c'est-à-dire, dans l'un et l'autre « cas, la propriété bonitaire. » Tel est en effet le système qu'a suivi la législation romaine ; mais est-il vrai de dire que, lors même que le contrat de vente obligerait à rendre l'acheteur propriétaire, on devrait tenir quitte de son obligation le vendeur que sa qualité de pérégrin mettrait dans l'impossibilité de transférer le *dominium ?* Sans doute la vente est un contrat de bonne foi ; mais il n'y a pas là une raison de décider qu'un débiteur tenu de *dare* peut se libérer sans accomplir la *datio* promise. Pour que le vendeur puisse s'acquitter en livrant la chose telle qu'il la possède sans en rendre l'acheteur propriétaire, il ne suffit pas de reconnaître à la vente le caractère de contrat de bonne foi, il faut encore la concevoir suivant l'idée que s'en fit la législation romaine.

Ayant à déterminer les caractères essentiels de la vente, les Romains eurent soin d'en donner la définition la plus compréhensive, pour rendre l'application de ce contrat aussi facile et aussi large que possible. La conception ingénieuse qu'ils s'en formèrent n'eut pas seulement pour utilité d'appeler les pérégrins à la participation du droit de vendre et d'acheter ; elle rendit aptes à faire l'objet du contrat de vente toutes les choses placées dans le commerce. Si parmi les obligations essentielles du vendeur avait figuré l'obligation de transférer la propriété, on aurait été forcé de considérer comme seules susceptibles d'être achetées ou vendues les choses dont le *dominium* pouvait être acquis à l'acheteur ; la vente d'une créance, la vente d'un usufruit, la vente d'une hérédité n'auraient pas été possibles : en effet, il n'y a pas de *dominium* sur les créances ; quant au droit d'usufruit, quant à la qualité d'héritier, ils ne peuvent pas être aliénés, on peut seulement transmettre l'émolument qui y est attaché. Au contraire, étant admis que le vendeur est simplement tenu de procurer à l'acheteur les avantages de la chose vendue en se dépouillant de tous les droits qu'il a sur elle, rien ne l'empêche de s'obliger, à ce titre, à fournir toutes les choses qui peuvent faire l'objet des conventions (1).

Ainsi, les principes que nous avons exposés furent vraisemblablement introduits dans le but de faire de la vente un contrat ouvert à tous et applicable à toute chose *in commercio*. Mais, en notre matière, ils eurent pour conséquence de fournir au vendeur de la chose d'autrui le moyen de se libérer sans transférer la propriété : résultat regrettable, dont nous aurons plus tard à faire ressortir les sérieux inconvénients, tant à l'égard de l'acheteur, réduit à se contenter d'une position tout à fait précaire, qu'à l'égard du propriétaire, atteint dans la jouissance de son droit, en attendant qu'il perde par l'usucapion la propriété elle-même (2).

IV. — Nous trouvons dans deux constitutions impériales, l'une rendue par Constantin en l'an 313 ou en l'an 337 (3),

(1) M. Gide, *à son cours* (Paris, 1873-74).

(2) *Infra*, *p.*

(3) Les Fragments du Vatican, § 35, indiquent la première date, et le Code Théodosien, la seconde. (2, §§ 1 et 2, C. Th., *de contr. empt.*)

l'autre par Justinien en l'an 531, la preuve que les imperfections de la doctrine classique ne demeurèrent pas inaperçues. Ces deux décisions portent l'empreinte d'un caractère d'exagération violente qui nous révèle une profonde décadence de l'esprit juridique ; mais elles n'en sont pas moins un indice très-curieux de la réaction qui se produisait déjà contre une théorie destinée cependant à durer jusqu'à la promulgation de notre Code Civil.

De ces deux constitutions, la première, insérée dans le Code Théodosien (2, §§ 1 et 2, C. Théod., *de Contrah. empt.*, III, 1) et reproduite avec plus d'étendue dans les Fragments du Vatican (§ 35), fut inspirée par le désir de mettre les acheteurs à l'abri de toute surprise et de leur éviter les évictions auxquelles ils s'exposeraient par leur imprudence.

Elle exige qu'au moment du contrat le vendeur fasse, en présence des voisins appelés comme témoins, la preuve de son droit de propriété : *Neminem debere ad venditionem rei cujuslibet adfectare et accedere, nisi eo tempore, quo inter venditorem et emptorem contractus solemniter explicatur, certa et vera proprietas vicinis præsentibus demonstretur* ; elle soumet à cette exigence les ventes mêmes les moins importantes : *Etiamsi subsellia vel, ut vulgo aiunt, scamna vendantur, ostendendæ proprietatis probatio compleatur*. Par ce moyen, on préviendra les évictions et les nombreux procès *(jurgia multa)* qu'elles entraînent : *luce veritatis, fidei testimonio, publicâ voce, subclamationibus populi, idoneus venditor adprobetur, quo sic felix comparator atque securus ævo diuturno persistat : quod pro quiete totius successionis eloquimur, ne forte aliquis venditor suum esse dicat quod esse constat alienum*. Si l'acheteur a négligé de faire appel au témoignage du public, il est plus coupable que le vendeur de mauvaise foi lui-même : *malo venditore deterior, incautus et credulus;* aussi n'y a-t-il pas à se demander en ce cas si la vente émane du véritable propriétaire, elle est nulle : *nec illud debeat requiri, quod ex jure requiritur : si a domino res vendita sit. Ita ergo venditionum omnium est tractanda solemnitas, ut fallax illa et fraudulenta venditio penitus sepulta depereat.* Et l'empereur termine en invoquant encore l'intérêt de la circulation des biens qu'il veut protéger en mettant obstacle à la fraude : *cui legi deinceps cuncti parere debebunt, ut omnia diligenti circumspectione quæsita per universas successiones tuto decurrant, neque aliquem ex improvidentia casum malignæ captionis horrescant.*

Quelle était exactement la portée de cette disposition? Quelle en était la sanction ? C'est ce qu'il est difficile de discerner au milieu de cette abondance de mots et de phrases, remarquables par leur prolixité emphatique. Si, tout en observant les formalités prescrites, on avait cependant le malheur, que la constitution ne prévoit pas, comme si elle devait le rendre impossible, de traiter avec un autre que le légitime propriétaire, la vente ne devait-elle pas être valable? D'autre part, comme la vente d'une chose appartenant notoirement à autrui ne se prêtait pas à l'accomplissement de ces formalités, doit-on en conclure qu'elle était impossible, malgré l'accord des deux parties? ou bien faut-il penser que la constitution, ayant eu pour but de prévenir les dissimulations et les fraudes, laissait naturellement en dehors de son application le cas où l'acheteur aurait traité volontairement et sciemment avec un *non dominus?* Quoi qu'il en soit, sous Justinien, il y avait sans doute longtemps que cette constitution n'était plus en vigueur : dans les compilations de cet empereur, il n'y est fait aucune allusion.

Dans le dernier état du droit, les principes classiques, qui continuent de régir la vente de la chose d'autrui, souffrent exception dans une hypothèse toute spéciale. Cette exception est vraiment remarquable, non-seulement en elle-même, mais aussi par les motifs sur lesquels Justinien la fonde : les considérants n'en sont pas moins curieux que le dispositif, si nous pouvons ainsi parler. Il nous paraît certain que les rédacteurs de l'article 1599 du Code civil ne s'en sont pas inspirés : l'érudition dont nous verrons qu'ils ont fait preuve ne nous permet pas de leur prêter cette réminiscence du droit ancien ; mais, il n'en est que plus intéressant de constater qu'ils ont reproduit en des termes presque identiques la pensée de Justinien, pour aboutir à des conclusions plus générales sans doute, mais très-analogues.

Nous voulons parler de la constitution 3, §§ 2 et 3, au Code, *Communia de legatis*. Justinien s'y montre préoccupé de protéger les légataires et les fideicommissaires contre les actes de disposition que pourrait accomplir l'héritier sur les objets compris dans le legs ou dans le fideicommis. Il part de cette idée qu'il est « absurde et contraire à la raison » de transférer un droit qu'on n'a pas soi-même : *sciat*, dit-il en parlant de l'héritier, *hoc quod alienum est, non ei licere, utpote sui patrimonii existens, alieno juri applicare : quia satis absurdum est et irrationabile rem quam in suis bonis pure non possidet eam ad alios posse transferre, vel hypothecæ, pignorisve nomine obligare vel manumittere, et alienam spem decipere*. Puis, prévoyant successivement le cas où, le legs étant conditionnel, la condition s'accomplit, et le cas où la chose a été léguée purement et simplement, ou à terme, l'empereur décide que la vente émanée de l'héritier est nulle : la *causa* en vertu de laquelle l'acheteur possède n'existe pas, *in irritum devocatur ;* la vente est réputée n'avoir jamais été conclue, *sic intelligenda est quasi nec scripta nec penitus fuerit celebrata ;* et par conséquent, ni l'usucapion, ni la prescription de long temps ne peuvent être invoquées par l'acheteur : *ut nec usucapio nec longi temporis præscriptio contra legatarium vel fideicommissarium procedat... Legatario quidem vel fideicommissario omnis licentia pateat rem vindicare, et sibi adsignare, nullo obstaculo ei a detentatoribus opponendo.* C'est la nullité la plus absolue qu'il soit possible d'imaginer. Ce n'est pas, suivant nous, celle que l'article 1559 a consacrée, bien qu'un auteur ait récemment proposé d'entendre ainsi la disposition de cet article (1) ; mais, si les rédacteurs du Code civil ne sont pas allés aussi loin que Justinien, ils ont pris le même point de départ ; nous les entendrons dire plus d'une fois : « Il est absurde, il est ridicule de vendre la chose d'autrui. »

Mais voici une coïncidence plus singulière encore. Après avoir posé en principe la nullité de la vente conclue avec l'héritier sur la chose donnée en legs ou en fideicommis, Justinien se demande quel recours appartiendra à l'acheteur évincé : si cet acheteur est de bonne foi, il aura tous les droits qui résultent d'une vente valable en cas d'éviction : *bonæ fidei procul dubio emptoribus integra jura, et nullo modo ex hâc constitutione deminuta contra venditores habentibus ;* s'il est de mauvaise foi, il aura le droit d'exiger la restitution du prix : *emptor sciens rei gravamen adversus venditorem actionem habeat tantum restitutionem pretii, neque duplæ stipulatione, neque melioratione locum ha-*

(1) De Folleville, *Vente de la chose d'autrui*, nos 68 et 69.

bente : cum sufficiat ei saltem pro pretio, quod sciens dedit pro alienâ re, sibi satisfieri (3, § 4, *eod. tit.*) : or, le droit commun était qu'à moins de clause contraire, l'acheteur de mauvaise foi évincé ne pouvait rien réclamer, pas même la restitution du prix (Alexand., 9; Diocl. et Maxim., 27, C. *de evict.*). Eh bien! nous verrons le législateur moderne, dans l'article 1599, donner à la même question une solution identique : à l'acheteur de bonne foi, il accorde le droit de réclamer des dommages-intérêts, conformément aux principes de la garantie; quant à l'acheteur de mauvaise foi, son droit est limité, par l'interprétation que doit recevoir le silence du texte, à la répétition du prix.

Quoi qu'il en soit de ces curieuses décisions, en règle générale, la vente de la chose d'autrui était valable, conformément à la doctrine exposée dans les Pandectes.

Ce principe, que nous trouverons encore en vigueur au moment de la promulgation de notre Code civil, s'est-il maintenu dans l'intervalle, sans jamais subir d'éclipse?

V. — Si nous remontons à la *Lex Romana Visigothorum*, nous y trouvons deux textes de l'époque classique, évidemment retouchés par le législateur barbare, d'où semble bien résulter une théorie toute nouvelle, qui placerait la chose d'autrui hors du commerce, et la rendrait impropre à former l'objet des actes même simplement générateurs d'obligations.

La stipulation est nulle, nous dit Gaius, lorsque la chose promise ne comporte pas le droit de propriété, lorsqu'elle n'est pas *juris humani* (III, 97); à cette expression, les commissaires d'Alaric ont substitué les mots *sui juris,* et ils ont ainsi fait dire à Gaius qu'on ne peut promettre que sa propre chose : *prœterea inutilis est promissio, etiam si stipulatione interveniente facta sit, si aliquis id se daturum promiserit, quod* SUI JURIS *non est.* La même correction est accusée plus nettement encore dans l'*Epitome Codicis Seldeni : prœterea inutilis promissio est, etiam stipulatione interveniente facta. si aliquis* NON SUUM *se daturum, promiserit, vel ingenuum quasi servum......* (1).

Dans les sentences de Paul, qui nous ont été transmises par le bréviaire d'Alaric, on lit que la stipulation par laquelle le donateur d'une chose appartenant à autrui s'obligerait à la garantie en cas d'éviction, serait nulle : *invitus donator de evictione rei donatœ promittere non cogitur* ; *nec eo nomine si promiserit, oneratur* (V. tit 11, § 5). Ce texte, qui contredit les principes les plus certains (2), porte en lui-même la preuve d'une interpolation des compilateurs Visigoths. La doctrine qu'il consacre a pu être qualifiée d'absurde (3); et le bréviaire d'Alaric la fonde sur un motif peu sérieux, lorsqu'il dit que le donateur ne doit pas, à raison de son bienfait, être affligé d'une perte : *ad quam (evictionis pœnam), etiamsi volens promiserit, non potest retineri* : *quia res, quœ lucrum alteri facit, damnum pro munere suo donatori inferre non poterit* (4). Mais, si on rapproche cette décision

(1) V. *Lex Rom. Visigoth.*, Hænel, p. 334 et 335.

(2) *Infra*,

(3) Accarias, *Précis de Droit Romain*, I, p. 730, note 1

(4) « Sans doute, observe avec raison M. Labbé, le donateur ne « doit pas être constitué en perte au-delà de ce qu'il a voulu donner, mais il perd toujours au moins l'objet de sa libéralité, et, « quand il promet garantie, c'est une libéralité subsidiaire et éventuelle, c'est par conséquent une perte éventuelle à laquelle il « consent. » Labbé, *de la garantie*, n. 86 (Rev. Prat., t. 20).

du passage de l'*Epitome Gaii* que nous venons de citer, ne peut-on pas croire qu'elle se rattachait à un principe plus général, d'après lequel il aurait été impossible de contracter des obligations valables, relativement à la chose d'autrui? Et cette doctrine nouvelle, excessive à la vérité, mais provenant d'une idée éminemment morale, ne serait-elle pas due à l'influence chrétienne, si sensible dans la législation gallo-romaine?

VI. — Dans l'œuvre de Philippe de Beaumanoir sur les coutumes du Beauvoisis, on trouve exprimée avec une grande netteté, une doctrine très rationnelle, qui, sans tomber dans les exagérations que nous avons cru pouvoir reprocher au législateur Visigoth, s'écarte cependant de la théorie admise dans le droit romain, et se rapproche beaucoup de celle que devaient consacrer les rédacteurs de notre Code civil.

Le grand jurisconsulte qui pose en principe « toutes convenences sont à tenir, — Convenence loi vaint (1), » n'annule pas la convention par laquelle on s'oblige à donner la chose d'autrui, mais il en règle ainsi les effets : « Se je convenence à donner terre qui n'est pas moie ou mueble qui « n'est pas miens, je doi fere tout mon pooir d'avoir le coze « que j'ai convenencié, si que me convenence soit tenue ; et « se je ne puis avoir le coze, je doi du mien baillier le valor, « si que convenence soit tenue (2) » Ainsi, la vente de la chose d'autrui oblige le vendeur à faire en sorte de se procurer la chose, c'est-à-dire d'en acquérir la propriété pour la transmettre à l'acheteur.

(1) Cout. de Beauvoisis, ch. 34, *des convenences*, n° 2 (édit. du comte Beugnot).

(2) *Eod. loc.*, n° 3.

Voici un autre passage très-remarquable, où nous voyons que celui qui donne la chose d'autrui en s'obligeant à garantie, doit se procurer l'assentiment du propriétaire ; à défaut de quoi, il doit payer la valeur de la chose : « qui donne autrui « coze et il convenence à garantir, *se cil ne veut à qui le « coze est, il ne le pot garantir* ; mais il convient qu'il face « restor du sien à celi à qui il fist le don, selonc le valor de « de la coze, par loial estimation. Et ce meisme restor doit « il fere à celi à qui il a l'autrui coze vendue ou engagié. Et « s'il estoit autrement, durment porroient être damacié cil qui « aroient receu d'aucun l'autrui coze, par louage, ou par « ferme, ou par son service, ou par escange, ou par aucunne « autre cause soufisant (1). » Par cela seul que la chose est à autrui, l'échangiste qui l'a livrée manque à son obligation : « convenence d'escange doit estre tele que çascunne partie « doit garantir à toz jors ce qu'il baille ; et, *s'il ne le pot ga- « rantir por ce que le coze qu'il bailla en escange n'estoit « pas soie*, il doit estre en la volenté de celi à qui il doit ga- « rantir, de reprendre ce qu'il bailla en escange, ou de con- « traindre celi qui l'autrui coze li bailla, le quele coze il ne « li pot garantir, qu'il li restore son damace d'aussi soufisant « coze et d'aussi aiesié comme le coze estoit qu'il qu'il ne li « pot garantir (2). »

C'est seulement dans le cas où le vendeur a cru vendre sa propre chose que Beaumanoir déclare la vente nulle ; il l'assimile à la vente d'une chose qui, au moment du contrat, n'existerait pas.

« Si aucuns demande aucunne coze par le reson de ce c'on « li a convenencie, et le coze convenencié n'est pas, ne ne pot

(1) *Eod. loc.*, n° 9.
(2) *Eod. loc.*, n° 10.

« estre.... ; si comme s'aucuns convence à donner son pale-
« froi blanc, et on le trueve mort, ou s'aucun convenence à
« bailler, *à prester,* ou à doner aucune coze à aucun, la
« quele il quide que ele soit en se baillie, et ele n'i est pas,
« ançois est perdue; *ou chil qui le convenencha cuidoit qu'ele*
« *fust soie, et ele est à autrui, si que il n'a pooir de tenir*
« *se convenence : toutes tex convences sunt de nule valor.*
« Mais voirs est, s'ele fu convenencié à *bailler et à livrer*
« par cause de vente, et cil qui vendi à receu aucunne coze
« du pris de la vente, il le doit rendre *puisqu'il ne pot le*
« *coze vendue délivrer.* » Ainsi, lors même qu'on se serait simplement obligé *à prester, à bailler* et *à livrer*, la convention est nulle, par cela seul que la chose appartient à autrui. Toutefois, Beaumanoir ajoute : « Et s'on aperchoit qu'il
« fist la vente malicieusement comme cil qui bien savoit que
« le coze n'estoit pas soie, *il doit estre contrains de tant*
« *fere que la vente tiengne par le gré de celi qui le coze est ;*
« et, s'il ne pot, il restort le damace soufisant à l'aceteur,
« et si soit li marciés de nule valeur (1). » De tout ceci il résulte en somme que, si le vendeur a su que la chose appartenait à autrui, il doit obtenir le consentement du propriétaire, c'est-à-dire transférer la propriété, et, s'il ne le peut, indemniser l'acheteur ; mais que, s'il a cru vendre sa propre chose, il est seulement tenu de restituer le prix.

VII. — Ces principes nouveaux ne résistèrent pas à l'influence du droit romain, et nous voyons notre ancienne jurisprudence revenir à la pure doctrine des Pandectes.

C'est à l'idée romaine du vendeur tenu seulement de *tra-*

(1) *Eod. loc.*, n° 53.

dere rem alienam, que se rallient Dumoulin (1), Despeisses (2), Domat (3), Argou (4), Pothier (5) ; il est cependant permis de trouver peu démonstratives les raisons qu'ils donnent pour la justifier.

« Comme il arrive souvent, dit Domat, que les possesseurs « ne sont pas les maîtres de ce qu'ils possèdent et qu'aussi les « acheteurs peuvent ne pas savoir si les vendeurs sont ou ne « sont pas les maîtres des choses qu'ils vendent, il est naturel « qu'on puisse vendre une chose dont on n'est pas le maître, « et la vente subsiste jusqu'à ce que le maître fasse connaître « son droit et résoudre la vente. » Mais, si on suppose établi que le vendeur n'a pas pu transmettre la propriété parce qu'il ne l'avait pas lui-même, l'incertitude dont parle Domat n'existe plus, et on ne voit pas pourquoi l'acheteur, bien certain de n'être pas propriétaire, doit cependant se tenir pour satisfait tant qu'il n'est pas évincé.

« Il suffit au vendeur, dit Argou, de mettre l'acheteur en « possession paisible et promettre de l'y maintenir ; car, tant « que l'acquéreur n'est point troublé dans cette possession, « il est censé le véritable propriétaire. » Au regard de tout autre que le *verus dominus*, cela est vrai ; mais, vis-à-vis du propriétaire, n'est-il pas sans cesse exposé à subir une éviction ? et pourquoi lui imposer une situation aussi pleine de dangers ?

Le seul motif qu'indique Pothier n'est pas moins insuffisant : « Le principe des jurisconsultes, dit-il, paraît avoir son « fondement dans la nature du contrat et dans les termes qui

(1) Dumoulin, *de eo quod interest*, 127

(2) Despeisses, *des contrats*, part. 1, tit. 1, sect. 2, n° 7.

(3) Domat, *lois civiles*, liv. 1, tit. 2, sect. 5, n° 13.

(4) Argou, *Institut. au Droit Français*, liv. 3, ch. 23.

(5) Pothier, *de la vente*, nos 7, 48.

« y sont usités : on dit que le vendeur *vend*, et, pour expli-
« quer ce terme *vend*, on ajoute *cède, quitte et délaisse, et*
« *promet garantir et défendre de tous troubles*. Ces termes
« ne présentent d'autre obligation contractée par le vendeur
« que celle de céder à l'acheteur tout le droit qu'il a dans la
« chose en la lui délaissant, et de le défendre de tous troubles
« qu'on pourrait apporter à sa possession. L'obligation de
« transférer la propriété n'est point exprimée par ces mots. »

En réalité, nos anciens auteurs cédaient à l'influence de la tradition romaine, en reproduisant une doctrine plus facile à expliquer par des considérations historiques qu'à justifier rationnellement.

Cependant, nous voyons déjà, dans notre ancien droit, sous l'influence des idées philosophiques qui inspiraient Pufendorf (1) et Grotius (2), un certain nombre de jurisconsultes protester contre la doctrine romaine, et la reléguer parmi les fictions du droit civil, *commenta juris civilis*, comme disait Grotius.

D'après Caillet, professeur à Poitiers vers le commencement du XVIIe siècle, « c'est un principe qui n'est point pris
« dans la nature et qui ne doit point être suivi dans notre pra-
« tique française (3). »

Dans son dictionnaire de droit et de pratique, Ferrières dit que « la garantie regarde la propriété de la chose....., étant
« juste que le vendeur garantisse que la chose lui appartient
« au moment de la vente.... »

Bayard (4) démontre que « le vendeur doit garantir non-

(1) Pufendorf, *Devoirs de l'homme...*, II, ch. 15, n° 9.
(2) Grotius, *de jure belli...*, II, ch. 12, n° 15.
(3) *Thesaurus* de Meerman, t. 2, ad l. 5, C. *de evict.*
(4) *Nouveau Denisart*, t. 9, V° *Garantie*, p. 156.

« seulement du trouble qui a lieu actuellement, mais même « de celui qu'il a un juste sujet de craindre, » et il appuie cette idée sur des considérations morales qui n'ont pas échappé, comme nous le verrons, aux rédacteurs de notre Code civil : « on ne peut pas se regarder comme possesseur paisible d'un « objet, dit-il, lorsqu'on sait qu'il appartient à autrui, à qui « l'on est obligé dans le for intérieur de le rendre. Ce devoir « autorise sans doute l'acquéreur à prévenir l'action en re- « vendication du propriétaire, par des offres de lui remettre « l'objet qui lui appartient...., et l'acquéreur, dépouillé par « l'acceptation de ses offres, a un recours légitime contre le « vendeur. » Il ajoute à l'appui de sa thèse une raison qui, aujourd'hui, en présence de l'article 2269 du Code civil, serait sans valeur : « selon les principes du droit français, « pour être réputé possesseur de bonne foi, il ne suffit pas « d'avoir commencé à posséder à juste titre ; s'il est prouvé « que, dans la suite, on a reconnu le vice de son titre, on « cesse en ce moment d'être de bonne foi. Suivant le droit « romain, au contraire, même après la découverte du vice de « son titre, on continue d'être censé possesseur de bonne foi. « Les jurisconsultes romains n'admettaient donc pas, comme « nous, qu'un acquéreur qui découvre que l'objet vendu « appartient à un tiers soit obligé de le lui rendre ; il ne faut « donc pas s'étonner si ces mêmes jurisconsultes ont établi « que le vendeur n'est pas obligé de transférer la propriété « de l'objet vendu, et qu'il suffit qu'il en transmette la libre « possession. » Cette considération n'a pas beaucoup de valeur, il faut le reconnaître, et on aurait tort de chercher, comme Toullier (1), à s'en servir aujourd'hui pour soutenir que le législateur, ayant reproduit les principes du droit ro-

(1) Toullier, XIV, nos 240 et suiv.

main dans l'article 2269, sur le moment auquel est requise la bonne foi en matière de prescription décennale, doit être réputé avoir aussi reproduit, en matière de vente de la chose d'autrui, la règle romaine. La faculté qu'on a de prescrire n'empêche pas qu'on soit tenu de restituer, non-seulement au point de vue de la morale, mais même d'après la rigueur du droit, tant que la prescription n'est pas accomplie ; le possesseur de mauvaise foi, le voleur, par exemple, n'est-il pas tenu de restituer, et cependant la prescription ne court-elle pas à son profit ?

Quoi qu'il en soit, telles étaient, dans notre ancien droit, les deux opinions en lutte. Toutes deux, remarquons-le, admettaient la validité de la vente du bien d'autrui ; seulement, d'après la première, le vendeur pouvait se libérer en livrant ce qui ne lui appartenait pas ; d'après la seconde, il était obligé de rendre l'acheteur propriétaire.

VIII. — Dans le droit intermédiaire, nous ne voyons pas qu'en notre matière aucune innovation ait été introduite ou seulement proposée. Si on consulte les quatre projets de Code civil qui furent rédigés sous la Convention et sous le Directoire, on voit bien apparaître dans le premier et dans le troisième projet de Cambacérès, le principe nouveau, aujourd'hui définitivement consacré, qui accorde à la convention la puissance translative de propriété (1) ; mais, en ce qui concerne la vente de la chose d'autrui, il n'était pas dérogé à la règle ancienne. On lit dans le premier projet : « la garantie

(1) Voy. dans le premier projet, liv. III, tit. 3, art. 15 (Fenet, I, p. 76) ; dans le troisième projet, l'article 834, et un remarquable passage du *discours préliminaire* (Fenet. I, pages 165, 166 et 292).

de l'éviction est inhérente au contrat : si l'acquéreur est troublé par un tiers, il y a lieu au recours contre le vendeur, et, en cas de dépossession, à l'indemnité » (livre III, tit. 3, art. 4). Et, dans le troisième projet, l'article 842 disait : « Celui qui vend la chose d'autrui et qui ne peut la livrer, doit indemniser l'acheteur (1). »

Etat de la doctrine sur l'interprétation de l'article 1599.

Placés en présence de la théorie romaine que la grande majorité de nos anciens auteurs avait consacrée, mais qui soulevait de graves objections, formulées déjà par des philosophes et par quelques jurisconsultes, qu'ont fait les rédacteurs du Code Civil ? Ils ont manifesté avec une grande énergie la volonté d'innover. Mais en quoi consiste l'innovation qu'ils ont introduite ? Là est la grande difficulté de notre matière.

Dans le système du Code, non-seulement la vente a, par elle-même, et indépendamment de toute tradition, l'effet de transférer la propriété, mais elle ne peut pas avoir pour objet la chose d'autrui. La translation de propriété n'est pas seulement de la nature du contrat, en ce sens que le vendeur s'oblige à opérer cette translation et l'opère immédiatement par cela seul qu'il a consenti ; mais elle est essentielle, en ce sens que, si elle ne peut avoir lieu parce que la chose vendue appartient à autrui, la vente est nulle. C'est l'article 1599 qui nous le dit : « La vente de la chose d'autrui est nulle. »

(1) Fenet, I, p. 75, 293.

Cette disposition est conçue en termes généraux et vagues, qui ne nous révèlent pas par eux-mêmes la pensée du législateur. L'inefficacité d'un acte peut tenir en effet à des causes bien différentes. Ou bien l'acte ne réunit pas les conditions indispensables à sa formation, et alors, il n'existe pas ; en vain a-t-on voulu le former ; il est *mort-né*, suivant l'expression de M. Troplong. Ou bien aucun de ses éléments essentiels ne fait défaut : mais il est entaché d'un vice qui permet d'en faire prononcer la nullité ; il est annulable. Ce vice peut être absolu, c'est-à-dire opposable de la part de toute personne, quelque événement qui se produise, quelque temps qui s'écoule ; il peut être relatif, c'est-à-dire opposable de la part de certaines personnes seulement, tant que d'ailleurs il ne s'est pas accompli certains faits ou écoulé un certain délai. Enfin, quand l'acte est régulièrement formé et ne porte en lui-même aucune cause d'annulation, il peut encore être exposé à des chances de résolution qui menacent de le faire rétroactivement disparaître. Dans tous ces cas, dira-t-on que l'acte est nul? La terminologie usitée en matière de nullité est si indécise, si confuse, que le mot *nul* de l'article 1599 a pu, au gré des commentateurs, se plier à toutes ces interprétations si diverses. Il serait facile en effet de citer des textes où le législateur désigne, sous le même nom de nullité, tantôt l'*inexistence*, tantôt l'*annulabilité absolue*, tantôt l'*annulabilité relative* de l'acte ; nous n'en connaissons pourtant pas où il ait employé le mot *nul* comme synonyme de *résoluble*, sauf l'article 1599 lui-même, si on admet l'interprétation de certains auteurs. Quel sens faut-il donc donner à cet article ? De quelle nature est la nullité qu'il consacre?

Il est certain, tout d'abord, que la vente n'a pas, lorsqu'elle porte sur la chose d'autrui, l'effet translatif de propriété qui lui appartient en principe. Mais, est-ce là ce qu'a voulu dire le législateur? Si l'article 1599 signifiait simplement qu'un *non dominus* ne peut pas en vendant transférer la propriété, il faudrait y voir l'expression bien inutile d'une vérité qui ne pouvait faire aucun doute, et non l'importante dérogation que le législateur nous annonce aux règles anciennes sur la vente de la chose d'autrui. Sans doute, la vente moderne, bien qu'elle constitue un mode de transférer la propriété, ne peut, pas plus que la tradition du droit romain, dépouiller le véritable propriétaire qui y demeure étranger : *res emptori auferri potest,* peut-on dire avec Ulpien (28, D. *de contr. emt.*). Mais, si la vente de la chose d'autrui demeure sans effet à l'égard du propriétaire, a-t elle au moins pour résultat de créer un lien de droit entre les parties? Nulle comme acte d'aliénation, est-elle valable comme contrat productif d'obligations? C'est à ce point de vue seulement que la vente du droit romain et la vente du Code Civil doivent être comparées.

On a prétendu que, sous ce rapport, il n'y avait entre les deux législations aucune différence : aujourd'hui encore le vendeur de la chose d'autrui s'obligerait valablement à *faire avoir* cette chose : *rem habere licere;* il satisferait à ses engagements en livrant à l'acheteur la possession et en le garantissant contre l'éviction, sans d'ailleurs lui conférer la propriété; l'article 1599 accorderait seulement à l'acheteur de bonne foi une action en dommages-intérêts, mais ne lui permettrait d'agir ni en nullité, ni même en résolution de la vente (1).

Nous ne nous arrêterons pas à réfuter cette opinion, dont

(1) Toullier, XIV, Nos 239 à 248. Le même auteur donne dans son tome 6, n° 132, une tout autre interprétation de l'article 1599 : « la « vente de la chose d'autrui, dit-il, ne contient pas l'obligation d'ache-

l'erreur a depuis longtemps été démontrée (1). Elle supprime simplement la première partie de l'article 1599, alors qu'il s'agirait de l'expliquer. Si les articles 1582 et 1603 du Code Civil, en définissant la vente et les obligations du vendeur, paraissent reproduire l'ancienne doctrine, il n'est pas douteux que l'article 1599 y déroge. Dans quelle mesure ? C'est ce qu'il faut examiner.

On s'accorde aujourd'hui à reconnaître que, d'après les nouveaux principes, l'acheteur de la chose d'autrui a le droit d'agir contre son vendeur, par cela seul que la propriété ne lui a pas été transférée, lors même qu'aucune éviction n'aurait encore eu lieu, lors même que le vendeur ne se serait rendu coupable d'aucun dol (2). Mais est-ce là l'unique différence qui sépare le droit moderne du droit ancien?

C'est à cela que se réduirait l'innovation de l'article 1599 s'il était possible de la rattacher à cette idée, que le vendeur est aujourd'hui tenu de transférer la propriété. On peut bien, a-t-on dit quelquefois, s'obliger à livrer la chose d'autrui, mais on ne peut pas s'obliger à transmettre un droit qu'on n'a pas soi-même. Voilà pourquoi la vente de la chose d'autrui était valable dans le droit ancien ; voilà pourquoi aujourd'hui elle est nulle (3).

Cette explication est manifestement erronée. Nous savons qu'en droit romain on pouvait valablement s'obliger à *dare rem alienam ;* nous verrons plus tard que, si la vente mo-

« ter la chose d'autrui, si cette obligation n'est exprimée dans l'acte ;» elle est « nulle dans son principe ; elle n'est point suspendue par « l'évènement pour devenir valide en cas que la chose appartienne « ensuite au vendeur. »

(1) Duvergier, *Vente* I, n° 12. Troplong, *Vente*, I, n° 4.

(2) Douai, 3 juillet 1845 (Sir., 46, 2, 378).

(3) Etienne, *Institut.*, I, p. 171, 177, 179.

derne contient encore de nos jours un principe de validité, c'est en ce sens qu'elle oblige le vendeur à transférer la propriété.

Après avoir ainsi débarrassé le terrain des opinions qu'on ne peut plus considérer aujourd'hui que comme des erreurs avérées, arrivons à l'exposé des systèmes qui continuent encore à diviser les auteurs.

On peut ramener à trois les points de vue différents auxquels se sont placés les interprètes de l'article 1599. Suivant qu'on adopte telle ou telle explication, on est conduit à se prononcer en des sens très-divers sur les trois questions suivantes :

1° Quelles personnes peuvent invoquer la nullité de la vente ?

2° Est-elle susceptible de se couvrir, par certains événements ?

3° Pendant combien de temps peut-on s'en prévaloir ?

I.

Dans un premier parti qui compte d'éminents défenseurs (1), on considère la vente de la chose d'autrui comme une vente valable en elle-même, mais qui ne peut pas recevoir d'exécution de la part du vendeur, et dont l'acheteur peut, par conséquent, demander la nullité, ou, pour parler plus

(1) Duranton, X, 437; XVI, 176, 177 ; Berriat Saint-Prix, art. 1599 ; Larombière, art. 1128, nos 28 et 30; Colmet de Santerre, VII, 28 bis VI; Labbé, *du recours en garantie* (Rev. Prat. t. 34).

exactement, la résolution. D'une part, en effet, le vendeur ne peut se prétendre libéré, quand il a livré à l'acheteur la possession sans le rendre en même temps propriétaire; d'autre part, dans tout contrat synallagmatique, si l'une des parties n'exécute pas, l'autre peut faire résoudre le contrat (art. 1184). C'est à la combinaison de ces deux principes qu'est due la disposition de l'article 1599 : l'obligation contractée par le vendeur ne pouvant pas être remplie, l'acheteur peut immédiatement poursuivre la résolution du contrat. Il n'y a là qu'une application de l'article 1184 qui soumet les contrats synallagmatiques à une condition résolutoire tacite, et une contre-partie de l'art. 1654, aux termes duquel « si l'acheteur ne paie pas le prix, le vendeur peut demander la résolution de la vente. »

Dans cette doctrine, l'action résultant de l'article 1599 est soumise à toutes les régles de l'action résolutoire :

1° Elle n'appartient qu'à celle des parties envers qui l'engagement n'a pas été exécuté, c'est-à-dire à l'acheteur (1). Encore ne lui appartient-elle que s'il a ignoré le vice de la chose vendue : en effet, s'il a cru traiter avec le propriétaire, on conçoit qu'il puisse se plaindre de ne pas recevoir le droit sur lequel il a compté, sans même que le vendeur, toujours coupable au moins d'une imprudence, puisse en invoquant sa bonne foi, se soustraire à l'obligation qu'il a contractée de transférer la propriété ; mais, s'il a traité en parfaite connaissance de cause, comment pourrait-il, tant qu'il n'est pas troublé dans sa possession, ne pas se déclarer satisfait de l'exécution du contrat, alors qu'il n'a pas pu l'espérer plus complète (2) ?

(1) Colmet de Santerre. VII, 28 bis VII et suiv.

(2) Larombière, art. 1128, nos 28 à 30.

2° Il ne peut pas être question de confirmer la vente, puisqu'elle est valable. Seulement l'acheteur pourra, en renonçant à son action résolutoire pour tout le temps qu'il ne sera pas inquiété dans sa possession, rendre la vente inattaquable jusqu'à l'éviction. Que si le vendeur obtient l'adhésion du propriétaire à l'aliénation ou acquiert lui-même la chose vendue, il faut dire, non pas que le contrat est validé, mais qu'il reçoit sa complète exécution, et par suite échappe à l'action résolutoire : si cette exécution se produit après l'introduction de la demande, mais avant qu'un jugement ait prononcé la résolution, elle entraîne le maintien de la vente, et le juge peut même accorder au vendeur un délai pour s'acquitter de son obligation (1).

3° L'action s'éteint par la prescription trentenaire, non par la prescription de dix ans, spéciale aux actions en nullité ou en rescision (2).

Cette interprétation de l'article 1599 est doublement contraire au texte. D'abord, elle prétend le corriger, en lisant *résolution* là où il prononce la nullité. Puis elle en limite l'application au cas où l'acheteur était de bonne foi ; or l'article 1599 ne restreint à cette hypothèse que le droit de demander des dommages-intérêts ; il pose en termes généraux le principe de la nullité. Les travaux préparatoires nous démontreront d'ailleurs que le législateur n'a pas dit autre chose que

(1) Duranton, X, 438, 439; XVI, 179; Larombière, art. 1128, n° 33; Colmet de S., VII, 28 bis XVII.

(2) Colmet de Santerre, VII, 28 bis XVIII. Larombière, art. 1304, n° 45.

ce qu'il voulait dire, et qu'il a bien entendu créer, sans distinction d'hypothèses, une véritable nullité.

II.

D'après une autre explication, l'erreur de l'acheteur est considérée, non pas seulement comme l'une des conditions requises pour l'application de l'article 1599, mais comme le fondement même de cette disposition, comme le vice dont est entachée la vente de la chose d'autrui. « La vérité est, dit « M. Huc, dans une étude comparée de notre art. 1599 et de « l'article 1459 du Code civil Italien, que la vente de la chose « d'autrui est seulement annulable pour cause d'erreur, ayant « porté sur une qualité substantielle de la chose vendue. « L'acheteur croyait que cette chose appartenait au vendeur « et que par conséquent il en deviendrait lui-même proprié- « taire. (1) » Ainsi, ce qui vicie la vente, c'est une cause de nullité purement relative. De là les conséquences suivantes :

1° La nullité n'existe qu'en faveur de l'acheteur dont le consentement a été vicié : peu importe d'ailleurs que le vendeur ait été ou non de bonne foi.

2° La nullité se couvre par la ratification de l'acheteur, en ce sens qu'après la cessation de l'erreur, l'acheteur peut renoncer à l'action en nullité et ne conserver que l'action en garantie pour le cas où il serait troublé dans sa possession.

(1) Huc, *le Code civil Italien et le Code Napoléon*, p. 269 à 272.

Elle se couvre aussi par la ratification du propriétaire ou par tout évènement qui permet au vendeur d'accomplir son obligation, en ce sens que l'acheteur n'ayant plus désormais aucun sujet de se plaindre ne pourra plus attaquer le contrat.

3° Enfin l'action en nullité s'éteint par la prescription de dix ans : les délais courent du jour où l'erreur a été découverte (art. 1304).

Cette interprétation, qui réduit l'article 1599 à n'être qu'une application de l'article 1110 est contraire à l'un comme à l'autre de ces deux textes. D'abord, l'article 1599 annule toute vente de la chose d'autrui, et non-seulement celle qu'un acheteur de bonne foi a pu conclure. Puis, d'après l'article 1110, l'erreur sur l'objet du contrat n'est une cause de nullité que si elle porte sur la *substance* ; or, si largement qu'on définisse les mots *erreur sur la substance*, il n'est pas possible d'y faire entrer l'erreur de celui qui traite à son insu avec un *non dominus* ; le fait d'appartenir à tel ou tel maître n'est pas ce qui donne à la chose son individualité, et, comme on dit, son *nomen appellativum* ; aussi, dans l'ancien droit où l'erreur sur les qualités substantielles était une cause de nullité du contrat, l'erreur de l'acheteur qui s'imaginait traiter avec le véritable propriétaire, ne viciait pas la vente.

En dernière analyse, voici à quoi se réduit, dans les deux systèmes que nous venons de rejeter et qui présentent entre eux une assez grande analogie, l'innovation de l'article 1599: pour que l'action en garantie puisse être intentée immédiatement et avant toute éviction, on n'exige plus, comme dans le droit romain, que le vendeur ait été de mauvaise foi au moment du contrat (1); on se contente de la bonne foi de l'acheteur.

III

En se plaçant à un point de vue tout différent, c'est à la nature de la chose vendue; c'est à sa qualité de *res aliena* qu'on rattache la nullité dont le contrat est entaché. Tel paraît bien être le point de vue de la loi : l'article 1599 est en effet placé dans le chapitre *des choses qui peuvent être vendues ;* le législateur vient de dire dans l'article 1598 : « Tout ce qui est dans le commerce peut être vendn, lorsque des lois particulières n'en ont pas prohibé l'aliénation ; » et aussitôt il ajoute : « La vente de la chose d'autrui est nulle ; » c'est donc que la chose d'autrui est mise par la loi hors du commerce, comme les successions futures dont le legislateur va immédiatement s'occuper (art. 1600). Ce qui est vicié dans la vente de la chose d'autrui, ce n'est pas le consentement des parties, c'est l'objet même du contrat.

Malheureusement, on est loin de s'entendre sur le caractère de ce vice et de la nullité qui en résulte. Nous ramènerons à deux grands systèmes les opinions très-divergentes entre lesquelles se divisent les partisans de cette dernière interprétation.

I. — D'après une première manière de voir, qu'ont adoptée d'éminents jurisconsultes, Duvergier, Troplong, MM. Aubry

(1) Afric., 30. § 1, *de act. emt.* D. (19, 1).

et Rau, la vente de la chose d'autrui réunit en elle toutes les conditions essentielles, nécessaires à la formation d'un contrat de vente ; seulement elle est atteinte d'un vice qui la rend *annulable*. Cette *annulabilité* a son fondement, non pas dans l'ordre public, mais dans un intérêt privé : aussi n'empêche-t-elle pas le contrat de se former ; elle permet seulement de le faire tomber.

Telle est l'idée commune ; mais voici où de nouvelles divergences vont se produire : quel est précisément l'intérêt que le législateur a voulu protéger en écrivant l'article 1599 ? Pour les uns, la loi n'a eu en vue que la personne de l'acheteur. Pour les autres, elle a disposé d'une manière absolue, et n'a pas voulu abandonner au bon plaisir de l'une des parties l'annulation ou le maintien de la vente. Voyons comment, dans ces deux opinions, on résoud les trois grandes questions auxquelles nous avons ramené tout l'intérêt de la controverse.

1° Et d'abord, quelles personnes ont le droit d'invoquer la disposition de l'article 1599 ?

On s'accorde à reconnaître que l'acheteur a ce droit dans tous les cas, sans qu'il soit nécessaire qu'il ait ignoré le vice de la vente ou que le vendeur en ait eu connaissance. Il peut opposer la nullité, soit par voie d'exception, pour se refuser au paiement du prix, soit par voie d'action, pour exiger la restitution de ce qu'il a payé, et aussi pour obtenir des dommages-intérêts dans le cas où il a été de bonne foi (1).

Quant au vendeur, les uns lui refusent dans tous les cas le droit de se prévaloir de la nullité ; car, « c'est plutôt contre

(1) Aubry et Rau, § 351, notes 44 et 47.

« lui que dans son intérêt que l'article 1599 dispose (1). » C'est cette opinion qui a été consacrée dans le Code civil italien de 1865 par l'article 1459, où on lit, à la suite de notre article 1599, textuellement reproduit : « La nullité édictée dans cet article ne peut jamais être opposée par le vendeur. » — Les autres, jugeant peu conforme aux motifs qui ont dicté l'article 1599 d'appliquer seulement à l'acheteur le bénéfice de cette disposition, accordent au vendeur, dans certaines circonstances, le droit d'invoquer la nullité : il en est qui subordonnent ce droit à la seule condition que le vendeur ait ignoré le vice de la chose (2) ; il en est d'autres qui exigent en outre que l'acheteur en ait eu connaissance (3); enfin, MM. Aubry et Rau, sans distinguer entre la bonne ou la mauvaise foi des parties, autorisent le vendeur à exciper de la nullité quand il est actionné en délivrance, mais ne vont pas jusqu'à lui reconnaître le droit d'agir en nullité pour exiger la restitution de la chose (4).

Ces diverses distinctions nous paraissent impossibles à justifier. Ou bien le vendeur est obligé de livrer la chose et d'en garantir la libre possession à l'acheteur, et alors comment admettre qu'il puisse jamais, en opposant la nullité de la vente, causer lui-même le préjudice qu'il doit empêcher ou du moins réparer? Il ne peut pas puiser dans sa bonne foi, qui n'enlève

(1) Merlin, *Questions de droit*, V. *Hypoth.*, § 4 bis, n° 36; Troplong, *Vente*, I, 238; Molitor, *oblig*, I, 383; Arntz, *cours de Droit civil Français* (V. de Folleville, *Vente de la chose d'autrui*, n° 90) ; Guillouard, *Vente de la chose d'autrui*, n° 17. (*Revue critique*, t. 4, 1875.)

(2) Duvergier, *Vente*, I, 220.

(3) Valette, cité par Mourlon (Répet. écrites, III, 523 à 525). Oudot, cité par Leligois (n° 6 : *Rev. crit.* t. 35).

(4) Aubry et Rau, § 351, notes 44 et 48.

rien à ses obligations, le droit de les méconnaître ; et, dans tous les cas, il ne peut pas se soustraire plus facilement à la dette de délivrance qu'à la dette de garantie, qu'on définit la délivrance continuée. Ou bien, il n'est pas tenu de mettre et de maintenir l'acheteur en possession de la chose vendue : alors, sa mauvaise foi elle-même est impuissante à le soumettre à l'obligation de garantie ; et rien ne peut l'empêcher de revenir sur la livraison indûment opérée, aussi bien que de se refuser à l'accomplir (1). Ainsi, toutes ces distinctions ne ne sont pas seulement contraires au texte, qui est général : la logique elle-même les condamne.

2° D'après les auteurs dont nous exposons les doctrines, la vente de la chose d'autrui peut devenir valable, dans le sens romain, par le consentement des parties : en d'autres termes, les parties peuvent renoncer à se prévaloir de la nullité, ce qui réduira l'obligation du vendeur à la garantie en cas d'éviction.

Mais, la nullité est-elle de nature à se couvrir par la ratification du propriétaire, ou par tout évènement qui aurait pour effet, en mettant la propriété aux mains du vendeur, de la transférer à l'acheteur? Comme conséquence de l'idée que la vente est simplement annulable à cause du vice dont la chose est infectée, les uns décident que, la chose venant à perdre son caractère de *res aliena,* il n'est plus possible de demander « une nullité qui n'est pas d'ordre public et dont la « cause a disparu (2) ; » ils se divisent seulement sur le point de savoir si cet événement venant à se produire après que la

(1) Colmet de Santerre, VII, 28 bis, X.

(2) Troplong, *Vente,* I. 236, 237. Guillouard, *loc. cit.*, n° 19 (*Rev. crit.* 1878).

demande a été introduite ou l'exception opposée, a encore pour conséquence d'effacer la nullité (1). Les autres, considérant que, si la vente de la chose d'autrui est simplement annulable, elle l'est du moins dans l'intérêt commun des parties, ne veulent pas reconnaître au vendeur le pouvoir d'effacer ou de laisser subsister à son gré la cause de nullité qui vicie le contrat, « selon qu'il lui plaira ou non de prendre des arrangements avec le véritable propriétaire (2) : » en conséquence, il suffit qu'au moment de la vente la chose appartienne à autrui, pour que le bénéfice de la nullité soit et demeure définitivement acquis aux parties, malgré les déplacements de propriété qui pourront ultérieurement se produire ; sans doute, la vente, n'étant qu'annulable, peut être confirmée ; mais elle ne peut l'être que par le mutuel consentement des parties.

3° Comme la vente de la chose d'autrui est susceptible d'être confirmée, l'action en nullité s'éteint par la prescription de l'article 1304, qui repose sur une confirmation présumée (3). Seulement, il est de principe que la confirmation ne peut intervenir et la prescription décennale courir, que du

(1) Tropl., *loc. cit.*, Duvergier, *Vente*, I, 219.

(2) Aubry et Rau § 351, note 49. Devill., 52, 2, 392. — MM. Aubry et Rau motivent en outre leur opinion par ce principe « que les conditions nécessaires à la validité d'une convention doivent exister dès l'instant de sa formation ; » mais n'y a-t-il pas quelque contradiction à tenir ce langage, quand on reconnaît le caractère contractuel des obligations produites par la vente de la chose d'autrui (*l. c.*, note 45), et qu'on déclare trouver dans cette vente tous les éléments essentiels à la formation d'un contrat (note 51) ?

(3) Troplong, *Vente*, I, 239 ; Duvergier, *Vente*, I, 221 ; Molitor, *oblig.*, I, n° 383 ; Aubry et Rau, § 351, note 51 ; Guillouard, *loc. cit.*, n° 18 (*rev. crit.* 1875).

jour où n'existe plus le vice dont le contrat était entaché (art. 1304, 1338). Aussi, quand on déclare la vente instantanément validée par le seul fait que la chose cesse d'appartenir à autrui, il serait logique d'admettre que la prescription décennale ne sera jamais applicable ; mais on préfère dire qu'elle aura lieu, malgré la persistance de l'obstacle qui s'oppose à l'efficacité de la vente, et qu'elle aura son point de départ au jour même du contrat. Dans la doctrine de MM. Aubry et Rau, on peut, sans violer les principes, donner application à l'article 1304, en faisant courir le délai de dix ans du jour où se produit, soit la ratification du propriétaire, soit l'acquisition de la chose par le vendeur (1).

Il faut reconnaître que les auteurs, dont nous avons tâché de coordonner les décisions si souvent divergentes, quoique fondées sur une idée commune, n'ont pas déterminé avec assez de précision la nature du vice qui rend la chose d'autrui impropre à former l'objet d'une vente. C'est par l'indécision du principe que s'explique l'incohérence des déductions.

II. — Pourquoi donc la chose d'autrui ne peut-elle pas être vendue? Voici quelle raison en donne une dernière interprétation qui, parmi les auteurs les plus récents, compte des adhérents nombreux. Aux yeux du législateur, le but essentiel de la vente est de transférer la propriété : si donc la volonté de rendre l'acquéreur propriétaire n'existe pas, ou si elle existe sans pouvoir être réalisée autrement que par la spoliation d'un tiers, il n'y a pas de vente. De deux choses

(1) Aubry et Rau, § 351, note 52.

l'une : ou bien la vente de la chose d'autrui ne tend pas à transférer la propriété, et elle est nulle pour défaut d'objet, comme si elle portait sur une chose privée d'existence matérielle (art. 1601) ; ou bien elle tend à rendre l'acheteur propriétaire, et, comme elle menace le droit d'autrui, elle est illicite et partant « ne peut produire aucun effet (art. 1131). » Dans les deux cas, ce qui lui manque, ce n'est pas une condition requise pour sa validité, c'est un élément essentiel à son existence. Elle n'a pu ni se former ni donner naissance à aucune obligation : elle n'existe pas, elle est le néant. Aussi n'est-ce pas une simple action en nullité qui résulte de l'article 1599. Il n'y a pas à demander à la justice de prononcer la nullité de ce qui n'existe pas. Seulement, si certains faits ont été accomplis ou sont exigés en exécution de cette prétendue convention, il suffit de démontrer qu'elle n'a jamais pu se former pour enlever tout fondement ou à la prétention qu'on élève ou aux prestations qui ont été faites. Telle serait la vente de la chose d'autrui, véritable contrat *mort-né* (1).

Tous les auteurs qui admettent cette manière de voir n'en déduisent pas les conséquence avec la même rigueur.

1° D'abord, si la vente n'existe pas, la logique veut que les deux parties puissent, sans distinction, se prévaloir de la nullité, tant par voie d'action que par voie d'exception (2). Cependant certains partisans de la doctrine que nous exposons reproduisent la distinction proposée par MM. Aubry et Rau :

(1) Marcadé. art. 1599 ; Mourlon, *Répét. écrit.*, III, nos 514, 515 et page 238. note 1 ; Accolas, *manuel de Code civil* ; Leligois, *Vente de la chose d'autrui* (*Rev. Crit.*, t. 35) ; de Folleville, *Vente de la chose d'autrui*, nos 8 et 53.

(2) Leligois, *loc. cit.*, n° 6 ; de Folleville, *loc. cit.*, nos 75 à 80, 105 à 106.

ils permettent au vendeur actionné en délivrance d'opposer la nullité, mais ne lui permettent pas, quand il a livré la chose, d'agir en restitution (1). Nous avons déjà signalé l'inconséquence de cette distinction.

2° Une vente inexistante peut-elle être confirmée ? Il faut répondre non, d'une manière absolue.

Et d'abord, peut-elle valoir comme la vente romaine de la chose d'autrui, par la renonciation des parties à se prévaloir de l'article 1599 ? Non, puisqu'elle est prohibée par une raison d'ordre public. Cependant aucun auteur, à notre connaissance, ne va jusque-là.

A un autre point de vue, vaudra-t-elle comme contrat et comme acte d'aliénation, si le propriétaire déclare ratifier la vente ou que les qualités de propriétaire et de vendeur viennent à se réunir sur la même tête ? Non, on ne ratifie pas le néant (art. 1338), et, comme à parler rigoureusement, il n'y a pas de vendeur, on ne conçoit même pas cette prétendue réunion des qualités de vendeur et de propriétaire (2). Cependant, ici encore, certains auteurs, s'écartant de la logique, pensent que ces évènements, si du moins ils se produisent avant l'introduction de la demande en nullité, peuvent être opposés à cette demande comme fins de non-recevoir : il n'y aurait pas, à proprement parler, confirmation de la vente ; mais le concours de volontés, qui n'a pu créer aucune obligation ni transférer aucun droit, produirait ce double effet, sans rétroactivité, du jour où la chose vendue perdrait son caractère de *res aliena* (3).

(1) Marcadé, *loc. cit.*, n° 3 ; Mourlon, *loc. cit.*,

(2) Leligois, *loc. cit.*, n° 8 ; de Follev., n°s 85 à 91.

(3) Marcadé, *loc. cit.*, n°s 5 et 6 ; Mourlon, *loc. cit.*

Il y a là une véritable inconséquence. Les consentements qui ont été échangés ne peuvent pas recevoir après coup, d'un évènement ultérieur, l'efficacité dont ils ont manqué à l'origine ; les deux parties n'étant tenues par aucun lien d'obligation, il n'est pas admissible qu'il suffise, pour les obliger, soit du fait du propriétaire qui ratifie, soit du fait du vendeur qui se procure la propriété de la chose. Pour que la naissance des obligations et le transfert de la propriété se produisent au moment où la vente devient possible, il faut qu'à ce moment même les contractants manifestent de nouveau leur volonté ; car c'est à l'instant où se forme le contrat qu'est requise la réunion de tous les éléments essentiels à son existence.

Vainement dirait-on que l'acheteur, n'ayant plus d'éviction à redouter, n'a plus aucun intérêt à se prévaloir de la nullité : la maxime *sans grief, point de nullité*, qui avait cours dans notre ancienne jurisprudence, n'est plus en vigueur dans notre droit ; le juge ne peut plus, comme autrefois, à une époque où les limites du pouvoir judiciaire et du pouvoir législatif étaient mal définies, déclarer valables les actes dont la loi prononce la nullité, sous le prétexte qu'ils ne causent aux parties aucun préjudice (1). Le juge qui validerait une vente légalement inexistante opérerait, sans pouvoir aucun, une véritable translation de propriété, une *adjudicatio,* dans le sens romain du mot.

Vainement encore objecterait-on que l'article 1340 fournit l'exemple d'un acte radicalement nul, confirmé à la suite d'évènements ultérieurs, et que rien n'empêche le même phénomène juridique de se produire en matière de vente de la chose d'autrui. La disposition de l'article 1340 est si exceptionnelle qu'il est impossible d'en argumenter par analogie :

(1) Aubry et Rau, § 37, note 10.

personne d'ailleurs ne songe à transporter littéralement dans notre matière la théorie de la confirmation des donations nulles en la forme. Il faut donc revenir à la vérité des principes : le néant ne se confirme pas.

3° La vente nulle en vertu de l'article 1599 ne pouvant pas être confirmée n'est pas soumise à la prescription décennale, qui a pour base une présomption de confirmation, mais à la prescription trentenaire de l'article 2262 (1).

Au milieu de ce chaos de décisions contraires, à quel parti devons-nous nous arrêter ? Jusqu'à présent, nous avons beaucoup moins cherché à apprécier les diverses doctrines dont nous avons dressé le tableau, qu'à faire ressortir les conséquences découlant logiquement de chacun des principes qui ont été proposés. Avant de nous prononcer, voyons si les travaux préparatoires de l'article 1599 sont de nature à nous révéler le véritable sens de cette énigmatique disposition.

Travaux préparatoires de l'article 1599.

La rédaction de l'article 1599 fut très-péniblement et très-confusément élaborée. Mais, au milieu de fluctuations d'idées assez difficiles à saisir, ce qui n'a jamais varié dans l'esprit du législateur, c'est la volonté ferme et bien arrêtée de rompre avec les anciennes traditions.

(1) Marcadé, *loc. cit.* n° 3 ; Leligois, *loc. cit.*, n° 7 ; de Folleville, *loc. cit.*, n° 83.

I. — Le projet de la commission du gouvernement annulait radicalement la vente de la chose d'autrui. Il était d'abord ainsi conçu : « *la vente de la chose d'autrui et qualifiée* « *telle dans le contrat* EST NULLE ET N'EST POINT OBLIGA-« TOIRE. » De ces termes si absolus, on aurait pu conclure qu'elle ne produirait pas même à la charge du vendeur l'obligation de restituer le prix ; ce fut du moins cette pensée qui dicta au Tribunal de Limoges l'observation suivante : « Cet article « paraît peu utile à conserver, et si l'on estime qu'il doive « être maintenu, on demande si la vente de la chose d'autrui « et qualifiée telle dans le contrat n'oblige pas au moins le « vendeur à la restitution du prix. » Sur cette remarque, le projet fut ainsi modifié : « *la vente de la chose d'autrui*, « *encore qu'elle soit qualifiée telle dans le contrat*, EST « NULLE ET N'EST POINT OBLIGATOIRE. *Cependant le ven-* « *deur sera toujours obligé à la restitution du prix avec* « *les intérêts.* » Cette formule, tout en consacrant le droit de l'acheteur à la restitution du prix, posait en principe la nullité absolue de la vente. Si elle eût été conservée, l'acheteur ne pourrait pas réclamer, à titre de dommages-intérêts, l'excédant de la valeur de la chose sur le prix de vente (1), et le contrat serait impuissant à créer aucun lien d'obligation.

II. — Dans le débat très-confus qui s'engagea devant le Conseil d'État, le 30 frimaire de l'an XII, on parut tomber

(1) *Infra*, p.

d'accord sur le mérite de l'innovation proposée, sans toutefois en indiquer nettement la portée.

La discussion s'ouvrit sur les mots « qualifiée telle dans le « contrat, » dont Treilhard demanda le retranchement, « parce « que, dit-il, l'esprit de l'article est de prononcer la nullité de « la vente dans tous les cas. » Pour quelle raison avaient donc été ajoutés ces mots? Tronchet va nous l'apprendre dans sa réponse à Treilhard. « Le droit romain, dit-il, valide ces « sortes de ventes, pourvu qu'il soit prouvé que le vendeur « n'ignorait pas que la chose ne lui appartenait pas. De cette « condition naissaient des questions très-difficiles à résoudre. « On a voulu les prévenir par ces mots *qualifiée telle dans* « *le contrat*. On a voulu également écarter les subtilités du « droit romain, car il est ridicule de vendre la chose d'au- « trui. » Ce n'est pas le droit romain qui aurait besoin d'être disculpé ; c'est bien plutôt Tronchet, et, avec lui, la plupart des rédacteurs de l'article 1599. L'erreur qu'ils ont commise est en effet surprenante. Le droit romain valide dans tous les cas la vente de la chose d'autrui : s'il tient compte de la mauvaise foi du vendeur, c'est uniquement pour permettre à l'acheteur qui a eté trompé d'agir avant l'éviction. Les rédacteurs du Code Civil ont inconsidérément transporté dans la matière de la vente une règle spéciale au legs de la chose d'autrui, dont la validité était en effet subordonnée à cette circonstance que le testateur aurait disposé en connaissance de cause (1). Quoiqu'il en soit, on crut que, d'après le droit ro-

(1) Cette erreur paraît avoir été partagée par Portalis et Grenier : « on « ne peut pas, dit Portalis, *sciemment* acheter ni vendre la chose d'au- « trui ; nous avons écarté à cet égard toutes les subtilités du droit « romain. » Grenier est encore plus explicite : « suivant le droit « romain qui était généralement observé à ce sujet et qui avait force « de loi, le vendeur et l'acheteur pouvaient respectivement vendre

main, la vente de la chose d'autrui était valable pourvu que le vendeur sût que la chose ne lui appartenait pas, et on voulut la rendre nulle, même dans ce cas.

Malgré l'observation de Tronchet, Berlier insiste pour la suppression des mots par lesquels on voulait faire allusion à une disposition purement imaginaire du droit romain : « Il dit « que la vente de la chose d'autrui est indubitablement nulle, « soit qu'on l'ait ou non qualifiée telle, et qu'ainsi le retran- « chement de ces mots est très-justement demandé, en ce « que cette circonstance ne peut influer sur la validité ou « l'invalidité du contrat. Mais, ajoute-t-il, il est un point de « vue ultérieur sous lequel la distinction devient utile et rai- « sonnable ; c'est pour régler les suites de l'inexécution. Si « le vice a été énoncé, il suffira sans doute que le prix soit « restitué à l'acheteur avec intérêt, car il y a eu faute com- « mune, ou en tout cas celui-ci a sciemment couru la chance. « Mais, si le vice n'a pas été énoncé, le vendeur qui a sur- « pris la bonne foi de l'acquéreur lui doit des dommages- » intérêts. C'est ce que l'article devrait dire au lieu de ce qui « y est exprimé. »

Dès lors, apparaît dans la discussion une idée nouvelle que le projet de loi laissait à l'écart, et qui obtint l'assentiment unanime : le vendeur qui n'a pas déclaré à l'acheteur que la chose appartenait à autrui doit être obligé envers lui à des dommages-intérêts. Mais comment concilier cette décision, si conforme à l'équité, avec le projet de loi qui enlevait à la vente de la chose d'autrui toute force obligatoire ? Berlier avait posé l'un en face de l'autre, sans chercher à les concilier, les deux termes de la question : nullité de la vente dans tous

« et acheter la chose qu'ils auraient su ne pas appartenir au vendeur.....» Locré, *Législ.*, XIV., p. 181 et 241.

les cas; dommages-intérêts dûs par le vendeur qui n'énonce pas au contrat le vice de l'aliénation. Mais, ces deux termes n'étaient-ils pas contradictoires? Déclarer le vendeur de la chose d'autrui tenu dans un cas particulier d'indemniser l'acheteur, n'était-ce pas déclarer dans ce cas la vente valable, comme elle l'était en droit romain?

C'est cette idée qui paraît alors avoir frappé Cambacérès : nous le voyons en effet soutenir qu'on doit annuler la vente de la chose d'autrui dans le cas où la chose a été présentée dans le contrat comme *res aliena*, mais qu'on doit la valider dans le cas contraire. « Le consul Cambacérès craint que le prin-« cipe que la vente de la chose d'autrui est nulle n'embar-« rasse dans beaucoup de cas, s'il est posé d'une manière « trop absolue. Cette raison détermine le consul à penser « qu'*il convient de laisser subsister la disposition du « droit romain, pour l'hypothèse où la chose vendue n'a « pas été annoncée dans le contrat comme appartenant à « un tiers*; qu'ainsi l'article peut être adopté tel qu'il est « rédigé. » Si nous avons bien compris ces paroles, qui pourraient être plus claires, Cambacérès ne partageait pas l'erreur historique qui avait inspiré la rédaction du projet : en effet, dans le cas où le contrat n'aurait pas porté que la chose appartenait à autrui, c'est-à-dire dans le cas où les auteurs du projet primitif s'étaient imaginé que le droit romain prononçait la nullité, il voulait que la vente fût valable, et c'est ce qu'il exprimait en disant qu'on devait laisser subsister la disposition du droit romain. Seulement, il se trompait en croyant trouver dans le projet, tel qu'il était rédigé, la distinction qu'il exposait : la vérité est que ce projet déclarait dans tous les cas la vente de la chose d'autrui non obligatoire.

Tronchet donne alors, de l'article proposé, une autre interprétation fort obscure : « Il dit que le propriétaire qui n'a

« point exprimé qu'il vendait la chose d'autrui doit être réputé « n'avoir pas su cette circonstance ; mais celui qui l'a énon- « cée s'est soumis à des dommages-intérêts, quoique la vente « soit nulle. » Pour saisir le lien des idées, il faut se rappeler que Tronchet avait toujours présente à l'esprit la prétendue distinction du droit romain entre le cas où le vendeur savait et le cas où il ignorait que la chose appartenait à autrui ; il efface cette distinction, en ce sens que la vente de la chose d'autrui est nulle dans tous les cas ; mais il la maintient, au point de vue de l'obligation aux dommages-intérêts qui peut peser sur le vendeur. Aussi, à la différence de Berlier, qui supposait le contrat muet sur le vice de l'aliénation pour déclarer le vendeur tenu de payer des dommages intérêts, il soumet le vendeur à cette obligation dans le cas où le contrat portait que la chose appartenait à autrui : en effet le vendeur a su dans ce cas qu'il vendait la chose d'autrui ; or c'est à cette connaissance que le droit romain subordonnait, suivant Tronchet, la validité de la vente. Quoi qu'il en soit de cette idée, aujourd'hui certainement inexacte (1), Tronchet fut amené, par la nécessité de concilier avec le principe de la nullité l'obligation du vendeur à des dommages-intérêts, à enlever à ce principe la rigueur qu'il avait d'après les termes du projet. Loin de présenter la vente de la chose d'autrui comme absolument dépourvue de force obligatoire, il dit que le vendeur, en avertissant l'acheteur que la chose appartenait à autrui, *s'est soumis à des dommages-intérêts* ; à la demande faite par Cambacérès, « si le vendeur doit des dom- « mages-intérêts, même quand la chose a péri, » il répond « que la perte de la chose ne change rien à *l'engagement* du « vendeur, car dès le principe il était dans l'impuissance de

(1) Troplong, *Vente*, I, 231.

« livrer la chose vendue ; or c'est de cette impuissance qui « rendait le contrat inexécutable que naît l'obligation de « payer des dommages-intérêts. » Dans ces paroles, se trouve le premier germe de la théorie qui, suivant nous, a définitivement prévalu. Le vendeur *s'est soumis à des dommages-interêts* : l'obligation qu'il a contractée ne peut avoir pour objet que des dommages-intérêts, car dès le principe il est dans l'impuissance de faire ce qu'il a promis, de *livrer* la chose vendue : possible en fait, sans doute, cette tradition n'est pas possible aux yeux de la loi qui l'interdit.

Cette idée nouvelle, qui d'ailleurs n'était pas encore nettement dégagée, suscita immédiatement un contradicteur. « M. Treilhard dit que, tant que la chose existe, il est abso- « lument possible de la livrer, mais que cette possibilité cesse « lorsque la chose périt, et qu'alors il faut se régler suivant « les circonstances, ainsi qu'il est réglé au titre *des contrats « et des obligations conventionnelles en général.* » Ainsi, Treilhard revenait à la doctrine romaine en traitant l'acheteur de la chose d'autrui comme créancier de la livraison de la chose due ; Tronchet au contraire émettait une doctrine toute nouvelle, en déclarant *inexécutable* l'obligation tendant à livrer la chose d'autrui.

Après ces débats confus, où c'est peut-être en vain que nous avons essayé de jeter quelque lumière, l'article 18 du projet fut adopté sans modification : il ne fut voté qu'à une faible majorité (1).

III. — Suivons-le maintenant devant la section de législation du Tribunat.

(1) Maleville, art. 1599, § 10, note 7.

« Cet article, lisons-nous dans les observations de la sec-
« tion (2), à raison de sa rédaction, a présenté beaucoup de
« difficultés. La section en approuve bien le principe qui dé-
« roge à ceux du droit romain, d'après lesquels on pouvait
« vendre la chose d'autrui, même quoique le vendeur et
« l'acheteur le connûssent, en sorte que l'acheteur pouvait
« demander, ou la chose, si elle était au pouvoir du vendeur,
« ou des dommages-intérêts, s'il ne pouvait la livrer ; mais
« néanmoins elle a pensé que la disposition de l'article ne
« devait pas avoir lieu si l'acquéreur ignorait que la chose
« vendue n'appartenait pas à son vendeur : et pour que la
« vente ne produise aucune sorte d'obligation, il faut qu'il soit
« prouvé que le vendeur et l'acheteur savaient également que
« la chose appartenait à autrui. C'est dans ces vues que la
« section propose la rédaction suivante : la vente de la chose
« d'autrui, encore qu'elle soit qualifiée telle dans le contrat,
« est nulle et n'est point obligatoire, sauf les dispositions re-
« latives à la non-délivrance et à l'éviction en faveur de l'ac-
« quéreur de bonne foi. Néanmoins, dans tous les cas, le ven-
« deur sera tenu de la restitution du prix payé avec les
« intérêts. »

Ainsi, le Tribunat revenait à l'idée vaguement entrevue par Cambacérès, en la précisant avec une netteté parfaite. Si la rédaction qu'il proposait avait été adoptée, il faudrait dire que la vente de la chose d'autrui est tantôt nulle et tantôt valable ; nulle radicalement, au point de *ne produire aucune sorte d'obligation*, si l'acheteur a su que la chose était à autrui ; valable dans le sens romain, au point de produire toutes les conséquences attachées d'après les principes anciens *à*

(2) Locré, XIV, p. 127.

la non délivrance et à l'éviction, si l'acheteur a ignoré le vice de son acquisition.

IV. — La conférence entre la section de législation du Tribunat et celle du Conseil d'Etat aboutit à une transaction. Les deux rédactions proposées se fondirent, par suite de concessions réciproques, en un seul article, l'article 1599, qui pose en principe, dans tous les cas, la nullité de la vente, et, dans un cas particulier, le droit pour l'acheteur de réclamer des dommages-intérêts. « La vente de la chose d'autrui est « nulle ; elle peut donner lieu à des dommages-intérêts lors- « que l'acheteur a ignoré que la chose fût à autrui. »

Le système de la section du Tribunat, qui consistait à accorder ou à refuser à la vente de la chose d'autrui l'effet de produire des obligations, suivant que l'acheteur avait été de bonne ou de mauvaise foi, fut rejeté : on supprima comme inutiles, les mots « encore qu'elle soit qualifiée telle dans le contrat », et on s'abstint de présenter le droit de l'acheteur de bonne foi à des dommages-intérêts comme constituant une dérogation au principe de la nullité. La rédaction de l'article 1599 ne peut sur ce point laisser aucun doute.

A la vérité, dans l'exposé des motifs (n° 19) (1), Portalis semble subordonner la nullité de la vente à la condition que l'acheteur ait connu le vice de la chose vendue, et supposer même, pour bien caractériser la mauvaise foi des parties, qu'elles traitent à l'insu du véritable propriétaire. « On ne « peut *sciemment*, dit-il, acheter ni vendre la chose d'autrui : « nous avons écarté à cet égard toutes les subtilités du droit

(1) Locré, *Législ.*, XIV., p. 181.

« romain. L'acte par lequel nous disposons de ce qui ne nous « appartient pas *ne saurait être obligatoire si l'acheteur « connait le vice de la chose vendue ; car dès lors cet ac- « quéreur n'ignore pas qu'on ne peut céder ni transpor- « ter à autrui un droit qu'on n'a pas soi-même*, et il est « contre toute raison et contre tous principes que deux par- « ties puissent, *avec connaissance de cause*, disposer d'une « propriété qui appartient à un tiers, *à l'insu duquel elles « traitent.*» Mais il faut reconnaître que Portalis, entraîné par le désir de justifier l'innovation de l'article 1599 en faisant ressortir l'immoralité des aliénations de la chose d'autrui, a dénaturé le sens de cette disposition.

Le tribun Faure, dans son rapport au Tribunat (n° 18) (2), en rétablit la véritable portée. « Quoique la chose vendue « existe, il faut de plus en avoir la propriété ; la vente d'un « objet quelconque est déclarée nulle par la nouvelle loi, dans « le cas où il appartient à tout autre qu'au vendeur. *Point de « distinction si le contrat porte ou non que c'est la chose « d'autrui.* La loi romaine permettait de vendre ce dont on « n'était pas le propriétaire, sauf à l'acheteur de restituer la « chose quand le propriétaire la réclamait....»

Ainsi, dans tous les cas, la vente de la chose d'autrui est nulle ; mais de quelle nullité? Remarquons que les mots « *n'est point obligatoire* » qui caractérisaient la nullité de la vente dans le projet primitif adopté par la section du Conseil d'Etat et dans le projet de la section du Tribunat, ont disparu de la rédaction définitive. En effet, ces mots étaient à leur place dans le projet primitif, qui enlevait à la vente de de la chose d'autrui toute force obligatoire, et n'accordait pas

(2) Locré, *Législ.*, XIV, p. 196.

même à l'acheteur de bonne foi le droit de réclamer des dommages-intérêts. Ils avaient aussi leur raison d'être dans le projet du Tribunat, qui n'admettait la nullité de la vente que dans le cas où la mauvaise foi de l'acheteur empêchait le contrat de créer aucun lien d'obligation, ou qui du moins présentait le droit à des dommages-intérêts comme dérogeant au principe de la nullité. Mais ils ne se concevraient pas dans la rédaction actuelle, qui, tout en annulant la vente, la déclare en même temps productive d'une obligation de dommages-intérêts au profit de l'acheteur de bonne foi ; ce contrat nul, dans lequel l'acheteur peut puiser le droit de réclamer des dommages-intérêts, ne saurait être qualifié *non obligatoire*. Quelle est donc la nullité qui le vicie ? Quelles sont les obligations qu'il produit ? Les rédacteurs du Code ne nous l'ont pas dit clairement ; mais il est permis de l'induire des raisons qui leur ont dicté l'innovation de l'article 1599.

Nous avons vu Portalis justifier cette innovation en disant « qu'il est contre toute raison et contre tous principes que « deux parties puissent avec connaissance de cause, disposer « d'une propriété qui appartient à un tiers à l'insu duquel « elles traitent. » A-t-il simplement voulu dire que le vendeur ne pourrait pas transférer à l'acheteur un droit qui appartient à autrui, et dépouiller par son fait le véritable propriétaire? Mais c'est là une vérité d'évidence, qu'il eût été inutile d'exprimer, et inexact de présenter comme contraire aux précédents. Que devons-nous donc entendre par cette impuissance de disposer du bien d'autrui que le Code civil aurait introduite ?

Le Tribun Faure nous l'apprendra-t-il ? « Le motif de la « nouvelle loi, dit-il, est que l'on ne doit pas avoir le droit de

« *vendre* une chose, quand on n'a pas celui d'en trans-
« mettre la propriété. La transmission de la propriété est « l'objet de la vente. C'est au propriétaire à vendre la chose « si bon lui semble ; mais pour celui qui ne l'est pas, la seule « obligation dont l'exécution dépende de lui consistant « dans les dommages-intérêts, c'est par une pure subtilité « qu'on l'appelle vendeur ; car si le même jour où celui-ci « vend, le véritable propriétaire vendait, il faudrait dire qu'il « y a deux ventes, ce qui serait absurde (1). » Que signifie cet autre langage ? Où Portalis disait qu'on ne peut pas disposer, Faure dit qu'on ne peut pas vendre. Devons-nous entendre qu'on ne peut pas, en vendant la chose d'autrui, contracter d'obligations ? Non, car d'après les paroles mêmes de Faure, celui qui vend la chose d'autrui est obligé, et l'on peut même, si l'on s'en tient à la subtilité du droit, l'appeler vendeur, seulement il ne dépend pas de lui d'exécuter le contrat autrement que par des dommages-intérêts.

Dans son discours au Tribunat, Grenier, après avoir rap-rappelé l'ancienne législation qui régissait la vente de la chose d'autrui, montre qu'elle était « contraire au véritable principe de la vente » dont l'unique but « doit être la transmission d'une propriété, » et que « dans quelques cas, elle pourrait favoriser des vues immorales. » « Il a donc, dit-il, paru plus « conforme à la nature des choses et aux vues saines de la « morale, d'annuler l'engagement comme vente (2). » Annuler l'engagement comme vente, est-ce enlever au contrat toute puissance de produire des obligations ? on pourrait le croire, si l'on s'en tenait à certains passages du même discours.

(1) Locré, *Législ.*, XIV, p. 196 et 197.
(2) Locré, *Législ.*, XIV, p. 241 et 242.

Ainsi, avoir posé en principe que l'unique but de la vente doit être la transmission d'une propriété, l'orateur du Tribunat ajoute : « la vente d'une chose qui n'appartient pas au « vendeur, telle par exemple que celle qu'un fils ferait d'un « immeuble appartenant à son père encore vivant, ne peut « être le germe d'une transmission de propriété. » L'article 1599 se rattacherait donc à la prohibition des ventes de successions futures. Mais il est certain qu'on ne peut confondre avec ces ventes, que l'intervention du propriétaire lui-même ne peut rendre valables, la convention par laquelle on s'oblige à donner une chose dont on n'a pas, mais dont on peut acquérir la propriété pour la transmettre à l'acheteur. Sachons donc faire la part des erreurs que renferme ce commentaire peu exact de l'article 1599.

L'engagement doit être *annulé comme vente* : qu'est-ce à dire ? « Il ne pourra donner lieu, continue l'orateur, qu'à la « seule restitution du prix ; et, dans le cas où il ne serait pas « établi que l'acquéreur ait su que la chose était à autrui, « l'acte ne produira qu'un seul effet, qui sera de donner lieu « à des dommages-intérêts. Il n'aura pas pu acquérir la pro- « priété, parce que son vendeur n'a point pu lui transmettre « plus de droits qu'il n'en avait ; mais, ne devant pas être « victime de sa bonne foi, il pourra réclamer des dommages « et intérêts. » Ce passage ne tranche pas encore la question. Il est bien certain que, si la chose vendue appartient à autrui, le vendeur ne pourra être tenu qu'à des dommages-intérêts ; mais cette dette de dommages-intérêts ne prend-elle pas naissance dans le contrat, ou plutôt dans l'inexécution des obligations qui résultent du contrat ? Et, s'il en est ainsi, quelles sont ces obligations ? Qu'y a-t-il de valable ? Qu'y a-t-il de nul ?

Grenier ne nous le dit pas ; mais il termine par une observation qui, bien comprise, est de nature à nous éclairer sur la véritable pensée du législateur. « Au surplus, il est aisé « de comprendre que cette disposition législative a principa- « lement trait aux immeubles, et qu'on ne peut point l'appli- « quer aux objets qui font la matière des transactions com- « merciales, et qu'il est au pouvoir et daus l'intention du « vendeur de se procurer. » Cette remarque a donné lieu à des difficultés que nous aurons à examiner sur les ventes commerciales ayant pour objet la chose d'autrui. Voici comment elle doit, suivant nous, être comprise :

L'interprète de l'article 1599 suppose d'abord que la vente de la chose d'autrui conserve sa qualité de *res aliena*, et n'est pas acquise par le vendeur : c'est pour cette hypothèse qu'il réduit le droit de l'acheteur à réclamer soit la restitution du prix, soit des dommages-intérêts; mais, prévoyant ensuite le cas où il serait au pouvoir et dans l'intention du vendeur de se procurer la chose vendue, il observe alors que la vente ne sera pas nulle. Il est vrai que cette dernière observation semble restreinte aux choses qui font l'objet des transactions commerciales; mais cela s'explique très-naturellement. En matière commerciale, comme il s'agit de choses destinées à être vendues, celui qui les a ne fera généralement pas de difficulté pour s'en dessaisir moyennant un prix de vente : et celui qui les aliène sans avoir l'assentiment du propriétaire, pourra presque toujours l'obtenir ultérieurement. Au contraire, en matière civile et surtout en matière immobilière, le vendeur de la chose d'autrui aura en général moins de raison de compter sur l'acquisition de cette chose, et plus de difficulté à la réaliser. Aussi était-il naturel de se placer dans l'hypothèse d'une vente commerciale pour décider que le vendeur pourrait, en rendant l'acheteur propriétaire, soustraire la vente à la nullité de l'article 1599. L'orateur du Tribunat n'a pas voulu dire qu'en droit cet article ne s'appliquerait ni aux ventes mobilières ni aux ventes commerciales : si l'observation qu'il a faite avait eu ce sens, elle aurait appelé une modification dans les termes de l'article ; elle aurait commandé d'en restreindre la généralité. Ce qu'il a voulu dire, c'est qu'en fait les conséquences de la nullité se produiraient *principalement* (c'est l'expression qu'il emploie) en matière de ventes d'immeubles, et qu'au contraire elles seraient très-généralement écartées en matière commerciale par l'acquisition que le vendeur ne manquerait pas de faire de la chose vendue.

« Il est fort possible, dit M. Leligois, que l'auteur du rapport « n'ait entendu parler que *de eo quod plerumque fit* (1). » Pour nous, cette interprétation nous paraît seule admissible. Il est cependant un passage des procès-verbaux du Conseil d'Etat qui pourrait servir à la combattre. Dans la séance du 30 frimaire, an XII, on venait de voter les articles qui ont été placés dans le Code civil, sous les numéros 1599 et 1600, et on était arrivé à l'article 1601, qui déclare nulle la vente d'une chose périe en totalité au moment de la convention, lorsque l'un des conseillers d'Etat, Bérenger, paraissant croire qu'on en était encore à discuter la nullité de la vente du bien d'autrui, fit l'observation suivante : « Si la règle « posée par cet article est générale, il est nécessaire « de la modifier par une exception en faveur du com- « merce, où très-souvent on vend par courtiers des mar- « chandises dont on n'est point actuellement propriétaire. » Et la réponse que fit Tronchet pourrait sembler décisive : « M. Tronchet rappelle qu'il a été convenu que les disposi- « tions du Code civil ne s'appliquent point aux affaires du « commerce (2). » Mais, d'abord, il n'y a pas à tenir grand

(1) *Rev. crit.*, t. 35, p. 26, note 2.
(2) Locré, XIV, p. 53 et 54.

compte d'une observation faite hors de propos par un conseiller d'Etat, probablement distrait, et de la réponse qu'elle provoqua, au milieu d'un débat absolument étranger à la vente de la chose d'autrui. Puis, à ce moment de la discussion, la portée de l'innovation qu'on voulait introduire n'était pas encore nettement fixée : les paroles prononcées par l'orateur du Tribunat, avant le vote définitif, ont une tout autre importance. Or, de ces paroles, il résulte, si nous les avons bien comprises, que la vente de la chose d'autrui n'est pas improductive d'obligations, puisqu'elle est susceptible d'une exécution consistant à se procurer la chose pour la transmettre à l'acheteur.

Quelles sont donc les obligations qu'elle produit? Le moment est venu de nous prononcer sur cette question.

En quoi la vente de la chose d'autrui est valable ; en quoi elle est nulle.

Le vendeur de la chose d'autrui s'oblige à transférer la propriété ; mais il ne s'oblige pas, il ne peut pas s'obliger à mettre l'acheteur en possession tant que la chose vendue continue d'appartenir à un tiers. Il doit rendre l'acheteur propriétaire, non simple possesseur d'une chose qui ne serait pas sienne : il est tenu de *dare,* mais non de *tradere rem alienam*. Quand il aura exécuté son obligation de *dare* en acquérant lui-même *a domino* la chose vendue, la livraison devra sans doute être effectuée ; mais auparavant elle ne peut être ni offerte par le vendeur ni exigée par l'acheteur ; et, si en fait elle a eu lieu, elle donne ouverture à une action en nullité que pourront mettre en mouvement l'une et l'autre des deux parties. Si donc le vendeur ne peut pas transférer la propriété, il peut être tenu à restituer le prix ou à payer des dommages-intérêts, suivant les circonstances ; mais la livraison n'est pas due. Ainsi, quand le législateur nous dit que la vente de la chose d'autrui est nulle, il n'entend parler ni de la translation de propriété, qui ne peut évidemment pas se produire, ni de l'obligation de transférer la propriété, que rien au contraire n'empêche de prendre naissance. Ce qu'il prohibe, c'est la convention par laquelle on voudrait s'obliger à livrer la chose d'autrui ; c'est la tradition par laquelle une telle convention serait exécutée.

Telle est la thèse que nous nous proposons de soutenir. Elle fait, croyons-nous, leur part légitime aux deux tendances contraires qui ont entraîné les commentateurs de l'article 1599 à des décisions si divergentes, et ainsi elle se présente comme une tentative de conciliation et d'apaisement dans l'interminable controverse que cet article a soulevée.

Est-ce donc une doctrine nouvelle que nous proposons ici ? Nous sommes bien loin de le croire. Déjà, dans la coutume de Beauvoisis, nous avons rencontré une théorie presque entièrement semblable à celle dont nous venons d'indiquer les traits généraux, et, de nos jours, tous les interprètes qui, tout en fondant sur une raison d'ordre public la nullité de la vente du bien d'autrui, valident cette vente lorsque la translation de la propriété devient réalisable, ne consacrent-ils pas en fait les mêmes solutions que nous aurons plus tard à déduire du principe posé ? Ces jurisconsultes nous ont paru échapper difficilement au reproche de contradiction ; serons-nous plus heureux ?

Nous essayerons de justifier la doctrine que nous avons formulée en démontrant qu'elle est rigoureusement conforme à la lettre de la loi, qu'elle est en parfaite harmonie avec les raisons juridiques et morales qui ont dicté au législateur l'article 1599, et qu'enfin elle permet d'expliquer d'une manière très-satisfaisante les effets incontestés que produit la vente de la chose d'autrui.

I

« La vente de la chose d'autrui est nulle. » Pour comprendre cette proposition, il faut nécessairement se demander ce que le mot *vente* représentait à l'esprit des rédacteurs du Code civil : or, ils nous fournissent eux-mêmes la réponse dans la définition qu'ils ont donnée de la vente. Si on prenait à la lettre la définition de l'article 1582, on penserait que les obligations du vendeur moderne sont identiques à celles du vendeur romain, et qu'aujourd'hui encore le vendeur qui n'a pas commis de dol peut se libérer en livrant la possession paisible, lorsqu'il n'a pas la propriété. Cependant, il n'est pas douteux que les rédacteurs du Code civil aient voulu, sur ce point, rompre avec les anciennes traditions. Ils ont certainement innové, mais en prenant un détour singulier. Au lieu de nous dire : « le vendeur s'oblige à transférer la propriété, et ne peut pas s'obliger à livrer la possession d'une chose appartenant à autrui, » ils ont commencé par reproduire l'ancien principe : la vente est une convention par laquelle l'un s'oblige à *livrer* une chose... (art. 1582) ; puis ils ont ajouté : la vente, telle que nous venons de la définir, est nulle quand elle a pour objet la chose d'autrui : c'est-à-dire que le vendeur ne peut ni se libérer en *livrant* la chose d'autrui, ni même s'obliger valablement à la *livrer*. La vente est donc nulle en ce sens qu'aucune obligation de livrer ne peut prendre naissance sur une chose appartenant à un tiers ; mais est-elle nulle en ce sens que le vendeur ne serait pas même tenu de transférer la propriété ? Le texte ne le dit pas ; or, les principes généraux commandent, comme nous le verrons, de consacrer à ce point de vue l'efficacité de la convention.

Il faut donc combiner les articles 1582 et 1599 : chacun d'eux, pris isolément, nous donnerait une idée inexacte de la théorie légale ; réunis, il se complètent et se rectifient mutuellement. Parmi les auteurs qui s'attachent exclusivement à l'un ou à l'autre de ces articles, les uns sont obligés de critiquer l'article 1582 comme reproduisant à tort une doctrine surannée ; pour les autres, l'inexactitude est, au contraire, dans l'article 1599, dont les termes excèdent de beaucoup l'innovation qu'en réalité le législateur avait en vue. Pour nous, nous pensons qu'on ne peut toucher à l'une de ces deux dispositions sans être par cela même obligé de corriger l'autre. Si l'on exprimait, dans l'article 1582, que le vendeur s'oblige à transférer la propriété, on ne pourrait plus affirmer la nullité de la vente du bien d'autrui, à moins de poser en principe l'inefficacité absolue d'un tel acte. A l'inverse, si l'on présentait, dans l'article 1599, la vente de la chose d'autrui comme simplement résoluble, il ne faudrait pas dire que le vendeur s'oblige à livrer, à moins qu'on ne voulût reproduire simplement la théorie romaine sur la validité de la *venditio rei alienæ*, en la tempérant toutefois par l'application du principe de l'article 1184. Or, il n'a été dans l'esprit du législateur ni d'introduire un changement aussi radical ni de suivre aussi servilement les anciens principes. Qu'on rapproche les articles

1582 et 1599, sans rien changer à leurs termes, et on découvrira la véritable pensée de la loi.

Qu'on nous permette pour un instant d'appliquer à l'interprétation de nos textes la méthode et le langage de la philosophie Hegelienne. Nous découvrons, dans la pensée législative, les *trois moments* qui, d'après le métaphysicien allemand, caractérisent l'évolution de l'*Idée*. *Le vendeur s'oblige à livrer* (art. 1582) : donc, la vente de la chose d'autrui est valable, rien n'empêchant en fait de livrer ce qui appartient à autrui. *La vente de la chose d'autrui est nulle* (art. 1599) : donc, ce n'est pas l'obligation de livrer qui est essentielle, puisque là où la livraison serait possible, la vente est cependant prohibée. Voilà les deux termes contradictoires, ou, suivant le langage d'Hegel, la *thèse* et l'*antithèse*. Dans quelle *synthèse* les réunir ? Suivant nous, voici la proposition qui concilie tout : *le vendeur ne peut jamais s'obliger à livrer, quand il ne transfère pas en même temps la propriété.* Au moyen de ce principe, les contradictions s'effacent : la vente de la chose d'autrui est valable, en ce sens que le vendeur s'oblige à transférer la propriété ; elle est nulle, en ce sens qu'il ne s'oblige pas à livrer avant d'être devenu propriétaire. N'avons-nous pas résolu le problème de l'*identité des contraires ?*

Pour parler plus simplement, voici comment le législateur a été conduit à la contradiction apparente que nous avons signalée : subissant d'abord l'influence de la tradition, il a commencé par reproduire la règle ancienne dans l'article 1582 ; puis, cédant à une pensée d'innovation, il a donné un démenti à cette règle dans l'article 1599, dont les termes obscurs renferment le secret de l'énigme. Là, il s'est arrêté, et c'est nous qui, par un effort de raisonnement, arrivons à formuler une proposition qui donne la clé de l'antinomie.

Que cet enchaînement d'idées soit laborieux, bizarre, nous ne le contesterons pas. Mais, doit on s'en étonner, quand on sait quelle difficulté le législateur, même inspiré des idées les plus novatrices, éprouve toujours à secouer le joug des doctrines traditionnelles, et à marcher librement dans la voie nouvelle qu'il se trace ? C'est par un semblable détour qu'il procède pour consacrer la puissance translative de propriété dont est doué le consentement des parties : au lieu de dire simplement « la propriété est transférée par la convention. » il nous montre d'abord la convention engendrant l'obligation de donner ; puis l'obligation de donner engendrant l'obligation de livrer, comme si la *datio* promise devait, conformément aux anciens principes, résulter de la tradition ; et enfin l'obligation de livrer parfaite, par le seul consentement des parties : d'où il résulte que la translation de propriété est immédiatement consommée par l'effet de ce consentement, et qu'on peut supprimer, comme absolument inutile, cette généalogie bizarre où l'on voit les abstractions naître les unes des autres (art. 1136 et 1138).

Si nous citons l'article 1138 comme un exemple des obstacles apportés par la routine à l'expression nette et franche des innovations législatives, c'est qu'il fournit, au moins indirectement, un nouvel appui à la thèse que nous soutenons. Cet article présente, en effet, la translation de propriété comme découlant directement de l'obligation de livrer, réputée immédiatement accomplie. « L'obligation de livrer rend le créancier propriétaire..... à dater du jour où elle (la chose) a dû être livrée... » Ce qui a frappé le législateur, c'est le lien étroit existant entre l'obligation de livrer et le transfert de propriété qui résulte de la convention. Là où il y a obligation de livrer, il y a translation de propriété. Disons aussi : là où la translation du droit est impossible, l'obligation de livrer n'existe pas. Sans doute, s'il s'agit d'une obligation de genre, le débiteur est tenu de livrer, bien qu'il n'y ait pas de translation de propriété actuellement accomplie ; mais, ici, c'est en livrant que le débiteur rendra le créancier propriétaire : la tradition peut être considérée, dans ce cas, comme un véritable mode de transférer la propriété ; par conséquent, être obligé de l'effectuer, c'est encore être obligé de *dare*. Mais, quand l'obligation porte sur un bien appartenant à autrui, la translation de propriété et la tradition sont choses absolument différentes ; on aura beau livrer, on ne donnera aucun droit à l'*accipiens*, et cependant, si l'obligation de livrer existait, il faudrait, aux termes de l'article 1138, dire qu'elle rend le créancier immédiatement propriétaire. Concluons donc qu'elle n'existe pas avant le jour où la chose, cessant d'être une *res aliena*, aura passé dans le domaine de l'acquéreur.

Nous opposera-t-on que, d'après l'article 1136, « l'obligation de donner emporte celle de livrer la chose, » et que, par conséquent on ne conçoit pas un vendeur tenu de *dare* sans être en même temps tenu de *tradere?* Mais il s'agit, dans l'article 1136, d'une obligation de livrer qui rend le créancier propriétaire (art. 1138) : si donc elle ne peut produire cet effet, elle ne saurait exister avant que la translation de propriété soit devenue elle-même possible et se soit, par conséquent, accomplie. Au reste, le vendeur de la chose d'autrui est bien obligé de livrer en même temps que de donner, mais seulement pour le cas où, ayant acquis la propriété, il l'aura par cela même transmise à l'acheteur.

On nous accusera peut-être d'interpréter la lettre de la loi avec une excessive subtilité. Mais il nous paraît impossible de résoudre autrement les difficultés et les contradictions de nos textes, si l'on ne veut pas, par des corrections arbitraires, substituer sa propre pensée à celle du législateur.

Au surplus, la subtilité est peut-être dans la forme : elle n'est pas dans le fond des choses. C'est ce que nous démontrera l'examen approfondi des deux raisons qui ont inspiré au législateur l'innovation de l'article 1599. Ces raisons, que nous a déjà révélées l'étude des travaux préparatoires, sont, l'une d'ordre juridique, et l'autre d'ordre moral : la vente de la chose d'autrui a paru tout à la fois contraire à la nature du contrat de vente et à l'ordre public. A ce double point de vue, la thèse que nous soutenons paraîtra seule conforme à la volonté du législateur.

II

Et d'abord, « l'objet de la vente, » comme a dit Faure, « son but unique, » suivant l'expression de Grenier, c'est la transmission de la propriété : c'est pourquoi vendre la chose d'autrui est « contraire au principe même de la vente ; » il serait « absurde » que le même objet pût faire en même temps l'objet de plusieurs ventes : l'une émanée *a domino*, les autres *a non dominis*. « Il est ridicule, dit Tronchet, de vendre la chose d'autrui. »

Voyons ce que renferme cette idée, maintes fois exprimée par les rédacteurs de notre article.

I. — En l'exagérant, on est arrivé à considérer comme impuissante à produire aucune obligation la vente qui, portant sur la chose d'autrui, n'a pas pu rendre l'acheteur propriétaire. « Vendre et acheter, a-t-on dit, c'est aliéner et « acquérir instantanément une chose moyennant un prix... : la « vente est un mode d'aliénation (1). » « C'est un acte juridique « dans lequel le contrat n'est pas séparable de la translation de « propriété (2). » C'est pourquoi, à défaut d'une chose qui, par l'effet même de la convention, passe immédiatement dans le domaine de l'acheteur, la vente est nulle, faute d'objet, comme si au moment du contrat la chose vendue n'existait pas (art. 1601). On rattache ainsi la nullité de la vente de la chose d'autrui à l'innovation capitale par laquelle le législateur a reconnu au seul consentement la puissance de transférer la propriété ; on voit, dans l'article 1599, une conséquence si naturelle de ce nouveau principe, que le seul tort des rédacteurs du Code civil aurait été de l'exprimer, au lieu d'abandonner ce soin à l'interprète.

Sans doute, la vente est un contrat qui tend essentiellement à une translation de propriété et qui le plus souvent l'opère lui-même ; mais, si cette translation est toujours le but de la vente, elle est loin d'en être toujours la conséquence directe et immédiate. Quand on présente comme un élément essentiel de la vente la réalisation instantanée d'un déplacement de droit au profit de l'acheteur, on confond ce qui est de l'essence et ce qui est de la nature de ce contrat : on prend pour l'une de ses conditions d'existence ce qui n'est qu'un de ses effets ordinaires. Ce qui est essentiel à la formation de la vente, c'est que le vendeur s'oblige à transférer la propriété ; ce n'est pas qu'il la transfère. Que le contrat ait pour objet un *dare* ou un *facere*, son existence est indépendante de l'exécution des obligations qu'il engendre,

(1) Mourlon, III, n° 515.
(2) Accolas, *Manuel de droit civil*, III, p. 260.

pourvu qu'en elle-même cette exécution n'ait rien d'impossible ou d'illicite.

Pour nier que le vendeur s'oblige à *dare*, on observe que, dans la définition de la vente et dans l'énumération des obligations du vendeur, le législateur ne parle jamais de l'obligation de transférer la propriété : l'article 1582 définit la vente « une convention par laquelle l'un s'oblige à *livrer* une chose et l'autre à la payer ; » l'article 1603 ramène les obligations du vendeur à deux principales : « celle de *livrer* et celle de garantir la chose qu'il vend. » Et, en effet, on ne peut pas dire que le vendeur soit jamais obligé à transférer la propriété : ou il la transfère, et par cette *datio* il oblige l'acheteur au paiement du prix ; ou il ne la transfère pas, et alors rien n'est fait, le contrat n'existe pas.

Si cette théorie était exacte, la vente moderne ne serait plus un contrat consensuel, mais bien un contrat *réel*, pour la formation duquel il faudrait, en outre du consentement des parties, l'accomplissement d'une *datio*. Plus généralement, tout contrat tendant à la translation d'un droit réel rentrerait dans la catégorie des anciens contrats innommés *do ut des* ou *do ut facias*, et ne produirait d'effet qu'une fois exécuté par celle des parties qui aurait promis de *dare*. Ainsi, par un résultat vraiment bizarre, les rédacteurs du Code civil, en voulant assurer à la volonté de l'homme les effets les plus étendus et faire dépendre d'elle seule la création des droits réels (1), auraient abouti à diminuer sa puissance en matière personnelle, puisqu'ils auraient subordonné la formation du contrat

(1) « Ainsi, disait Portalis en développant le projet de l'art. 1583, la volonté de l'homme, aidée de la toute-puissance de la loi, franchit les distances, surmonte les obstacles et devient présente partout comme la loi même. » (*Exp. des mot.*, n° 6 : Locré, XIV, p. 146).

de vente à cette condition que la translation de propriété serait immédiatement accomplie. Est-ce donc là ce progrès dont on fait tant d'honneur au législateur moderne? C'est bien plutôt un recul qu'il faudrait dire, recul jusqu'à la vente *per mancipationem* du très-ancien droit romain.

Ne prêtons pas de telles intentions au législateur. Dans notre droit, le domaine des contrats consensuels s'est étendu : il ne s'est pas amoindri. L'échange a pris place parmi ces contrats, et la vente n'a pas cessé d'en faire partie, comme l'article 1703 le prouverait s'il en était besoin : *l'échange s'opère par le seul consentement de la même manière que la vente.*

Pour que le consentement des parties soit efficace, au moins faut-il, dit-on, « un objet certain qui forme la matière de l'engagement (art. 1108) ; » or, une vente non translative de propriété, c'est un contrat qui manque d'objet. C'est ce que nous contestons absolument. L'objet de la vente, ce n'est pas, à proprement parler, une aliénation : c'est une chose que le vendeur s'oblige à aliéner. Aussi, quand la loi définit les contrats qui ont essentiellement pour but et qui ont en général pour effet de rendre le créancier propriétaire, elle se garde bien de mentionner comme essentiel à leur formation l'accomplissement du transfert de propriété. Bien plus, elle semble affecter de ne pas rattacher au contrat lui-même l'effet translatif qui en est la suite. Elle présente le contrat comme simplement productif de l'obligation de donner, sauf à décider ensuite que cette obligation est parfaite, c'est-à-dire accomplie, par la seule volonté des contractants. C'est dans cet esprit qu'a été rédigée la formule souvent critiquée de l'article 711 : *la propriété des biens s'acquiert et se transmet..... par l'effet des obligations* : il est bien certain que les obligations ne peuvent pas avoir pour effet de créer des droits réels, et qu'elles ne confèrent au créancier que des actions personnelles ; mais l'article 711 signifie qu'en principe, quand on s'oblige à transférer la propriété, l'obligation est immédiatement accomplie et la propriété transférée. En s'abstenant de rattacher au contrat lui-même, comme il semblerait plus rationnel de le faire, le déplacement de propriété, le législateur nous montre bien que le contrat a essentiellement pour effet de créer des obligations, et que, s'il peut aussi transférer des droits réels, c'est en exécution des obligations qu'il fait naître pour les éteindre aussitôt. Sans doute, c'est par une seule manifestation de volonté que le propriétaire s'oblige à transférer et transfère son droit ; mais, par l'analyse, on distingue l'engagement qu'il contracte et l'exécution qu'il accomplit. Bien que ces deux faits juridiques soient confondus dans un même instant, voyez avec quel soin le législateur les sépare ! Dans l'article 1101, il définit le contrat « une convention par laquelle une ou plusieurs personnes *s'obligent* envers une ou plusieurs autres à *donner*..... » ; dans les articles 1136 et 1138, il nous montre comment cette obligation de donner engendre celle de livrer, et comment celle-ci, étant réputée immédiatement accomplie par le seul consentement des parties, rend le créancier propriétaire. Ainsi, il distingue, d'une part le consentement qui produit l'obligation de donner, c'est-à-dire le contrat proprement dit, et, d'autre part, le consentement qui éteint cette obligation en investissant le créancier de la propriété par une sorte de tradition feinte, c'est-à-dire la clause qui était de style dans notre ancienne jurisprudence, sous le nom de constitut possessoire ou de dessaisine saisine, et qui aujourd'hui est toujours sous-entendue : « C'est le consentement des contractants qui rend parfaite « l'obligation de livrer la chose, disait Bigot Préameneu. Il « n'est donc pas besoin de *tradition réelle* pour que le créan-

« cier doive être considéré comme propriétaire. » La même idée se révèle, en matière de donation, dans l'article 938, aux termes duquel « la donation dûment acceptée sera par- « faite par le seul consentement des parties, et la propriété « des objets donnés sera transférée au donateur *sans qu'il* « *soit besoin d'autre tradition.* » Elle se révèle aussi, en matière de vente, dans les articles 1582 et 1583, dont l'un définit la vente comme contrat purement productif d'obligations, tandis que l'autre dispose : « Elle est parfaite entre « les parties, et la propriété est acquise de droit à l'acheteur « à l'égard du vendeur, dès qu'on est convenu de la chose « et du prix, quoique la chose n'ait pas encore été livrée ni le « prix payé. » Portalis, commentant ce dernier article, nous explique comment, « dans les principes de notre droit fran- « çais, *l'engagement est consommé,* dès que la foi est don- « née, » à la différence du droit romain où « *la tradition* « *matérielle* était nécessaire pour consommer la vente, » et comment « il s'opère par le contrat une sorte de *tradition* « *civile* qui consomme le transport du droit, et qui nous « donne action pour forcer la *tradition réelle* de la chose et « le paiement du prix. » Ainsi, la translation de propriété qu'opère le consentement des parties se produit en exécution d'une obligation déjà née ; elle résulte de la tradition que le législateur suppose immédiatement réalisée. Dès lors, comment confondre avec les éléments essentiels à la formation du contrat ce qui n'est que l'accomplissement de l'obligation contractée par le vendeur (1) ?

Qu'on ne dise donc pas que, dans notre droit, le vendeur n'est pas tenu de l'obligation de donner. Il est vrai que les

(1) V. Bonafos, *du Legs et de la Vente de la chose d'autrui*, nos 10, 11. (Toulouse : thèse de doctorat 1853.)

articles 1582 et 1602 ne mentionnent que l'obligation de livrer; mais ils entendent par là cette obligation de livrer dont parlent les articles 1136 et 1138, qui est une conséquence de l'obligation de donner, et qui, lorsqu'elle est parfaite par le seul consentement des parties, entraîne le déplacement de la propriété. Ce qui le démontre, c'est l'article 1583, d'où il résulte que, du jour du contrat, la vente est *parfaite*, c'est-à-dire, suivant le langage de l'article 1138, que l'obligation de livrer, et, en conséquence, la translation de propriété sont immédiatement consommées. Donc le vendeur est traité comme tout débiteur d'une obligation de donner.

Il est vrai qu'en général cette obligation est aussitôt éteinte que née ; mais ce résultat n'a rien de nécessaire, et il peut arriver que la vente n'ait pas pour effet de consommer l'aliénation. C'est ce qu'ont pris soin d'observer les rédacteurs du titre de la vente : Portalis remarque, dans son exposé des motifs (n° 6) (1), que le principe de l'article 1583 « ne s'appli« que qu'aux ventes pures et simples, et non aux ventes « conditionnelles ou subordonnées à quelque évènement par« ticulier, » et Grenier, dans son discours au Tribunat (n° 4) (2), indique plus nettement encore que, *ce qui donne l'essence à la vente, ce qui en fait le principe*, c'est l'engagement contracté par les parties. « Quoique l'engage« ment qui donne l'essence à la vente existe, elle peut n'être « pas toujours parfaite. Sa perfection dépend dans certains « cas de quelques circonstances qui l'accomplissent ; et c'est « seulement lors de cet accomplissement qu'elle peut être « considérée comme ayant réellement opéré la transmission « de la propriété... Il est important de distinguer les cas où

(1) Fenet. XIV, p. 146.
(2) Fenet. XIV, p. 230.

« il y a transmission de propriété de ceux où il n'y en a « pas, quoiqu'il y ait toujours l'engagement qui fait le prin- « cipe de la vente, engagement dont l'exécution peut-être « réclamée par l'acheteur afin d'obtenir la délivrance de la « chose vendue ou des dommages-intérêts si le vendeur est « dans l'impossibilité de la délivrer...»

Aussi, personne ne conteste que dans certaines circonstances la vente se forme sans déplacement actuel de propriété. Tel est le cas où elle a pour objet des choses déterminées seulement *in genere* ; tel aussi, celui où les parties ont reculé jusqu'à un jour ou à un événement quelconque l'effet translatif qu'en principe le contrat produit de lui-même. Cet effet se réalisera, dans le premier cas, par la tradition ou plutôt par la détermination de la chose due qui résulte du paiement; dans le second cas, par l'arrivée du terme ou de la condition. Ainsi, toutes les fois que la nature de la chose vendue ou que la volonté des parties ne permet pas au déplacement de propriété de se produire immédiatement, il est retardé jusqu'au moment où l'obstacle a disparu; et, en attendant, la vente n'en est pas moins valable comme contrat.

C'est ce qui doit se produire, suivant nous, quand la chose promise appartient à autrui : l'obligation de *dare* prend immédiatement naissance, mais la *datio* ne s'accomplira que lorsque le vendeur aura lui-même acquis du véritable propriétaire la chose dont il a disposé.

Dira-t-on que transferer un droit qui appartient à autrui est un fait impossible, qui n'est pas susceptible de former l'objet d'une obligation (art 1128)? Sans doute on ne peut transmettre plus de droit qu'on en a. Mais il n'est pas impossible d'acquérir soi-même la chose qu'on a vendue, et de s'acquitter ainsi de son obligation de rendre l'acheteur propriétaire. En fait le vendeur ne pourra peut-être pas déterminer le véritable propriétaire à lui abandonner son droit ; mais cette impossibilité ne tient pas à la chose même et ne la rend pas impropre à faire l'objet d'une obligation, elle tient aux circonstances qui empêchent le débiteur d'acquérir la propriété, et fait simplement obstacle à l'exécution de l'obligation qu'il a valablement contractée. Il n'y a pas là, à proprement parler, d'impossibilité ; il n'y a que des difficultés d'exécution dont on peut dire avec Venuleius : *hæc recedunt ab impedimento naturali, et respiciunt ad facultatem dandi*. Le vendeur ne peut pas aliéner la chose promise ; mais cette chose, considérée en elle-même peut être aliénée : cela suffit. *Est facultas personæ commodum incommodumque, non rerum quæ promittuntur... Et generaliter causa difficultatis ad incommodum promissoris, non ad impedimentum stipulatoris pertinet : ne incipiat dici, eum quoque dare non posse qui alienum servum quem dominus non vendat, dare promiserit. Si ab eo stipulatus sim qui efficere non possit, cùm alio possibile sit, jure factam obligationem Sabinus scribit* (Venul., 137, §§ 4 et 5, D. *de verb. oblig.*) (1). Pothier développe la même doctrine, en disant : « Cette maxime « qu'*on n'est pas obligé à l'impossible* n'est vraie que lorsque « l'impossibilité est absolue ; mais lorsque la chose est possible « en soi, l'obligation ne laisse pas de subsister, quoiqu'il ne soit « pas au pouvoir du débiteur de l'accomplir ; » et l'annotateur de Pothier, M. Bugnet, observe que l'article 1599 n'est pas contraire à cette doctrine (2). Aussi est-il inexact de ranger la

(1) De Savigny, *le Droit des Obligations*, § 37 (trad. Girardin et Jozon, t. I, p. 425 et 426).

(2) Poth., *Oblig.*, nos 133-136. *Vente*, no 7 : « Il suffit que ce que « le vendeur a promis ait été quelque chose de possible en soi, « quoiqu'il ne fût pas en son pouvoir ; il doit s'imputer de s'être té- « mérairement obligé. »

chose d'autrui parmi les choses hors du commerce, si l'on entend par là que l'on ne peut pas valablement s'obliger à *dare rem alienam* (1). Cette obligation est précisément, suivant nous, celle que contracte le vendeur de la chose d'autrui.

II. — Le vendeur s'oblige, dans notre droit, à transférer la propriété ; il s'oblige par conséquent, si la chose appartient à autrui, à faire ce qui est en son pouvoir pour rendre l'acheteur propriétaire. Ainsi comprise, la vente de la chose d'autrui est parfaitement conforme à la nature du contrat de vente, et à son but essentiel qui est la translation d'une propriété.

Si les deux parties ont su que la chose appartenait à un tiers, il est impossible de donner à leur volonté une autre interprétation, sans leur prêter ou une pensée d'usurpation, si on suppose qu'elles ont voulu traiter sur la simple possession de la chose d'autrui, dans l'espoir d'arriver par la prescription à dépouiller le propriétaire, ou une véritable naïveté, si on suppose, avec certains auteurs, que « l'une a entendu « transférer à l'autre, qui elle-même a entendu le recevoir, « un droit immédiat de propriété sur la chose d'autrui, ce qui « est absurde (2). » Or, « lorsqu'une clause est suscep- « tible de deux sens, on doit plutôt l'entendre dans celui avec « lequel elle peut avoir quelque effet, que dans le sens avec « lequel elle n'en pourrait produire aucun. » (Art. 1157.) Il faut donc se garder de présumer chez les parties l'inten-

(1) Boissonade, *cité par* Huc (*le Code civil italien*, I, p. 270, note 1) ; Demol., XXIV, nos 309 et 318 ; Laromb., 1138, no 5.

(2) Accolas, *Manuel de droit civil*, III, p. 260 et suiv.

tion de faire quelque chose d'illicite ou d'inutile. Sans doute, on abuse parfois du principe de l'article 1157, en prêtant aux parties des pensées qu'elles n'ont pas eues, et en dénaturant l'opération qu'elles ont voulu faire. Mais ici, la seule interprétation qui donne effet au contrat est aussi celle qui en respecte le mieux les caractères essentiels : la vente a pour but unique de transférer la propriété ; c'est donc à transférer la propriété que s'est obligé le vendeur de la chose d'autrui.

Cette interprétation de volonté s'impose avec tant de force que, dans le système adverse, on en est réduit à reprocher au législateur de ne pas l'avoir consacrée (1) et qu'on s'efforce au moins de lui faire sa part dans une certaine mesure. Les uns maintiennent bien qu'en principe, malgré la connaissance que les parties ont eue du vice de la chose vendue, le contrat n'a pu se former ; mais ils ajoutent : « S'il était démontré par « certaines clauses de l'acte ou par d'autres circonstances « que celui qui a déclaré vendre la chose d'autrui a entendu « par là s'engager, non pas à procurer à l'acheteur cette « chose, comme chose d'autrui, mais à l'en rendre propriétaire, après qu'il en aura lui-même acquis la propriété en « traitant avec le maître auquel elle appartient, les juges devraient maintenir la convention, non pas comme vente, mais « comme contrat innommé » (2). D'autres, observant avec raison qu' « on ne peut pas présumer de la part des parties « l'intention de faire une convention prohibée par la loi, » reconnaissent que, si le contrat a présenté la chose vendue comme appartenant à autrui, on doit toujours, à moins de stipulation contraire, penser que le vendeur s'est obligé à

(1) Mourlon, III, 519.
(2) Mourlon, III, 516. De Folleville, n° 124.

transférer la propriété (1). Mais, si on admet cette manière de voir, seule conforme aux véritables principes, il n'est plus possible de s'arrêter. On valide le contrat comme productif de l'obligation de donner toutes les fois que les parties ont déclaré que la chose appartenait à autrui ; mais on apporte ainsi à l'article 1599 une restriction incompatible avec la généralité de ses termes et avec la volonté formellement exprimée par ses rédacteurs : « Point de distinction, disait le tribun Faure, « si le contrat porte ou non que c'est la chose d'autrui. » Il faut donc aller plus loin et déclarer que la prohibition édictée par l'article 1599 n'empêche en aucun cas le vendeur de s'obliger à rendre l'acheteur propriétaire.

Mais, dit-on, si les parties ne savaient pas que la chose appartînt à autrui, si l'une d'elles au moins l'ignorait, la même interprétation n'est plus possible. D'abord, l'objet sur lequel se sont rencontrées les volontés des contractants, c'est une chose considérée comme appartenant au vendeur, ce n'est pas la chose d'autrui ; l'erreur des contractants a porté sur la chose même, et ainsi l'obligation du vendeur manque d'objet. Puis, si l'acheteur a contracté, ce n'est pas pour obliger le vendeur à lui transférer la propriété, c'est pour devenir lui-même immédiatement propriétaire ; or, l'acquisition instantanée sur laquelle il a compté n'a pas pu se réaliser ; il n'a donc pas reçu l'équivalent de son prix, et ainsi son obligation manque de cause (art. 1131).

L'obligation du vendeur est sans objet, dit-on ; comme si l'erreur des contractants avait porté sur la chose même que le vendeur s'est engagé à donner ! Elle a porté uniquement sur la possibilité pratique d'exécuter cet engagement. L'objet

(1) Leligois, *loc. cit*, n° 11 (*Revue critique*, t. 35).

qu'ont eu en vue les parties existe ; seulement il n'a pas pu passer par l'effet de leur consentement dans le domaine de l'acquéreur.

L'obligation de l'acheteur est sans cause, dit-on encore. Entend-on par là que dans la vente l'obligation contractée par l'acheteur a pour cause la translation de propriété qu'il reçoit du vendeur, et ne peut pas prendre naissance si cette translation n'est pas accomplie ? Nous avons déjà combattu cette doctrine singulière qui transforme la vente, contrat évidemment consensuel et synallagmatique, en un contrat réel et unilatéral comme le prêt. Reconnaît-on, au contraire, que, dans la vente comme dans tout contrat bilatéral, l'obligation de chacune des parties a pour cause l'obligation contractée par l'autre? Alors, peu importe que l'une des parties n'exécute pas ce qu'elle a promis ; son obligation continue à servir de cause à l'obligation de l'autre, et le contrat demeure valable, si bien que, pour le faire tomber, il faut en demander la résolution. Souvent, il est vrai, on justifie la condition résolutoire tacite de l'article 1184 en disant que, dans les contrats synallagmatiques, si l'une des parties n'exécute pas la convention, l'engagement de l'autre manque de cause ; mais cette idée, qui nous explique qu'on ait pu considérer comme nulle, en vertu de l'article 1131, la vente d'une chose dont le vendeur n'a pas et ne peut pas transmettre la propriété, nous paraît absolument inexacte ; il n'y a rien de commun entre l'obligation sans cause, qui « ne peut avoir aucun effet » (art. 1131), et les obligations résultant d'un contrat synallagmatique qui, n'étant pas exécuté par l'une des parties, peut être résolu sur la demande de l'autre (art. 1184). Ce n'est pas dans l'article 1131, c'est dans l'article 1184 que l'acheteur puise le droit d'agir contre le vendeur qui, n'étant pas propriétaire de la chose vendue, n'exécute pas son obligation d'en transférer la propriété ; nous verrons, en effet, que c'est à l'article 1184 qu'il faut demander l'explication des règles fondamentales de l'action en garantie.

En somme, le but que d'après la nature même de la vente se proposent les parties, détermine l'étendue des obligations que le contrat doit produire quand il porte sur la chose d'autrui : ce que la vente tend à transférer, ce qu'elle transfère quand il n'y a pas d'obstacle, c'est la propriété, et non la possession détachée de la propriété ; le vendeur de la chose d'autrui doit donc être obligé à *dare*, non à *tradere rem alienam*.

III

Si la disposition de l'article 1599 avait pour unique fondement la volonté des parties, telle qu'elle résulte de l'objet même du contrat, il pourrait y être dérogé par la convention; mais la vente de la chose d'autrui a été considérée par le législateur comme *contraire aux vues saines de la morale*, suivant l'expression du tribun Grenier. En quel sens peut-on dire qu'elle est immorale? La réponse que nous ferons à cette question nous apprendra dans quelle mesure la vente de la chose d'autrui est nulle.

Et d'abord, il n'y a rien d'immoral dans la convention par laquelle on s'oblige à transférer la propriété d'une chose appartenant à un tiers : l'exécution de cette promesse ne peut porter atteinte à aucun droit, puisqu'elle n'est possible que si on obtient du propriétaire l'abandon de la chose qui lui appartient. Aussi, ne comprenons-nous guère les auteurs qui qualifient à la fois d'impossible et d'immorale l'exécution d'une vente de la chose d'autrui ; les deux épithètes se contredisent : le fait de dépouiller le propriétaire en aliénant le droit qui lui appartient serait sans doute très-condamnable s'il pouvait jamais se produire ; mais la loi qui le prohibe ne permet pas qu'il s'accomplisse jamais ; c'est un de ces faits dont on peut justement dire avec Papinien : *quæ contra bonos mores fiunt, nec facere nos posse credendum est* (15, D. *de cond. inst.*). A vrai dire, le fait promis par le vendeur de la chose d'autrui n'est ni impossible, puisqu'il suffit de se procurer la propriété pour en investir l'acheteur, ni immoral puisqu'il n'y a pas d'autre moyen de l'exécuter qu'une acquisition régulière. Aussi tout le monde reconnaît qu'il pourrait faire l'objet d'une stipulation expresse.

Au contraire, il est tout à la fois possible et immoral de livrer la chose d'autrui à un tiers qui la possèdera comme sienne. Il y a là un fait matériel que le législateur ne peut empêcher et qui, tout illicite qu'il soit, n'en peut pas moins se produire, malgré la généreuse maxime de Papinien, que nous venons de citer. Ce fait atteint gravement le propriétaire, non-seulement dans la jouissance de son droit, mais dans son droit lui-même, qu'il expose à une perte plus ou moins prochaine, soit qu'il marque le point de départ d'une possession utile pour usucaper, soit qu'il mette le nouveau possesseur sur la voie d'une usucapion déjà commencée, en abrégeant peut-être en sa faveur les délais nécessaires pour la consommer. Si la loi ne pouvait empêcher ce fait, elle pouvait du moins s'opposer à ce qu'il formât la matière d'une obligation valable : c'est ce qu'elle a fait en déclarant nulle la vente de la chose d'autrui. Ainsi, ce qui est nul et radicalement nul dans une telle vente, c'est l'obligation de livrer la chose avant d'en avoir acquis et, par suite, transféré la propriété.

Nous avons déjà constaté que l'article 1238, dans le but

d'assurer le respect de la propriété, frappe d'une nullité absolue le paiement émané *a non domino*. C'est le même motif qui a dicté au législateur l'article 1599. Ces deux dispositions sont en parfaite harmonie : l'une atteint le paiement par lequel on livre la chose d'autrui, et l'autre la convention par laquelle on s'oblige à la livrer ; toutes deux s'accordent à donner à celui qui a promis de livrer la chose d'autrui et qui l'a effectivement livrée le droit de la répéter, en se fondant soit sur la nullité de la tradition, soit sur la nullité du contrat. Il était naturel, en effet, que la possession d'une *res aliena* ne pût pas plus faire l'objet d'un acte productif d'obligations, comme la vente, que d'un acte extinctif d'obligations, comme le paiement.

Parmi les doctrines diverses que nous avons exposées en tête de cette étude sur l'article 1599, celles qui déclarent la vente de la chose d'autrui simplement résoluble ou atteinte d'une nullité relative méconnaissent absolument le caractère de disposition d'ordre public, qui est le trait vraiment original de notre article. La seule qui en tienne compte, c'est celle qui refuse toute existence juridique à la vente de la chose d'autrui : aussi nous parait-elle être celle qui s'est le mieux inspirée de l'esprit de la loi. Mais, tandis que les autres n'atteignent pas le but, celle-ci le dépasse : pour enlever tout effet à ce qu'il y a d'illicite dans la convention, elle annule même ce qui est licite, et permet ainsi aux parties de méconnaître des engagements qui n'ont rien de contraire à l'ordre public. Or, nous allons voir que, dans les rapports des parties entre elles, la vente de la chose d'autrui produit des effets absolument incompatibles avec l'inexistence absolue de la convention.

IV

Si le vendeur de la chose d'autrui n'était pas obligé vis-à-vis de l'acheteur, on ne s'expliquerait ni l'existence de l'obligation de garantie, ni les règles qui la gouvernent, ni les dérogations que la volonté des parties y peut apporter.

I. — Parmi les effets du contrat de vente, le législateur cite la garantie en cas d'éviction ; or, l'éviction se produit le plus souvent lorsque l'acheteur a reçu une chose qui n'appartenait pas au vendeur ; si donc la vente de la chose d'autrui oblige le vendeur à la garantie, c'est qu'elle existe comme contrat générateur d'obligations.

On répond que, si le vendeur de la chose d'autrui est tenu d'indemniser l'acheteur, ce n'est pas à raison de l'inexécution d'un contrat radicalement nul, c'est pour réparer le dommage qu'il a causé, par application de l'article 1382 (1).

Mais, quand on considère la place et la rédaction des nombreux articles consacrés à cette matière, il est impossible de ne pas envisager la garantie de l'éviction comme un effet de la vente, au même titre que la garantie des vices cachés dont il est traité dans la même section, sous une rubrique commune, *de la garantie*. Le législateur prend la peine de dire que cette obligation existe de droit, « quoique lors de la vente

(1) Duvergier, *Vente*, I, nos 217 et 218 ; Leligois, *loc. cit.*, no 9 ; de Folleville, *loc. cit.*, nos 53. 72, 126.

« il n'ait été fait aucune stipulation sur la garantie, » et il ajoute : « Les parties peuvent, par des conventions particu- « lières, ajouter à cette obligation de droit ou en diminuer « les effets ; elles peuvent même convenir que le vendeur ne « sera soumis à aucune garantie ; » tant il est vrai qu'il la considère comme résultant du contrat lui-même. Si les parties peuvent l'étendre ou la restreindre à leur gré, c'est qu'elle a son fondement dans leur volonté, soit tacite, si elles n'ont rien dit, soit formellement exprimée, si elles ont prévu et réglé le cas d'éviction. La garantie, telle que l'a définie le législateur, est de ces obligations qui sont de la nature du contrat ; elle est donc bien une obligation contractuelle.

Le vendeur, dira-t-on, répond de l'éviction, non-seulement quand il a vendu la chose d'autrui, mais aussi dans des cas où la vente, émanant du propriétaire, a été valablement contractée : c'est à ces cas qu'il faut restreindre la garantie proprement dite ; toutes les fois que le contrat a eu pour objet une *res aliena*, il y a lieu d'appliquer l'article 1382.

Tout d'abord, si l'acheteur n'est évincé que « de partie de « l'objet vendu ou des charges prétendues sur cet objet » (art. 1626), on reconnaît que le contrat de vente subsiste et produit à la charge du vendeur l'obligation de réparer l'inexécution partielle de ses engagements. Mais l'article 1626 prévoit aussi l'éviction totale, et c'est même l'hypothèse où se place en général le législateur quand il parle simplement d'éviction : il faut donc imaginer, pour ne pas laisser sans application les règles de la garantie, qu'après avoir traité avec le véritable propriétaire, l'acheteur souffre une éviction totale qui lui permette d'agir contre son vendeur.

De telles hypothèses peuvent sans doute se rencontrer. Nous ne parlerons pas du cas où le propriétaire d'un immeuble, après l'avoir vendu à *Primus*, l'aliène au profit de

Secundus qui fait le premier transcrire son titre : ce cas ne pouvait pas se présenter avant la loi du 23 mars 1855. Mais, pour rester sous l'empire du Code civil, on peut supposer que le propriétaire d'un immeuble le vend d'abord par acte sous seing privé à *Primus*, puis le revend par acte authentique à *Secundus* avant que l'acte du premier acheteur ait acquis date certaine (art. 1328) ; on peut supposer encore que le propriétaire d'un meuble le vend à *Primus* sans lui en faire tradition, puis le revend et le livre à *Secundus* (art. 1141). Dans ces hypothèses, il est vrai que l'éviction, provenant d'une cause postérieure à la vente, donne lieu à l'action en garantie parce qu'elle est imputable au vendeur. Mais ces cas sont loin d'être les seuls qu'ait prévu le législateur, en traitant la matière de la garantie, ou, pour mieux dire, ce ne sont pas ceux qui ont été présents à son esprit quand il a écrit les articles 1626 et suivants : en effet, il est bien certain que la garantie qui pèse alors sur le vendeur n'est pas celle dont les articles 1627 et 1629 permettent de l'exempter : le fait d'enlever à l'acheteur par une seconde aliénation le bénéfice de son acquisition constitue un *fait personnel* dont le vendeur demeure tenu malgré toute convention contraire (art. 1628).

Nous ne voyons qu'un seul cas où l'acheteur, qui a traité avec le véritable propriétaire, est exposé à une éviction à laquelle peuvent s'appliquer toutes les dispositions du Code civil sur la garantie : c'est celui où il s'agit d'un immeuble hypothéqué dont l'acquéreur est exproprié. Mais est-il vraisemblable que le législateur ait uniquement prévu ce cas? Et, quand il parle d'éviction en général, ne doit-on pas croire qu'il embrasse dans sa pensée tous les évènements qui peuvent avoir pour effet de dépouiller l'acheteur et dont le vendeur doit répondre ?

Laissons donc de côté ces vaines subtilités, et reconnaissons que l'éviction provenant d'une *causa antiqua*, par exemple du défaut de droit chez le vendeur, donne, aujourd'hui comme jadis, ouverture à l'action en garantie. Le législateur lui-même nous le dit dans l'article 2256 : il nous parle du mari « qui a vendu le bien propre de sa femme sans son « consentement, » ce qui est une véritable aliénation de la chose d'autrui, et il le déclare « *garant* de la vente » (1). Donc le vendeur de la chose d'autrui est tenu de l'obligation de garantie.

II. — Cela étant, comment méconnaître que la vente de la chose d'autrui engendre des obligations? L'examen des principes admis en matière de garantie ne permet sur ce point aucun doute.

Pour qui s'en tient à la règle de l'article 1382, il est impossible d'expliquer rationnellement les dispositions des articles 1630, 1633 et 1705. Supposons que je vous aie vendu ou donné en échange la chose d'autrui : si le contrat que nous avons voulu former n'a pu créer entre nous aucun lien d'obligation, à quoi puis-je être tenu? Je dois d'abord, par application des articles 1131 et 1135, vous restituer ce que j'ai reçu pour vous rendre propriétaire, car je l'ai reçu sans cause; et je dois vous le restituer intégralement, quand même, par suite de détériorations fortuites, la valeur actuelle de la chose ne répondrait pas à ce qui a été donné pour l'obtenir (art. 1631 et 1632); je dois aussi, par application de l'article 1382, vous indemniser de toutes les dépenses qui ne sont pas une charge des fruits et que vous avez pu faire, soit pour conserver, soit pour améliorer, soit même, si j'ai été de mauvaise

(1) Duranton, XVI, 264.

foi, pour embellir la chose (art. 1634, 1635). Mais, si la chose a gagné, par suite d'améliorations fortuites, un accroissement de valeur, de telle sorte que, même en recouvrant ce que vous avez payé ou dépensé pour elle, vous auriez un grand intérêt à ne pas la perdre, vous ne pouvez me réclamer aucune indemnité de ce chef : je ne vous dois pas ce dont vous avez manqué de vous enrichir ; car, la vente n'existant pas, je n'étais pas obligé de vous procurer cet enrichissement ; je n'ai pas à réparer la perte d'espérances que, malgré ma promesse, je n'ai jamais été tenu de remplir. Il n'y a jamais eu de vente entre nous ; et c'est pourquoi, à votre demande en restitution du prix total, je ne puis, si la chose est dépréciée, vous opposer le peu de préjudice que l'éviction vous cause ; pour la même raison, vous ne pouvez pas, si la chose a augmenté de valeur, vous prévaloir de la perte que vous subissez pour élever le chiffre des dommages. C'est ainsi qu'en droit romain, lorsque le contrat d'échange n'ayant été exécuté de part ni d'autre n'avait pu se former, celui des coéchangistes qui avait reçu de l'autre une *res aliena* ne pouvait réclamer aucune indemnité à raison du préjudice que lui causait l'éviction.

Telles seraient logiquement les conclusions du système que nous combattons. Or, elles contredisent les principes les plus certains. L'article 1630, dans son quatrième alinéa, permet à l'acheteur évincé de réclamer *les dommages et intérêts*, et l'art. 1633 développe ainsi ce chef de l'action en garantie : « Si la chose vendue se trouve avoir augmenté de prix à « l'époque de l'éviction, indépendamment même du fait de « l'acquéreur, le vendeur est tenu de lui payer ce qu'elle « vaut au dessus du prix de vente. » A quel titre le vendeur peut-il devoir la différence entre le prix et la valeur de la chose au moment de l'éviction, si ce n'est en vertu du contrat, valable, mais inexécuté, qui l'oblige ?

Mais alors, nous objectera-t-on, à quel titre peut-il devoir la restitution du prix, si ce n'est à raison de la nullité du contrat? Pour résoudre cette apparente contradiction, il faut remonter au principe de l'article 1184. En matière de contrats synallagmatiques, si l'une des parties n'exécute pas, l'autre peut réclamer l'exécution forcée ou la résolution du contrat : l'acheteur de la chose d'autrui a ce choix, et il l'exerce en intentant l'action en garantie. S'il demande l'exécution du contrat, il se fera remettre l'équivalent de la chose dont il est dépouillé, c'est-à-dire sa valeur au moment de l'éviction; s'il demande la nullité, il se fera restituer le prix. Evidemment, il optera pour le premier parti si la valeur actuelle de la chose est supérieure au prix, pour le second si elle est inférieure. A la vérité, l'article 1630 ne présente pas les obligations du vendeur comme étant subordonnées au choix de l'acheteur entre deux partis; mais, si la formule qu'il emploie ne rappelle pas expressément le droit commun écrit dans l'article 1184, elle ne le contredit pourtant pas : peu correcte en théorie, elle aboutit en fait au résultat que les principes commandent; car l'acheteur, prenant le parti qui lui sera le plus favorable, profitera des plus values sans souffrir des moins values, et recouvrera toujours au moins le prix qu'il a déboursé. En matière d'échange, où nul ne fait difficulté d'appliquer les règles écrites au titre *de la vente* sur la garantie, l'article 1705 rattache formellement à une faculté d'option entre le maintien ou la résolution du contrat les deux principaux chefs de l'action en garantie : « Le co- « permutant qui est évincé de la chose qu'il a reçue en « échange a le choix de conclure à des dommages-intérêts, « ou de répéter sa chose. » Cet article montre clairement que l'acquéreur de la chose d'autrui, qui réclame la valeur de la chose dont il est évincé, n'agit pas en nullité, mais bien en exécution de la convention. Quand c'est une somme d'argent qui a été donnée en paiement de la chose d'autrui, l'obligation d'indemniser a le même objet que l'obligation de restituer, et il est facile de les confondre : aussi l'article 1630 ne les a-t-il pas suffisamment distinguées. Mais, quand la chose donnée en échange ne consiste pas en argent, il n'y a plus d'équivoque possible : ou le copermutant évincé agit en résolution, et il recouvre ce qu'il a donné, « il répète sa chose ; » ou il exige l'exécution du contrat, et, comme il ne peut avoir la chose qui lui a été promise, il doit en obtenir au moins l'équivalent, « il conclut à des dommages-intérêts. » Ainsi donc, si l'acheteur ou le coéchangiste qui reçoit la chose d'autrui demande la restitution du prix qu'il a déboursé ou de la chose qu'il a donnée en échange, les parties sont remises au même état que s'il n'y avait jamais eu contrat ; suivant nous, le contrat est résolu ; suivant d'autres, il est nul : comme les résultats sont les mêmes, on comprend que des méprises soient possibles. Mais, si l'acquéreur demande une indemnité égale à la valeur de la chose dont il est évincé, comment parler de nullité ? Le copermutant qui a livré la chose d'autrui conserve la chose qu'il a reçue, à la charge d'indemniser l'autre contractant : le contrat est exécuté autant qu'il peut l'être, et il l'est au regard des deux parties : l'un retient la chose même qui lui a été promise et livrée ; l'autre obtient une satisfaction équivalente à la dation qui lui était due. S'agit-il d'une vente ? la situation est la même : le vendeur condamné à indemniser l'acheteur du préjudice que lui a causé l'éviction n'a pas, pour parler rigoureusement, à restituer le prix ; seulement, à titre de dommages-intérêts, il doit payer à l'acheteur une somme supérieure au prix qu'il a reçu (1).

(1) V. Labbé, *des Conséquences de l'Eviction* (Revue pratique, t. 34).

Les partisans de la doctrine que nous combattons laissent volontiers à l'écart les articles sur la garantie, qui leur sont trop défavorables. Ils se retranchent dans l'article 1599 ; et, comme cet article n'accorde qu'à l'acheteur de bonne foi le droit de demander des dommages-intérêts, ils disent : « Cette « restriction ne se rattache à aucun des principes de la ga- « rantie ; elle ne s'explique que par l'adage *volenti non fit* « *injuria*, qui limite la responsabilité encourue par l'auteur « d'un fait dommageable. Si l'acheteur de la chose d'autrui « perd par sa mauvaise foi le droit de réclamer des domma- « ges-intérêts, c'est qu'il ne peut pas reprocher au vendeur de « lui avoir causé un préjudice par suite d'un fait auquel il a « lui-même donné son adhésion libre et éclairée ; là où l'arti- « cle 1382 cesse d'être applicable, tout droit de l'acheteur à « des dommages-intérêts s'évanouit. »

D'abord, est-il théoriquement exact que la connaissance qu'avait l'acheteur du vice de son acquisition exclue nécessairement toute responsabilité de la part du vendeur ? Si j'ai su que vous me vendiez la chose d'autrui, je ne puis pas sans doute vous reprocher le fait auquel j'ai participé ; mais si, sachant aussi que la chose vendue appartenait à autrui, vous m'avez promis de vous procurer cette chose pour m'en rendre propriétaire, pourquoi ne pourrais-je pas vous reprocher l'inexécution de cet engagement, et réclamer des dommages-intérêts en réparation du préjudice que vous m'avez causé, soit en ne faisant pas le nécessaire pour acquérir et me transmettre la propriété, soit en me promettant ce qu'il vous était impossible de tenir ?

Pour quelle raison l'article 1599 enlève-t-il donc à l'acheteur de mauvaise foi le droit de réclamer des dommages-intérêts ?

Ou bien l'acheteur seul était de mauvaise foi : et alors, en contractant avec un *non dominus* qui se croyait propriétaire, sans l'éclairer sur sa véritable situation, il a commis un dol qui l'oblige à réparer les conséquences fâcheuses pouvant résulter du contrat au préjudice du vendeur, et qui par conséquent lui enlève le droit de demander lui-même réparation du dommage que l'éviction peut lui causer.

Ou bien les deux parties ont sciemment traité sur la chose d'autrui : et alors il est naturel de considérer, jusqu'à un certain point, comme aléatoire la vente intervenue entre les parties : la crainte de l'éviction à laquelle l'acquéreur s'expose a dû entraîner un abaissement du prix de vente, d'autant plus sensible que l'éviction avait plus de chance de se produire. Si donc l'acheteur échappe au danger qu'il a volontairement couru, il conservera la chose à des conditions peut-être très-avantageuses. Si, au contraire, il est évincé, il ne faut pas qu'il puisse, comme un acheteur ordinaire, réclamer en outre du prix qu'il a déboursé tout ce dont la valeur réelle de la chose excède ce prix ; autrement, il cumulerait, contrairement aux intentions qui ont dû présider à la formation du contrat, les avantages de la diminution de prix déterminée par le danger de l'éviction, avec le droit à une réparation intégrale dans le cas où le dommage prévu viendrait à se réaliser.

Tel est le sens de la disposition finale de l'article 1599. Comment la déclarer étrangère aux principes de la garantie? D'après l'article 1629, la stipulation de non garantie n'empêche pas l'acheteur évincé de répéter le prix, mais elle lui enlève tout droit aux dommages-intérêts. D'après l'article 1599, la mauvaise foi de l'acheteur équivaut à une telle clause : elle réduit la garantie à l'obligation de restituer le prix. Ces deux circonstances réunies ont pour effet de rendre le contrat complètement aléatoire, et par conséquent de supprimer les deux chefs de l'action en garantie, sauf toutefois en ce qui concerne les faits personnels au vendeur (art. 1628 et 1629). Ces dispositions, loin de se contredire, sont en parfaite harmonie : l'article 1599 complète très-heureusement la théorie de la garantie.

III. — Si les règles de la garantie de droit, telle que le législateur l'a organisée dans le silence du contrat, ne peuvent pas se concilier avec le système qui refuse toute existence à la vente de la chose d'autrui, que dire des conventions par lesquelles l'article 1626 permet de déroger à ces règles? Il est permis de stipuler que le vendeur ne sera soumis à aucune garantie (art. 1626) : et, en ce cas, si l'acheteur a connu lors de la vente le danger de l'éviction, ou s'il a déclaré acheter à ses risques et périls, le vendeur est dispensé, non-seulement de réparer le préjudice causé par l'éviction, mais même de restituer le prix (Art. 1629). Or, si la vente est nulle à ce point qu'elle n'existe même pas, comment concevoir que le vendeur puisse en aucun cas retenir le prix qu'il a reçu sans cause, et, par la convention, donner effet à un contrat que prohibe une loi d'ordre public? Dira-t-on que, s'il retient ce prix, il le doit précisément au caractère illicite de l'opération qu'a voulu faire l'acheteur : car celui-ci étant de mauvaise foi, ne pourrait exercer la répétition qu'en alléguant sa propre turpitude? Mais d'abord, s'il y a eu stipulation de *périls et risques*, l'acheteur peut avoir été de bonne foi. Puis eût-il été de mauvaise foi, peu importe ; la théorie qu'admettait notre ancienne jurisprudence sur la répétition en matière d'obligations sur cause illicite, n'a pas été consacrée par le Code civil (art. 1131 et 1235) ; et, en tous cas, comme, à défaut d'une stipulation de non-garantie, l'acheteur peut, malgré sa mauvaise foi, répéter le prix qu'il a payé, les auteurs dont nous réfutons la doctrine ne peuvent prétendre que la turpitude de l'acheteur mette obstacle à ce qu'il réclame la la restitution du prix.

Aussi, parmi ces auteurs, les uns se tirent d'embarras en disant que, grâce à la stipulation de non garantie, la vente revêt le caractère de contrat aléatoire, et que par conséquent la chance d'acquisition en vue de laquelle l'acheteur a contracté suffit pour que le prix n'ait pas été payé sans cause (1). Les autres, d'une logique plus rigoureuse, mais plus embarrassante pour leur système, reconnaissent que la vente de la chose d'autrui n'est pas moins immorale quand l'acheteur s'expose seul aux risques de l'opération que quand il se réserve un recours contre son vendeur : dans les deux cas, en effet, le paiement du prix a eu pour cause l'acquisition qu'on s'est proposé de faire de la chose d'autrui ; aussi, l'article 1629 serait-il « une inadvertance, un débris de l'ancien « droit, » et il faudrait se résigner à l'appliquer sans espérer de le concilier avec les principes (2).

Pour nous, au contraire, cette disposition s'explique sans difficulté. Celui qui vend la chose d'autrui s'oblige très-valablement à en transférer la propriété ; rien n'empêche les parties de régler elles-mêmes les conséquences qu'entraînera l'inexécution de cette obligation, et, par exemple, d'enlever à l'acheteur tout recours en garantie contre son vendeur ; cette stipulation, à laquelle correspondra nécessairement une diminution dans le prix, donnera au contrat un caractère aléatoire.

On voit qu'en somme, pour rendre compte des effets pro-

(1) Mourlon, III, n° 573.

(2) Leligois, n° 9, *loc. cit.*; de Folleville, n° 120, *loc. cit.*

duits en matière personnelle par la vente de la chose d'autrui, nous nous séparons absolument de ceux qui voient dans cette vente un acte radicalement nul, et nous nous rapprochons des auteurs qui réduisent l'action en nullité de l'article 1599 au droit de demander la résolution du contrat. Ce n'est pas que nous nous rangions à cette dernière doctrine ; mais l'élément de validité que nous avons reconnu dans la vente de la chose d'autrui suffit à entraîner toutes les conséquences que nous venons d'analyser.

V.

I. — En matière réelle, des effets très-importants sont attachés à la vente de la chose d'autrui et plus généralement à tout acte d'aliénation émané d'un *non dominus ;* peuvent-ils se concilier avec l'idée que nous nous faisons de la nullité prononcée par l'article 1599 ?

L'acte d'aliénation *a non domino* constitue pour l'acquéreur un *juste titre* (article 2265), *un titre translatif de propriété* (art. 550, 2239). Ce n'est pas qu'en réalité il transfère la propriété ; mais, par sa nature, il est apte à la transférer ; le défaut de droit chez l'aliénateur met seul obstacle à l'accomplissement de l'aliénation. Or, un tel acte ouvre, au profit du possesseur de bonne foi, en matière immobilière la prescription de dix à vingt ans, en matière mobilière la prescription instantanée de l'article 2279 ; il permet en outre à l'acquéreur de faire siens les fruits perçus dans l'ignorance du vice dont son acquisition est entachée.

Si on considère comme radicalement nul, comme inexistant, l'acte l'aliénation de la chose d'autrui, n'a-t-on pas peine à concevoir qu'il puisse produire d'aussi importants effets? Comme les nullités de cette nature peuvent être invoquées par toute personne intéressée, le véritable propriétaire ne devrait-il pas être le premier admis à s'en prévaloir, pour écarter les conséquences que le possesseur voudrait tirer de son titre au point de vue de la prescription ou de l'acquisition des fruits? N'est-il pas contraire à la disposition de l'article 1131 de donner un effet quelconque à une opération qui manque de cause ou d'objet licite? Ne répugne-t-il pas au bon sens de présenter un acte inexistant comme générateur de certains droits? *Quod nullum est, nullum producit effectum.*

Parti de cette idée, un logicien hardi est arrivé à soutenir que l'acte d'acquisition émané d'un autre que le véritable propriétaire ne pourrait pas servir de base à la prescription de dix à vingt ans (1). A l'appui de cette thèse, il invoque l'article 2267, qui exclut de l'application de l'article 2265 « le titre nul pour vice de forme », et, à bien plus forte raison, le titre manquant des conditions de fond nécessaires à son existence : de telle sorte que, pour être admis à opposer la prescription décennale, il faudrait avoir traité avec le véritable propriétaire! Ce paradoxe aboutit évidemment à la suppression de l'article 2265 (2) ; comme l'auteur dont nous parlons ne fait nulle difficulté d'en convenir, nous pensons

(1) M. de Folleville, *loc. cit.*, n° 69.

(2) Par définition, le juste titre est un acte émané *a non domino*; aussi, le tribun Goupil de Préfeln disait-il très-justement, dans un discours au Corps législatif (Fenet. XV, p. 608) : « Si un immeuble « est vendu par celui qui n'en est pas propriétaire, il ne faut pas « conclure que l'acquéreur ne pourra opposer la prescription de « dix à vingt ans à celui qui prouverait qu'il était lors de la vente » le véritable propriétaire. » On voit qu'il prévoyait la singulière théorie de M. de Folleville. — V. Troplong. *Prescr.*, II, nos 897, 904).

qu'il a bien plutôt voulu critiquer la loi qu'en donner la véritable interprétation, et qu'en tout cas il a réussi seulement à fournir des armes aux adversaires du système de la nullité absolue..

Si la vente de la chose d'autrui a pour effet de conduire par un chemin abrégé à l'acquisition de la propriété, disent tous les auteurs qui reconnaissent à cette vente une plus ou moins grande efficacité, c'est que, malgré le vice dont elle est atteinte, elle a par elle-même une certaine force que la prescription spéciale établie en sa faveur a précisément pour objet de confirmer. Si le juste titre est rigoureusement requis comme condition de la prescription décennale, s'il ne peut être suppléé par la croyance la plus excusable à une cause d'acquisition, c'est qu'il a par lui-même, indépendamment des conditions de fait exigées de celui qui prescrit, une valeur juridique destinée à devenir définitive par l'accomplissement de la prescription.

Cette considération nous touche peu : elle ne prouve rien dans la question de savoir quels effets produit *inter partes* la vente de la chose d'autrui. Il est en effet des actes *a non domino* qui n'ont certainement aucune force obligatoire, et qui cependant, de l'aveu de tous, peuvent servir de fondement à la prescription de l'article 2262. Tel est le legs de la chose d'autrui : impuissant à obliger l'héritier, il pourra cependant être invoqué par le légataire de bonne foi, dont la possession aura duré de dix à vingt ans. Et, en effet, quand il s'agit de déterminer les conséquences de l'acte *a non domino* vis-à-vis du propriétaire, il n'y a pas à se demander si tels ou tels rapports de droit ont pu valablement s'établir entre l'acquéreur et l'auteur de l'aliénation. Pourvu qu'il y ait un acte par sa nature translatif de propriété, c'est-à-dire qui eût consommé l'aliénation s'il fût émané du véritable propriétaire, cela suffit : il est absolument indifférent que cet acte ait pu. entre les parties, engendrer telles ou telles obligations.

Pour nous, tant que la chose appartient à autrui, l'acheteur ne tient de l'acte de vente aucun droit à la posséder ; la tradition effectuée sans que la propriété ait été transmise ne peut pas être considérée comme l'exécution d'un contrat valable, puisque, en tant qu'il obligerait le vendeur à livrer la possession d'une *res aliena*, ce contrat est radicalement nul. Ainsi, d'après l'opinion que nous avons soutenue, si l'acte de vente émané *a non domino* est nul, c'est précisément en tant qu'il explique que l'acheteur a été mis en possession sans être en même temps propriétaire ; c'est précisément en tant qu'il constitue un juste titre susceptible d'être opposé au revendiquant par l'acheteur de bonne foi qui a possédé le temps requis. Nous ne pouvons donc pas considérer la vente de la chose d'autrui comme un acte provisoirement annulable qui attendrait, pour être confirmé, l'accomplissement de la prescription acquisitive du bien vendu : c'est là une idée que nous aurons plus tard à combattre. Si la loi tient compte du juste titre en vue d'abréger les délais de la prescription, ce n'est pas en considération des effets que cet acte serait susceptible de produire entre les parties : elle y voit un simple fait, de nature à rendre la situation du possesseur digne d'intérêt, et lorsque celui-ci peut, en outre de cette circonstance, invoquer sa bonne foi et la possession prolongée de dix à vingt ans, elle intervient pour le protéger contre la revendication du propriétaire.

II. — En terminant sur ce point, nous signalerons une loi récente, inspirée par le désir de protéger les propriétaires dépouillés en 1871 sous la Commune de Paris contre les conséquences que le droit commun attache en matière réelle aux actes d'aliénation *a non domino*. On se proposa de mettre obstacle aux déprédations par lesquelles se signalait l'insurrection, maîtresse de la capitale, ou, du moins, d'enlever aux criminels la complicité d'un public d'acheteurs trop disposés à bénéficier de dépouilles qui se vendaient à vil prix. C'est dans le but d'éviter « que les spéculations de la « cupidité ne vinssent au secours des projets de rapine ou « de destruction (1), » que l'Assemblée nationale vota la loi des 12-19 mai 1871, contre les acquéreurs « de tous biens, « meubles ou immeubles, qui auraient été soustraits, saisis, « mis sous séquestre ou détenus d'une manière quelconque, « depuis le 18 mars 1871, au nom ou par les ordres d'un « prétendu Comité central ou de tout autre pouvoir insur- « rectionnel, par leurs agents, par toute personne s'autori- « sant de ces ordres, ou par tout individu ayant agi même « sans ordre, à la faveur de la sédition. » Par l'article 1 de la loi, ces biens « sont déclarés inaliénables jusqu'à leur re- « tour aux mains du propriétaire. »

Cette disposition est très-remarquable. Elle rappelle la règle romaine d'après laquelle les meubles volés et les immeubles occupés par violence échappaient à l'usucapion jusqu'à ce qu'ils fussent rentrés au pouvoir du propriétaire (*in domini potestatem reversa* : Instit. II, 6, §§ 2 et 8); elle n'a pourtant pas le même sens. La loi des XII Tables, la loi Atinia, la loi Plautia interdisaient l'usucapion des *res furtivæ vel vi possessæ ;* la loi de 1871 prohibe l'aliénation des objets qu'elle protége, sans les déclarer imprescriptibles; elle proclame, suivant les expressions du savant rap-

(1) Exposé des motifs (*Journal officiel* du 8 mai 1871).

porteur, M. Bertauld, « l'inaliénabilité du bien d'autrui, « inaliénabilité non de la part du vrai propriétaire, mais de « la part de l'usurpateur qui s'est substitué au véritable pro- « priétaire (1) » ; et c'est à ce point de vue qu'elle appelle toute notre attention.

L'inaliénabilité de la part de l'usurpateur : qu'est-ce à dire ? Est-ce que le droit commun permet à ceux qui ne sont pas propriétaires d'aliéner le bien d'autrui ? Non, sans doute, mais il reconnaît à cette aliénation, quand elle a eu lieu, certains effets que le législateur de 1871 a cru devoir écarter. « Les aliénations d'immeubles, disait encore M. Bertauld, « ne seront pas seulement nulles comme portant sur la chose « d'autrui, elles ne pourront servir de fondement à la pres- « cription que la croyance à l'existence d'un titre légitime fait « abréger, c'est-à-dire à la prescription décennale ou vicen- « nale de l'article 2265 du Code civil. Les aliénations mo- « bilières ne seront pas protégées par les articles 2279 et « 2280 du même Code. » Ainsi, les objets placés sous la sauvegarde de la loi de 1871 ne sont pas déclarés d'une façon absolue inaliénables et imprescriptibles, comme les biens de la couronne, dont le savant rapporteur a peut-être eu tort de les rapprocher ; ils sont, « à partir de la cessation officielle- « ment constatée de l'insurrection de Paris, » c'est-à-dire à dater du 7 juin 1871, prescriptibles par trente ans ; seulement, ils ne sont pas, comme l'est en général la chose d'autrui, susceptibles de faire l'objet d'une aliénation qui ait pour effet d'abréger ou de supprimer, en faveur de l'acquéreur, les délais de la prescription. Ils occupent une sorte de degré intermédiaire entre les choses placées hors du commerce et les *res alienæ*. L'aliénation de ces biens est traitée comme

(1) Séance du 12 mai 1871 (*Journal officiel* du 13).

devrait l'être, d'après l'opinion de M. de Folleville, toute aliénation de la chose d'autrui. Sans doute, elle aurait transféré la propriété si elle était émanée du véritable propriétaire, mais pourtant elle n'est pas un juste titre ; elle n'a aucune existence comme acte juridique, et l'acquéreur, ne pouvant invoquer une juste cause d'acquisition, n'a d'autre ressource que la prescription donnée en l'absence de titre, la prescription trentenaire.

En résumé, la vente de la chose d'autrui est obligatoire, mais les obligations qu'elle engendre ont pour objet une translation de propriété régulière, non la délivrance et la garantie d'une chose appartenant à un tiers.

Elle est sans effet, si on la conçoit, suivant les principes du droit romain, comme obligeant à mettre et à maintenir l'acheteur en possession de la chose d'autrui. Aussi le législateur ayant, dans l'article 1582, donné de la vente une définition que ne désavouerait pas la loi romaine, a-t-il dû dire : La vente de la chose d'autrui est nulle. Elle est nulle, parce qu'elle est tout à la fois contraire à cette idée de droit, que le contrat de vente a essentiellement pour objet une translation de propriété, et à cette idée de morale, qu'on ne doit pas traiter comme sienne la chose dont on n'est pas propriétaire.

Mais le vendeur de la chose d'autrui s'oblige valablement à transférer la propriété. Ainsi comprise, la vente ne tombe pas sous le coup de l'article 1599, dont la disposition prohibitive s'applique uniquement à l'opération qui, aux termes de l'article 1582, obligerait le vendeur à *livrer*. Elle est valable ; en effet, elle tend à réaliser ce qui est l'objet même du contrat de vente, une translation de propriété, et, loin qu'elle contredise en rien le droit du véritable propriétaire, elle en implique la reconnaissance et le respect, puisque le vendeur ne pourra se libérer qu'en se procurant la chose au moyen d'une acquisition régulière.

En matière personnelle, la validité du contrat nous explique toutes les obligations dont le vendeur est tenu quand il ne transfère pas la propriété ; elle sert de base à la théorie de la garantie.

En matière réelle, elle n'explique pas, il est vrai, les effets que la loi attache au juste titre : si le titre en vertu duquel l'acquéreur est mis en possession du bien d'autrui peut produire certaines conséquences, ce n'est pas qu'il légitime en rien cette mise en possession, ni qu'à ce point de vue il puisse être considéré comme un acte valable productif d'obligations ; c'est simplement qu'il a été considéré par le législateur comme une circonstance favorable qui, réunie à d'autres faits, améliore la situation du possesseur.

Conséquences des principes précédemment exposés.

Dans la longue dissertation qui précède, nous avons cherché à dégager des textes et des contradictions qu'ils présentent, des travaux préparatoires et de la pensée qu'ils révèlent, des règles générales sur la garantie ou la prescription et des principes qu'elles supposent, le sens et la portée de l'innovation écrite par le législateur dans l'article 1599. Il nous reste maintenant à tirer les conséquences de l'idée dont nous avons établi les bases. De la théorie, nous allons passer à l'application. Tout en indiquant les diverses solutions à déduire du système que nous avons développé, nous donnerons, s'il y a lieu, les raisons spéciales qui militent en leur faveur, ou nous combattrons les objections qu'elles ont soulevées ; justifiant un à un les résultats pratiques du système introduit par le Code civil, nous en démontrerons l'incontestable supériorité sur les législations précédentes.

La vente de la chose d'autrui nous est apparue sous un double aspect : valable ou nulle, suivant qu'elle a pour objet la propriété de la chose que le vendeur se propose d'acquérir, ou bien la simple possession dont il dispose comme s'il était propriétaire, sans se soucier de le devenir par une acquisition régulière. Pour déterminer les effets que produit un tel acte, nous nous placerons successivement à ces deux points de vue.

I

Tant que la chose vendue appartient à autrui, la tradition n'en est pas due, et, si elle a été effectuée, le rétablissement des choses en leur état antérieur peut être réclamé : c'est en ce sens que la vente de la chose d'autrui est nulle. Lorsque, la chose continuant d'être la propriété d'un tiers, l'une des parties refuse d'exécuter la convention ou demande à revenir sur l'exécution qui en a été faite contrairement à la loi, elle invoque la nullité de la vente, aux termes de l'article 1599. Cette nullité étant d'ordre public, il est aisé de voir comment nous devons répondre aux trois questions suivantes, qui, ainsi que nous le savons déjà, divisent profondément la doctrine :

1° A quelles personnes appartient le droit de se prévaloir de la nullité ?

2° Est-il permis de renoncer à ce droit ?

3° Par quelle prescription s'éteint-il ?

I. — Le droit d'invoquer la disposition de l'article 1599 appartient, sans distinction, à l'une et à l'autre des parties, au vendeur comme à l'acheteur.

Nous ne parlons pas du propriétaire qui, demeuré étranger à la vente, n'a pas plus à s'en préoccuper que si elle n'existait pas (art. 1165), et peut, par la revendication, reprendre sa chose partout où il la trouve, si toutefois il n'est pas repoussé par une exception tirée de la prescription accomplie.

A. — L'acheteur qui a reçu la chose d'autrui peut immédiatement, avant d'avoir été évincé ou même simplement troublé dans sa possession, se prévaloir de la nullité, par cela seul que la propriété appartient à un tiers. A l'action en paiement du prix, il répondra par un refus de payer, et, s'il a déjà versé le prix, il agira pour obtenir, suivant les circonstances, des dommages-intérêts ou la restitution des sommes qu'il a déboursées (1).

Le droit qu'a l'acheteur d'agir avant l'éviction est aujourd'hui universellement reconnu. L'objection qu'on pourrait à première vue tirer de l'article 1653 n'arrête plus personne. Cet article accorde à l'acheteur, qui « est troublé ou a juste « sujet de craindre d'être troublé par une action soit hypo- « thécaire, soit en revendication, » le droit de suspendre le paiement du prix, « jusqu'à ce que le vendeur ait fait cesser « le trouble, si mieux n'aime celui-ci donner caution, ou à

(1) Douai, 3 juillet 1846 (Sir., 46, 2, 378).

« moins qu'il n'ait été stipulé que, nonobstant le trouble, « l'acheteur paiera. » Reconnaître à l'acheteur menacé de l'éviction, mais non encore évincé, le droit de suspendre le paiement du prix, n'est-ce pas, pourrait-on dire, lui refuser implicitement le droit d'agir en nullité ? Si ce raisonnement était exact, les articles 1599 et 1653 seraient contradictoires ; mais l'antinomie n'est qu'apparente, car ces deux dispositions ne régissent pas la même hypothèse. Dans le cas prévu par l'article 1653, l'acheteur est troublé ou menacé de l'être par une action en revendication ; mais, la prétention du revendiquant n'est pas encore démontrée, elle est destinée peut-être à échouer, et, dans tous les cas, on ne peut pas actuellement affirmer que la vente ait pour objet la chose d'autrui. Au contraire, l'application de l'article 1599 suppose que, sur ce point, aucun doute n'est plus possible ; il y a vente de la chose d'autrui, le fait est certain : dès lors, l'article 1599 doit trouver place. L'acheteur, il est vrai, n'est pas évincé ; il n'est même pas troublé dans sa possession ; peut-être ne le sera-t-il jamais, s'il veut se contenter de jouir de la chose, sans s'inquiéter de savoir quel en est le propriétaire. Peu importe : le droit d'agir lui est immédiatement ouvert.

A ce premier point de vue, on ne peut qu'applaudir le législateur d'avoir dérogé aux principes traditionnels. Par une excellente interprétation de la volonté des parties, il a considéré que le contrat de vente portait sur la propriété et non sur la simple possession de la chose vendue. On n'achète pas pour devenir simplement possesseur d'une chose appartenant à autrui ; on achète pour devenir propriétaire. Aussi, dans le langage vulgaire, confond-on généralement les mots vendre et aliéner, acheter et acquérir. Cette confusion, que semblent autoriser jusqu'à un certain point les principes modernes, est si naturelle qu'à Rome même, où elle était manifestement contraire au droit, on la rencontre dans les écrits des littérateurs et parfois même dans des textes législatifs (1). Est-il vraisemblable, en effet, que l'acheteur ait entendu se contenter d'une chose dont à chaque instant il pourrait être évincé ? Et d'ailleurs, dans le doute, n'est-ce pas en sa faveur que le contrat doit être interprété (art. 1602)? Que le vendeur ait été de bonne foi, peu importe : on ne voit pas pourquoi, à cause de cette erreur, l'acheteur serait contraint de se résigner à la position précaire que le vendeur voudrait lui imposer, et d'attendre l'éviction pour agir en garantie, au risque de n'avoir plus à ce moment qu'un recours illusoire si dans l'intervalle le garant est devenu insolvable. La menace qui demeurerait suspendue sur lui, tant que les délais de la prescription ne seraient pas expirés, le détourneraient d'améliorer ou même d'entretenir avec soin l'objet d'une acquisition si incertaine ; elle découragerait son activité, elle stériliserait son travail, au grand préjudice de l'intérêt général. A Rome, où les délais de l'usucapion étaient très-courts, cette situation d'un acheteur obligé de demeurer ainsi exposé au danger de l'éviction n'avait peut-être pas de graves inconvénients, car elle n'était pas destinée à se prolonger longtemps ; mais aujourd'hui qu'en matière immobilière le temps requis pour prescrire ne peut être moindre de dix années, elle aurait des résultats extrêmement fâcheux.

Le droit qui appartient à l'acheteur d'agir avant l'éviction, droit que nous rattachons à la nullité de la vente, peut, nous

(1) Sénèque définit ainsi la vente : *Venditio alienatio est, et rei suæ jurisque in eá sui in alium translatio..... Quemadmodum vendere sic dare aliquid, a se dimittere est, et id quod tenueris habendum alteri tradere* (*de Benefic.*, lib. V, n° 10). Zénon emploie le mot *alienatio* comme synonyme de *vente* (1, Cod., *de jure emphyt.*).

le reconnaissons, s'expliquer en dehors de cette idée, comme conséquence de l'obligation de transférer la propriété qu'engendre la vente dans notre législation. Mais dans la personne du vendeur, nous allons voir l'idée de nullité se manifester avec toute son énergie.

B. — Le vendeur de la chose d'autrui a le droit d'invoquer la nullité, soit en refusant de livrer la chose, tant qu'elle appartient à autrui, soit même en agissant pour se la faire restituer s'il l'a livrée malgré la défense du législateur.

Ce droit de répétition est contesté, ainsi que nous l'avons vu, par la majorité des auteurs, et nous doutons que la jurisprudence le reconnaisse (1). Cependant il nous paraît découler logiquement de la doctrine que nous avons défendue. Nous y voyons l'une des plus importantes conséquences de l'innovation que l'article 1599 a consacrée : reste à démontrer qu'elle n'est contraire ni aux principes généraux du droit ni à l'équité.

Par quelle fin de non-recevoir le vendeur qui répète la chose livrée, en se fondant sur ce qu'elle appartient à autrui, pourrait-il être repoussé ?

Est-ce par la maxime *quem de evictione tenet actio eumdem agentem repellit exceptio?* Mais il n'est tenu ni de livrer ni de continuer la délivrance. Sans doute, il s'est obligé valablement à transférer la propriété ; aussi ne serait-il pas admis à revendiquer la chose vendue s'il en devenait propriétaire. Mais ici il ne revendique pas, car la propriété appartient à un tiers ; il répète seulement ce qu'il a indûment livré. La possession seule est en jeu : or, il n'a pu, relativement à

(1) Nous ne connaissons, sur cette question, aucune décision de jurisprudence.

la possession de la chose d'autrui, contracter aucune obligation.

Lui objectera-t-on du moins qu'étant obligé d'indemniser l'acheteur des conséquences de la dépossession, il ne peut pas causer lui-même le dommage qu'il doit réparer? Remarquons d'abord que, ne devant d'indemnité qu'à l'acheteur de bonne foi, il ne pourrait pas être écarté sous ce prétexte par celui qui aurait acheté sciemment la chose d'autrui. Puis, dans le cas où il doit des dommages-intérêts, c'est au jour même où la vente a été conclue que cette dette a pris naissance, ou du moins cette dette existe indépendamment de toute éviction, par cela seul que le vendeur n'a pas acquis et par suite n'a pas transféré la propriété; aussi, ne peut-on pas dire qu'en exigeant la restitution de la chose, *il cause un préjudice qu'en même temps il s'oblige à réparer*; ce n'est pas en dépossédant l'acheteur, qu'il se constitue vis-à-vis de lui débiteur d'une indemnité; l'indemnité est déjà due par cela seul que la chose livrée n'a pas pu valablement faire l'objet de la tradition. Lorsque l'acheteur demande à être maintenu en possession, c'est donc à titre d'équivalent de l'indemnité qui lui est due; c'est pour se payer de sa créance de dommages-intérêts. Mais le peut-il? Ce qu'il a le droit de réclamer, c'est une réparation pécuniaire, si bien que, fût-il muni de la possession paisible, il pourrait ne pas s'en contenter et agir en vertu de l'article 1599. Réciproquement le vendeur, ne pouvant rendre l'acheteur propriétaire, ne lui doit pas autre chose qu'une indemnité en argent; pourquoi donc serait-il contraint d'abandonner à l'acheteur ce qu'il lui a indûment livré, c'est-à-dire la possession d'une *res aliena*? Pourquoi l'empêcherait-on de s'acquitter en donnant ce qu'il doit, c'est-à-dire une somme d'argent?

On objecte que, n'étant ni propriétaire, ni possesseur, il

n'a aucun droit à prétendre sur la possession de la chose, et qu'ainsi il est sans qualité pour agir. Mais n'est il pas étrange d'exiger comme condition d'exercice d'une simple action en nullité la qualité de propriétaire ou de possesseur ? Aussi, ne répondons-nous pas, comme on le fait quelquefois, que le vendeur se présentera soit comme mandataire conventionnel ou légal, soit même comme *negotiorum gestor* du véritable propriétaire (1) ; s'il agissait au nom du propriétaire, ce serait la revendication seule qu'il pourrait exercer ; or, c'est d'une action en nullité qu'il est ici question. Nous ne répondons pas non plus que s'il acquiert la propriété, il y trouvera qualité pour réclamer la restitution de la chose (2) ; dans ce cas, en effet, nous ne lui permettons pas d'inquiéter l'acheteur, comme nous aurons à le démontrer bientôt. C'est dans la loi elle-même qu'il puise le droit d'agir ; la chose a été livrée en exécution d'une obligation nulle ou plutôt inexistante (art. 1599) ; elle a été livrée dans le but d'effectuer un paiement dont elle ne pouvait pas former l'objet (art. 1238) : de là naît le droit de la répéter.

Aussi n'y a-t-il pas à se préoccuper ici de l'adage *in pari causâ melior est causa possidentis*. Entre deux personnes qui prétendent à la propriété d'une chose sans que le vendeur puisse fournir la preuve d'un droit meilleur que celui de son adversaire, on maintient le *statu quo* ; mais, ici, ce n'est pas une question de propriété qui s'agite ; on se demande seulement si la chose a été indûment livrée, et si, par conséquent, elle peut être répétée. Ce n'est pas en vertu d'un *jus in re* que le vendeur agit, c'est comme créancier de la restitution d'une chose que la loi lui défendait de livrer.

Ce droit de répétition, fondé sur les articles 1238 et 1599

(1-2) Leligois, *loc. cit.*, n° 6 ; de Folleville, *loc. cit.*, n° 80.

du Code civil, n'a, quoi qu'on dise, rien d'inique. La vente n'ayant créé entre les parties aucun lien d'obligation, au moins en ce qui concerne la possession de la chose appartenant à autrui, il y a une simple situation de fait à régler : le législateur, prenant surtout en considération le droit du propriétaire, qui doit avant tout être respecté, a consacré une solution qui, dans certains cas, peut être favorable au venvendeur, mais qui pourtant ne lèse en rien l'acheteur.

D'abord, si je vous ai vendu et livré la chose d'autrui, je puis avoir un très-grand intérêt à recouvrer la possession en vous donnant une indemnité : en effet, par ce règlement immédiat des dommages-intérêts, j'échappe au risque d'avoir plus tard à vous payer une somme plus considérable à raison des travaux que vous aurez faits sur la chose ou de la plus-value dont elle se sera enrichie (art. 1633 et 1635) ; en restituant la chose au véritable propriétaire, je me soustrais à la lourde responsabilité dont je pourrais être tenu envers lui, soit que, ayant recouvré sa chose en nature, il me demandât compte des dégradations ou des diminutions de valeur qu'elle aurait subies par votre fait, soit que, repoussé dans sa revendication par le moyen de la prescription, il se retournât contre moi pour obtenir une indemnité dont le *quantum* pourrait être supérieur au prix que j'ai reçu ou même à la valeur actuelle de la chose.

D'autre part, comme, en échange de la possession dans laquelle je demande à être réintégré, je vous offre, suivant les cas, la valeur actuelle de la chose ou le prix que vous avez déboursé, vous n'avez aucun intérêt sérieux à refuser l'arrangement que je vous propose. Ce refus serait surtout intolérable si c'était vous qui, de mauvaise foi, m'aviez provoqué à vendre, alors que je me croyais propriétaire. Mais, dans le cas même où votre bonne foi a été surprise, le dol dont je me suis rendu coupable ne peut ni vous permettre de conserver le bien d'autrui que vous avez reçu sans droit, ni m'empêcher d'en réclamer la restitution. La maxime *nemo auditur propriam turpitudinem allegans* ne peut être opposée à l'acheteur de mauvaise foi qui réclame la restitution de son prix avant même d'avoir été évincé ; pourquoi pourrait-elle l'être davantage au vendeur de mauvaise foi qui réclame la restitution de la chose? Qu'importe, en effet, que l'un de nous soit en faute? Le propriétaire n'en doit pas souffrir, et c'est pourquoi, dans tous les cas, la loi prononce la nullité. Le retour de la chose entre mes mains en préparera la restitution au véritable maître. Il la rendra même seul possible, si le propriétaire, ayant perdu par la prescription son droit de revendiquer, ne conserve qu'une action en dommages-intérêts contre moi ; en ce cas, il aura comme suprême ressource, si je refuse de demander moi-même la nullité de la vente, le droit de la réclamer en mon nom, conformément à l'article 1166. C'est ce que nous établirons plus tard en étudiant les effets de la prescription accomplie par l'acquéreur sur la validité de l'acte *inter partes*.

Mais encore, nous dira-t-on peut-être, qui obligera le vendeur, remis en possession de la chose, à la restituer au véritable propriétaire, si celui-ci demeure inactif? Et, s'il la retient définitivement, s'il continue de posséder en son propre nom jusqu'à ce que l'expiration des délais de prescription lui permette de repousser l'action du propriétaire, va-t-il donc pouvoir, en violation de ses engagements comme au mépris du droit du propriétaire, garder pour lui une chose qui, à un double titre, comme chose d'autrui et comme chose vendue, ne devrait pas lui appartenir? Entre deux personnes sans droit, dont l'une a vendu à l'autre la chose d'un tiers, celle qui a acheté ne doit-elle pas être préférée à celle qui a vendu?

Nous répondons que l'acheteur actionné en répétition a un moyen bien simple de déjouer les calculs du vendeur qui aurait pour but, non de restituer la chose au propriétaire, mais de la garder pour lui : c'est de la restituer lui-même à celui à qui elle appartient. Qu'il puisse le faire, c'est ce que personne ne contestera, et cela suffit pour que l'inconvénient dont on parle n'ait rien de sérieux.

Mais, bien plus, on peut soutenir que l'acheteur, eût-il été de bonne foi lors du contrat, est tenu, dès que son erreur est dissipée, de restituer la chose au propriétaire, et qu'en se contentant de la remettre à celui de qui il la tient, sans prendre les précautions nécessaires pour en assurer la restitution au *dominus*, par exemple sans avertir celui-ci, il engage personnellement sa responsabilité, pour le cas où cette négligence entraînerait la spoliation du véritable propriétaire. Pour notre part, nous croyons cette doctrine solidement fondée sur le principe de l'article 1383 et aussi sur un argument *a fortiori* tiré de l'article 1938 du Code civil (1). Si elle

(1) L'article 1938 dispose : « Si le dépositaire découvre que la « chose a été volée et quel en est le véritable propriétaire, « il doit dénoncer à celui-ci le dépôt qui lui a été fait avec somma- « tion de le réclamer dans un délai déterminé et suffisant. Si celui « auquel la dénonciation a été faite néglige de réclamer le dépôt, « le dépositaire est valablement déchargé par la tradition qu'il en « fait à celui duquel il l'a reçu. » (Compar. *Tryphonin.*, 31, § 1, (D. *depos.*) Voici comment M. Labbé argumente *a fortiori* de cette disposition : « Si quelqu'un peut se considérer comme l'*alter ego* « de son auteur, si quelqu'un doit préférer les intérêts de son « auteur à ceux d'un tiers, c'est surtout le dépositaire. L'acheteur « est plus indépendant. Ce dernier est bien fondé à séparer sa « cause de celle de son auteur, à dégager clairement sa bonne « foi d'une situation illicite dans laquelle il s'est placé tout au « moins imprudemment. Il ne le peut qu'en facilitant l'action de « celui qui se prétend propriétaire et en permettant au droit, à la

doit être admise, n'est-il pas tout naturel de reconnaître au vendeur le droit de provoquer lui-même, de la part de l'acheteur, cette restitution dont la loi lui fait un devoir? Et si, par ce moyen, le propriétaire a une chance de plus de recouvrer la chose dont il est actuellement dépossédé, n'est-ce pas là un résultat heureux dont il faut s'applaudir?

Ainsi se manifeste la haute pensée morale qui a inspiré les rédacteurs de l'article 1599. En déclarant nulle la vente de la chose d'autrui, le législateur a témoigné pour le légitime propriétaire une sollicitude qu'il n'est pas permis de trouver excessive; il a compris ce qu'il y avait d'immoral à trafiquer de la possession du bien d'autrui, et, prenant la défense du droit compromis dans ces négociations illicites, il a prononcé, dans l'intérêt du propriétaire, une nullité absolue que tout le monde peut invoquer, Nous ne prétendons pas faire à la loi romaine, qui admettait d'autres principes, un bien grave reproche d'immoralité; mais du moins sachons reconnaître, dans la législation moderne, un respect scrupuleux de la propriété, qu'on ne trouve pas, à un aussi haut degré, dans le droit ancien.

II. — La nullité prononcée par l'article 1599 est-elle de nature à disparaître, soit d'une manière absolue, par la volonté commune du vendeur et de l'acheteur, soit d'une manière relative, par le consentement unilatéral de l'un d'eux? Les parties peuvent-elles, soit au moment où elles contractent, soit après la vente, renoncer à se prévaloir du droit que l'article 1599 leur confère? La vente de la chose d'autrui peut-

« violation duquel il s'est associé par ses actes, de se manifester. » (Labbé, *de l'action à exercer contre celui qui par dol...*, n° 11, Rev. de Législ. an. 1872.)

elle échapper à la nullité au moment même où elle se forme, par l'effet d'une stipulation expresse ? Le vice dont elle était atteinte à l'origine peut-il être effacé par une confirmation ultérieure ?

Si la nullité de l'article 1599 est fondée sur une raison d'ordre public, comme nous croyons l'avoir démontré, la réponse négative nous paraît s'imposer avec la force de l'évidence.

Aussi, n'hésiterons-nous pas à déclarer nulle la convention par laquelle on s'engagerait formellement, comme le vendeur romain, à livrer la possession paisible d'une chose appartenant à autrui. Pourtant, cette convention est tenue pour valable, non-seulement par ceux qui refusent de voir dans l'article 1599 une règle d'ordre public (1), mais même par ceux qui exagèrent le plus la nullité de la vente de la chose d'autrui (2). Pour nous, nous avons peine à nous expliquer, chez ces derniers interprètes, tant de tolérance s'alliant à tant de rigueur : si la théorie romaine sur la vente de la chose d'autrui a été répudiée par le législateur comme entachée d'immoralité, comment suffirait-il d'une stipulation des parties pour la faire revivre ? « On ne peut déroger par des conventions particu- « lières aux lois qui intéressent l'ordre public et les bonnes « mœurs. Art. 6. »

Pour la même raison, les parties ne pourraient pas confirmer la vente, c'est-à-dire s'enlever après coup le droit de demander la nullité, bien que la chose continue d'appartenir à autrui. Observons seulement qu'il ne s'agit pas ici des effets produits par le consentement que donnerait le propriétaire à la vente, ou par l'acquisition que le vendeur ferait de la

(1) Colmet de Santerre, VII, 28 *bis*, II.
(2) De Folleville, *loc. cit.* 22 ; Mourlon, III, 516.

chose : ces évènements doivent être rattachés à l'obligation de transférer la propriété, dont le vendeur est tenu, et nous aurons bientôt à nous en occuper.

III. — Par quel laps de temps se prescrit le droit d'invoquer la nullité de l'article 1599? La prescription trentenaire est seule applicable, en vertu de l'article 2262 ; elle court du jour de la vente.

La doctrine d'après laquelle il y aurait lieu à l'application de la prescription décennale, régie par l'article 1304, n'est évidemment pas conciliable avec les principes que nous avons exposés (1).

Il faut se garder de confondre la prescription du droit d'agir en vertu de l'article 1599 avec la prescription de l'action en garantie qui appartient à l'acheteur évincé, et avec la prescription acquisitive qui, une fois accomplie, peut permettre à l'acheteur de repousser la revendication du propriétaire.

L'action en garantie se prescrit par trente ans, mais ce délai commence à courir seulement du jour où l'éviction a eu lieu : c'est ce que décide l'article 2257 (2). Aussi, avons-nous eu déjà l'occasion de faire remarquer que l'auteur d'une aliénation ne peut jamais, en se fondant sur ce que l'acte a plus de trente ans de date, repousser l'action de l'acquereur qui se plaindrait d'une éviction subie depuis moins de trente années.

Quant à la propriété, le délai par lequel elle s'acquiert

(1) Cette doctrine est peut-être celle de la Jurisprudence ; elle est du moins consacrée par un arrêt de la Cour de cassation, du 23 janvier 1832. (Sir., 1832, 1, 666 et 667.)

(2) V. Bourges, 28 novembre 1871 (Dall., 72, 2, 138).

peut en matière immobilière, varier de trente à dix ans ; la prescription peut même, en matière mobilière, s'accomplir instantanément. Nous aurons à nous demander quelle est la situation des parties, lorsque la propriété est acquise à l'acheteur par la prescription avant que l'action en nullité soit elle-même prescrite.

II.

Le vendeur de la chose d'autrui s'oblige valablement à transférer la propriété : c'est la seconde face de la question. A ce point de vue, il y a un contrat parfaitement valable, dont l'exécution pourra rencontrer en fait des obstacles insurmontables, mais qui n'en a pas moins pour effet de lier les parties l'une envers l'autre, sauf le droit pour chacune d'agir en résolution si elle n'obtient pas ce qui lui a été promis.

De cette idée, découlent d'importantes conséquences qui forment la contre-partie des décisions précédemment exposées. Nous les ramènerons à deux : d'abord l'obligation contractée par le vendeur peut servir de base à tous les actes juridiques dont la validité suppose une obligation préexistante ; en second lieu, elle sera régulièrement exécutée par l'acquisition de propriété que le vendeur procurera à l'acheteur.

I. — Et d'abord, la dette dont le vendeur de la chose d'autrui est tenu peut former la base d'obligations nouvelles qui viendront soit se substituer, soit s'adjoindre à elle. Elle peut faire l'objet d'une novation, au moyen de laquelle elle se transformera en une nouvelle dette, par changement de créancier, ou de débiteur, ou d'objet. Elle peut recevoir un cautionnement, par lequel un tiers s'obligera accessoirement vis-à vis de l'acheteur.

Dans l'opinion de ceux qui considèrent la vente de la chose d'autrui comme absolument inexistante, remarquons qu'il y a au moins une dette de dommages-intérêts susceptible d'être novée ou cautionnée. « Il peut arriver que la convention prin- « cipale soit nulle, d'une nullité absolue, mais que néan- « moins le législateur, en annulant l'obligation que le débi- « teur avait voulu contracter, le soumette par un motif « d'équité à une obligation secondaire en dommages-intérêts, « obligation suffisante pour servir de cause au contrat de « cautionnement et le soutenir » (1).

Le vendeur de la chose d'autrui peut-il, en vertu d'une clause pénale ajoutée à l'acte, se soumettre à telle ou telle obligation pour le cas où il ne réaliserait pas le transfert de propriété qui fait l'objet de la dette ? En principe, il faut répondre affirmativement : en effet, si « la nullité de l'obliga- « tion principale entraîne celle de la clause pénale (art. « 1227), » il faut reconnaître qu'à une obligation principale valable, une clause pénale peut valablement être ajoutée.

Cependant, lorsque l'acheteur a été de mauvaise foi au moment du contrat, il devient nécessaire de faire une distinction. Nous savons que dans ce cas le vendeur ne doit pas de dommages-intérêts, et nous avons vu quels motifs ont dicté cette disposition si raisonnable (2). Pourra-t-il toujours y être dérogé? La clause par laquelle le vendeur s'oblige à

(1) Ponsot, *du Cautionnement*, 38. Dalloz, *V° Cautionn.* 62,
(2) Req. rej., 12 avril 1869 (Sir., 69, 1, 338).

indemniser un acheteur de mauvaise foi est-elle dans tous les cas valable? Si l'acheteur seul a su que la chose appartenait à autrui, cette stipulation sera nulle : l'acheteur, en effet, a commis un dol, et c'est pourquoi l'article 1599 ne lui permet pas de réclamer des dommages-intérêts; la même raison d'équité doit enlever tout effet à la convention par laquelle il se les serait fait promettre (1). Si, au contraire, l'acheteur et le vendeur ont tous les deux traité en connaissance de cause, c'est pour une tout autre raison que l'article 1599 enlève à l'acheteur le droit de se faire indemniser; dans ce cas, il s'agit uniquement de respecter la volonté des parties qui a été vraisemblablement de faire une opération aléatoire; aussi, rien n'empêche-t-il les parties d'exprimer une volonté contraire; l'article 1626, qui leur permet d'ajouter à l'obligation de garantie comme d'en diminuer l'effet, et l'article 1134, d'après lequel « les conventions légalement formées tiennent « lieu de loi à ceux qui les ont faites, » veulent que l'acheteur puisse, en consentant à courir la chance de ne pas recevoir la propriété, se réserver du moins le droit d'obtenir une réparation complète du préjudice qu'il subira si cette éventualité se réalise (2).

D'après la doctrine qui ne reconnaît aucun effet à la vente de la chose d'autrui, il faudrait dans tous les cas proscrire cette clause, comme tendant à douer d'efficacité un acte radicalement nul (3). Cependant, qu'y a-t-il de plus licite, dans

(1) Pau, 26 février 1868 (Sir., 68, 2, 73).

(2) Pothier, *Vente*, 191. — Duranton, XVI, 264; Duvergier, *Vente*, I, 222 et 334; Troplong, *Vente*, I, 468, 469; Marcadé, art. 1629, n° 6; Aubry et Rau, § 355, notes 47 et 48. — Req. rej., 20 août 1835 (Sir. 36, 1, 34).

(3) Leligois, *loc. cit.*, 9; de Folleville, *loc. cit.*, 111 à 115. — Caen, 12 février 1840 (Sir. 40, 2, 309).

la deuxième hypothèse que nous avons prévue? Il s'agit simplement d'enlever au contrat que les parties forment sciemment sur la chose d'autrui ce qu'il contient d'aléatoire, et de garantir à l'acheteur, pour le cas où il n'obtiendrait pas la chose même qui fait l'objet de la vente, un équivalent qui en représente exactement la valeur.

Nous réservons seulement aux tribunaux le droit de « modérer les condamnations prononcées contre le vendeur, en « tenant compte des circonstances (1), » et aussi d'apprécier si, en fait, l'opération ayant constitué un véritable délit dont l'acheteur se serait rendu le complice, la stipulation de garantie ne doit pas elle-même être déclarée nulle, pour défaut de cause licite (2).

II. — La vente de la chose d'autrui, obligeant le vendeur à transférer la propriété, contient le germe d'une aliénation qui n'attend, pour se consommer, que la disparition de l'obstacle qu'elle rencontre dans le droit d'autrui. Le vendeur doit rendre l'acheteur propriétaire : dès que l'exécution de cette obligation devient possible, elle s'accomplit d'elle-même, par la force inhérente au contrat, et la propriété est immédiatement transférée. Dès lors, le vendeur est dans la situation de quiconque a vendu sa propre chose : tant que la chose appartenait à autrui, il n'était obligé ni d'en faire ni d'en continuer la délivrance ; du jour où il l'a acquise, et par suite transmise à l'acheteur, il doit la lui délivrer, c'est-à-dire la mettre « en sa puissance et possession (art. 1604), » lui en garantir « la possession paisible (art. 1625). »

(1) Req. rej.. 8 novembre 1820.
(2) Civ. rej., 12 juillet 1837 (Sir. 37, 1, 964).

Si donc on admet la thèse que nous soutenons, on arrive sans inconséquence à consacrer ces deux décisions qu'on a considérées comme contradictoires (1): le vendeur peut agir en restitution de la chose d'autrui qu'il a livrée ; il ne le peut plus, dès qu'il a acquis la propriété. Nous concilions ainsi la rigueur de la nullité que la loi prononce contre les actes d'aliénation de la chose d'autrui, avec la nécessité d'assurer entre les parties le respect des conventions, dans ce qui n'est pas contraire aux lois et aux bonnes mœurs.

La jurisprudence est à peu près unanime à décider que la vente de la chose d'autrui produit tous les effets d'une vente parfaite, du moment où la chose cesse d'appartenir à autrui (2).

(1) Aubry et Rau, § 351, note 48 *in fine*. Ces deux décisions sont en effet contradictoires, dans la doctrine d'après laquelle la vente de la chose d'autrui est impuissante à créer aucun lien d'obligation.

(2) Les lois les plus récentes votées sur ce sujet en pays étranger contiennent textuellement cette solution. Ainsi aux Etats-Unis, l'acte du 29 mars 1872, concernant les transmissions de propriété dans l'Illinois, dit : art. 7. « La vente d'un immeuble dont le « vendeur n'était pas propriétaire, produira ses effets, si, posté« rieurement à la rédaction de l'acte, le vendeur acquiert la pro« priété de cet immeuble. » — Dans notre jurisprudence française, nous ne connaissons que les arrêts suivants qui se soient prononcés en sens contraire : Civ. rej., 14 février 1837 (Sir., 37, 1, 890); Bastia, 18 avril 1855 et 3 mars 1858 (Sir., 58, 2, 241). En faveur de la validation, on peut citer, parmi les arrêts les plus récents, Agen, 17 décembre 1851 (Sir., 52, 2, 392), Req. rej., 20 février 1855 (Sir. 55, 1, 590), Agen, 13 juin 1866 (Sir. 66, 2, 339), Req. rej., 30 décembre 1872 (Sir., 73, 1, 437). La Cour de Grenoble a même étendu cette doctrine à la vente des choses hors du commerce, en argumentant de l'article 1599 (11 janvier 1864, Dall., 66, 2, 18, et notes 2, 3); mais, c'est là une décision qui nous paraît plus difficile à justifier; si nous donnons effet à la vente de la chose d'autrui, lorsque la translation de propriété devient possible, c'est précisément parce que la chose d'autrui n'est pas, à

La doctrine contraire est trop manifestement inique pour qu'elle ait quelque chance d'être jamais adoptée dans la pratique. Les auteurs qui la préconisent reconnaissent eux-mêmes que « la réclamation élevée par un acheteur, qui n'a plus « aucune éviction à craindre, ne se présente pas en général « sous un jour favorable (1) ». Si le propriétaire dont je vous ai vendu et livré la chose et de qui je l'ai ensuite légitimement acquise vient à vous attaquer, vous n'avez qu'à me mettre en cause (art. 1640), et je repousserai la revendication en opposant l'acquisition que j'ai faite et qui vous a rendu propriétaire ; comment pourriez-vous ensuite poursuivre contre moi la nullité de la vente, pour me contraindre à reprendre la chose et à restituer le prix, peut-être même aussi à vous payer des dommages-intérêts en réparation d'un préjudice que vous vous causez volontairement à vous-même, sans que je puisse vous repousser à votre tour par la même exception qui a servi à vous défendre contre l'éviction (2) ? L'iniquité ne serait pas moins criante, si je pouvais moi-même, après m'être procuré la chose qui a fait l'objet de la vente, refuser de vous la livrer ou en réclamer la restitution.

En vain on objecte que, dans notre doctrine, le vendeur tient entre ses mains le sort de la vente, et qu'il peut à son gré donner effet au contrat ou en maintenir la nullité, suivant qu'il consent ou se refuse à traiter avec le véritable propriétaire (3). Il ne dépend pas de lui de faire naître l'obligation de

proprement parler, hors du commerce, ainsi que nous croyons l'avoir démontré.

(1) Aubry et Rau, § 351, note 49 ; de Folleville, *loc. cit.*, p. 61, note 1.

(2) Arntz, *Cours de droit civil français*, cité par de Folleville, *loc. cit.*, n° 91.

(3) Aubry et Rau, § 351, note 49.

dare dont il est tenu ; seulement, il dépend de lui de l'exécuter : or, c'est ce qui se produit toutes les fois que l'exécution en nature d'une obligation n'est pas possible sans la bonne volonté du débiteur. Si l'acheteur connaissait le vice de la chose, il a su à quoi il s'exposait ; s'il l'a ignoré, il pourra du moins, conformément au droit commun dont l'article 1599 fait lui-même l'application, exiger une réparation égale au préjudice que lui cause l'inexécution du contrat.

Nous aurons à traiter, dans un chapitre spécial, des divers évènements qui peuvent entraîner exécution de la vente ou plus généralement de tout acte, translatif de propriété ou constitutif de droit réel, ayant pour objet la chose d'autrui.

III. — En somme, la vente de la chose d'autrui, envisagée sous le second aspect que nous venons d'étudier, est un contrat parfaitement valable.

Disons mieux : ce n'est pas seulement un contrat innommé, c'est une véritable vente. Quel est, en effet, celui des éléments requis pour l'existence du contrat de vente qu'on prétendrait faire ici défaut ? Le consentement, la chose, le prix ne sont-ils pas réunis ? Sans doute, la translation de propriété, qui est en général consommée aussitôt que les parties sont tombées d'accord sur la chose et sur le prix, se trouve différée au jour où elle deviendra possible. Mais, qu'importe ? Ne peut-on pas contracter une véritable vente, en suspendant l'effet translatif du contrat jusqu'à l'échéance d'un terme ou jusqu'à l'arrivée d'une condition ? Cette suspension ne résulte-t-elle pas de la nature des choses, quand l'objet vendu n'a pas été déterminé *in specie ?* Il en est de même, lorsque le vendeur n'a pas encore la propriété qu'il se propose d'acquérir pour la transmettre.

Cette observation a son importance : nous devrons appliquer à la vente de la chose d'autrui, non-seulement les règles générales à tous les contrats, mais encore les règles particulières à la vente, notamment en ce qui concerne le privilége du vendeur et la rescision pour cause de lésion de plus des sept douzièmes (1).

Pour résumer en quelques mots et mieux faire ressortir par le contraste les effets que nous reconnaissons à la vente de la chose d'autrui, nous les comparerons à ceux que produit une vente toute particulière, portant aussi sur la chose d'autrui, mais frappée d'une nullité bien plus complète que celle prononcée par l'article 1599 : nous voulons parler de la vente d'objets dépendant d'une succession future (art. 791, 1130, 1600). Il est parfois très aisé de confondre cette opération avec une vente ordinaire de la chose d'autrui. Nous ne chercherons pas ici à tracer la limite exacte qui les sépare (2) ; nous nous proposons seulement d'indiquer ce qu'il y a de commun et ce qu'il y a de différent dans les règles qui les gouvernent.

La nullité des pactes sur succession future repose sur un motif d'ordre public ; elle est absolue. On peut la comparer à la nullité dont est atteint l'acte par lequel on s'obligerait à livrer une chose appartenant à autrui sans en acquérir préalablement la propriété. De même que la possession de la chose d'autrui ne doit faire l'objet d'aucun trafic, la succession des personnes vivantes est placée par la loi hors du com-

(1) Colmet de Santerre, VII, 2 bis II.

(2) V. Larombière, art. 1130, nos 24 et s.; Laurent, XVI, nos 91 et s.

merce. A ce point de vue, ce n'est pas sans raison que le législateur a rapproché la disposition qui annule la vente de la chose d'autrui et celle qui prohibe la vente d'une succession future (art. 1599 et 1600). Aussi, retrouvons-nous dans la nullité de l'article 1600 les trois caractères que celle de l'article 1599 nous a présentés :

1° Elle peut être invoquée par toute personne intéressée (1) ;

2° Elle peut l'être, malgré toute stipulation contraire ou toute renonciation au droit d'agir (2) ;

3° Elle peut l'être pendant trente années (3), à partir de l'ouverture de la succession (4).

Mais, à la différence de ce que nous avons constaté sur l'article 1599, cette nullité vicie tout l'acte ; elle ne permet à aucune obligation de prendre naissance ; l'héritier présomptif, qui aliène par avance ce qu'il doit recueillir un jour dans la succession du *de cujus*, ne se lie à aucun titre. De là découlent d'importantes conséquences, formant la contrepartie des solutions que nous avons rattachées à la validité de l'obligation de *dare* contractée par le vendeur de la chose d'autrui :

1° La vente d'une succession future ne comporte aucune stipulation tendant à garantir l'accomplissement des obliga-

(1) Larombière, art. 1130, n° 33; Paris, 4 février 1863 (Dall.. 63. 2, 45).

(2) Larombière, art. 1130, nos 24, 25.

(3) Aubry et Rau, § 339, note 4; Laurent, XIX, 11 et 12. — Civ. rej. 11 novembre 1845 (Sir. 45, 1, 785). — La Jurisprudence belge applique cependant la prescription décennale de l'article 1304.

(4) Aix, 2 juin 1840.

tions que les parties ont voulu contracter : le cautionnement, la clause pénale seraient frappés de la même nullité que le pacte prohibé, dont ils auraient pour but d'assurer l'effet (1).

2° L'acquisition que ferait le vendeur des objets compris dans la vente, par exemple en succédant au propriétaire, n'effacerait pas la nullité, et la revendication pourrait être valablement intentée contre l'acheteur sans que celui ci pût répondre par l'exception de garantie (2).

Mais, il y a plus : ce n'est pas comme appartenant à autrui, c'est comme faisant partie d'une succession future que les choses qu'on est destiné à recueillir plus tard comme héritier ne peuvent pas être vendues ; aussi, l'intervention du propriétaire lui-même, ne leur enlevant pas ce caractère, serait impuissante à les rendre susceptibles de former l'objet d'une convention valable, au lieu que, s'il s'agissait d'une simple *res aliena*, le propriétaire, en consentant à l'aliénation, supprimerait l'unique obstacle qui s'oppose à la validité de l'acte.

Ajoutons seulement que, du jour où la chose vendue ne fait plus partie du patrimoine que le vendeur doit recueillir plus tard en qualité d'héritier, ou bien du jour où elle est devenue la propriété de ce vendeur, la prohibition cesse pour l'avenir, avec le motif sur lequel elle reposait : désormais le vendeur pourra, non pas confirmer l'acte ancien, mais accomplir à nouveau tous les actes que son droit comporte (3).

(1) Lyon, 14 février 1852 (D. P. 55, 5, 296).

(2) Agen, 2 juin 1840.

(3) Laurent, XVIII, nos 575 et s. *Contra*, Larombière, art. 1338, n° 20.

L'article 1599 doit-il être généralisé?

Doit-on généraliser l'application des principes qui régissent la vente de la chose d'autrui, et l'étendre à tous les actes d'aliénation émanés d'un *non dominus?* Que ces actes soient à titre gratuit ou à titre onéreux, qu'ils dérivent du consentement des parties ou de la volonté d'un testateur, qu'ils tendent à transférer la propriété ou seulement à la démembrer, en un mot qu'ils s'appellent échange, donation, legs, constitution d'usufruit, de servitude ou d'hypothèque, doit-on les soumettre aux mêmes règles, sans tenir compte ni de leur nature, ni de leur objet?

Comme actes translatifs de propriété ou de droits réels, ils sont tous frappés de la même nullité : le droit du propriétaire oppose dans tous les cas le même obstacle à l'accomplissement de leurs effets. *Nemo plus juris in alium transferre potest quàm ipse habet.* N'est-il pas cependant certains cas exceptionnels où l'acquéreur *a non domino* devient immédiatement propriétaire, comme s'il avait traité avec le *verus dominus?* Cette question, qui nous entraînerait notamment dans la controverse célèbre sur les actes de l'héritier apparent, ne rentre pas dans le cadre que nous nous sommes tracé : qu'on nous permette donc de ne pas la traiter.

Mais, nous avons à nous demander si, au point de vue des obligations qu'il est de leur nature de créer, les actes d'aliénation émanés d'un *non dominus* ont tout à la fois le degré de force et le degré d'impuissance qui caractérisent la vente de la chose d'autrui.

En tant qu'ils ont pour objet la simple possession d'une *res aliena*, nous pensons qu'ils sont toujours radicalement nuls. Je ne puis pas plus m'obliger par échange ou par donation que par vente à vous livrer ce qui ne m'appartient pas, pour que vous le possédiez à titre de propriétaire ; je ne puis pas plus être soumis à cette obligation, par la volonté du *de cujus*, que la contracter moi-même volontairement ; si, en fait, elle a formé l'objet du contrat ou du legs, je ne puis être tenu de l'exécuter. En effet, de quelque façon qu'ils se produisent, de tels actes portent toujours la même menace au droit du propriétaire et la même atteinte à l'ordre public. Légataire, donataire ou acheteur, tout acquéreur qui reçoit la chose d'autrui doit à son titre une possession utile à prescrire dont ne jouissait peut-être pas son auteur ; il y puisera dans certains cas le droit d'invoquer la prescription de dix à vingt ans ou la prescription instantanée, et le droit de retenir les fruits qu'il aura perçus ; ainsi, sa mise en possession aura pour effet ou de rendre possible, ou de hâter, ou même de consommer immédiatement le dépouillement du propriétaire : comment ne prohiberait-on pas l'acte dont l'exécution doit avoir de tels résultats, pour prévenir au moins les désastres irréparables que cette exécution peut causer ? La nature des motifs sur lesquels est fondé l'article 1599 ne nous permet pas de traiter plus favorablement que la vente les autres opérations qui présentent les mêmes dangers ; et l'article 1238, qui frappe d'une nullité absolue tout paiement par lequel on reçoit *animo domini* la chose d'un tiers, condamne par cela même tout acte qui aboutirait à ce résultat, en obligeant un *non dominus* à faire tradition comme s'il était propriétaire.

Mais, du moins, l'acte tendant à l'aliénation d'une *res aliena* engendre-t-il toujours, comme la vente de la chose d'autrui, l'obligation de transférer la propriété ? Rien, sans doute, ne fait obstacle, en principe, à ce qu'on s'oblige à *dare rem alienam ;* mais l'application des règles spéciales à certains actes de disposition ne peut-elle pas empêcher cette obligation de prendre naissance ?

C'est ce que nous nous proposons maintenant d'examiner, en limitant cette étude aux actes entre-vifs les plus importants ; nous passerons en revue la vente commerciale, l'échange, la donation entre-vifs, et enfin la constitution d'hypothèque.

SECTION III

De la vente commerciale et de l'échange de la chose d'autrui.

Nous ne voyons aucune raison de ne pas appliquer les règles qui gouvernent la vente de la chose d'autrui à tous les contrats à titre onéreux qui, ayant pour but de transférer la propriété, portent sur une *res aliena*. Nous ne nous occuperons ici que de la vente commerciale et de l'échange.

I

On discute si l'article 1599 est applicable en matière commerciale. Mais, pour beaucoup d'auteurs, la controverse nous paraît être bien plutôt dans les mots que dans les choses.

Il en est d'abord qui, voyant dans l'article 1599 la consécration du principe *nemo plus juris transferre potest quàm ipse habet*, ont dit : « L'article 1599 ne régit que les ventes « immobilières. On sait, en effet, que, même en droit com- « mun, en fait de meubles la possession valant titre, la vente « de la chose dont le vendeur ne serait pas propriétaire serait « valable, la revendication n'étant admise que dans le cas « de perte ou de vol ; or, les achats et ventes commerciaux

« n'auront jamais pour objet que des choses ou valeurs mobi-
« lières (1). »

Cette façon de résoudre la difficulté revient à constater, ce qui n'est pas discutable, que l'article 2279 régit les relations commerciales. Mais, il y a là, nous semble-t-il, une confusion : l'article 1599 n'a pas pour but de rappeler la règle *nemo plus juris....*, mais d'annuler en tant que contrat l'acte par lequel on voudrait disposer de la chose d'autrui, et il s'agit de savoir si le même acte, revêtu du caractère commercial, est également dénué d'effet *inter partes*. D'autre part, nous ne pensons pas qu'on doive considérer la prescription, même celle de l'article 2279, comme dérogeant véritablement à la nullité des actes d'aliénation du bien d'autrui ; bien que l'acheteur ait dans la prescription le moyen de repousser la revendication du propriétaire, il n'en est pas moins admis à se prévaloir encore de la nullité (nous essayerons du moins de le démontrer), et ainsi on ne peut pas dire que la vente soit valable.

Il est une autre idée qui doit également être rejetée : la vente commerciale, pourrait-on dire, a nécessairement pour objet des choses considérées *in genere;* donc il ne peut être question de la soumettre à la disposition de l'article 1599 (2).

Si cette considération était exacte, la difficulté que nous étudions n'existerait même pas ; il est bien évident, en effet, que la vente d'objets *in genere* ne constitue pas, à proprement parler, une vente de la chose d'autrui, lors même que le

(1) Bédarride, *Achats et ventes*, nº 21. Pardessus, *Cours de droit commercial*, nº 272.

(2) Toullier, VI, nº 133 *in f.* — C'est à tort, nous semble-t-il, que cette idée a été prêtée à M. Alauzet (*comm.*, II, nº 586) par M. Demangeat (Bravard-Veyrières, II, p. 416) et par M. de Folleville (*loc. cit.*, nº 25).

vendeur n'aurait actuellement dans son patrimoine aucune chose de la nature de celles qu'il s'oblige à donner. Mais rien n'empêche de prévoir qu'en matière commerciale on s'engage à procurer à un acheteur une chose déterminée, appartenant, lors du contrat, à une tierce personne : cet engagement pourra-t-il être valablement contracté?

La question ainsi posée ne peut être qu'affirmativement résolue, si l'on tient compte des déclarations formelles faites à deux reprises, au cours des travaux préparatoires, par Bérenger et par Grenier (1). Aussi s'accorde-t-on très-généralement à reconnaître l'efficacité de la vente commerciale ayant pour objet la chose d'autrui. En décidant ainsi, les uns appliquent simplement les principes de la vente civile, les autres consacrent une dérogation au droit commun.

Mais en quel sens peut-on dire que la vente commerciale de la chose d'autrui est valable ? quelles obligations produit-elle à la charge du vendeur ?

Les uns l'assimilent à la vente romaine de la chose d'autrui, et voient même dans ce retour à des traditions que notre droit civil aurait eu le tort de délaisser, un hommage à l'excellence des principes consacrés par la législation romaine (2).

Mais d'après la très-grande majorité des auteurs, la vente commerciale de la chose d'autrui oblige à transférer la propriété, et non-seulement à mettre et maintenir l'acheteur en possession (3). Presque tous la qualifient de vente, sans hési-

(1) Locré, XIV, p. 53 et 54, p. 242.

(2) Molitor, *Oblig.*, n° 383. Delamarre et Le Poitvin, IV, n° 51. La vente de la chose d'autrui est, disent ces derniers auteurs, « du « nombre de celles que l'on nomme *ventes à livrer*. »

(3) Tel est le système adopté par la législation italienne ; d'après le Code de commerce italien, « la vente commerciale de la chose « d'autrui est valable ; elle oblige le vendeur à en faire l'acquisition

ter (1) ; quelques-uns seulement y voient un contrat innommé (2).

S'il est vrai que la vente commerciale soit, en notre matière, soustraite à l'empire du droit commun, comment justifier cette dérogation aux principes ? Ceux qui admettent que d'après le droit civil le vendeur de la chose d'autrui n'est pas plus obligé de rendre l'acheteur propriétaire que de le mettre en possession, reconnaissent qu'en matière de commerce, les nécessités pratiques ne permettent pas d'appliquer une disposition si rigoureuse. « Les spéculations commerciales, « a-t-on dit, se faisant toujours en vue d'un avenir plus ou « moins prochain, il faut que l'on puisse traiter de choses « dont le vendeur n'est pas encore propriétaire, si les parties « ont intérêt à en fixer dès à présent le prix (3). » A cette considération pratique, on peut ajouter, si on ne regarde pas l'article 1599 comme établissant une règle d'ordre public, supérieure à la volonté des parties, qu'en matière commerciale il est naturel de supposer chez les parties l'intention de faire un contrat valable : « en ce qui concerne les marchan- « dises qui sont perpétuellement en vente, qui n'existent que « pour être achetées et revendues, l'intention présumée des « parties, en matière commerciale, c'est qu'elles ont voulu « déroger à l'article 1599 (4). » Enfin, on a essayé de rat-

« et à en opérer la livraison à son acquéreur, sous peine de dom- « mages-intérêts. » Hœchster, Sacré et Oudin (*Manuel de droit commercial français et étranger*, p. 291).

(1) Toullier, VI, n° 133. Troplong, *Vente*, n° 232. Aubry et Rau, § 351 et note 55. Alauzet, *Comment.*, II, n°s 585 et 586 ; *Diction. du comm. et de la navig.*, V° *Vente*. Boistel, *Droit commerc.* p. 305.

(2) Duvergier, *Vente*, n° 223. Dalloz, *Rép.* V° *Vente*, n° 533.

(3) Boistel, *loc. cit.*

(4) Alauzet, *loc. cit.*

tacher la validité des ventes commerciales du bien d'autrui à une idée que nous aurons plus tard l'occasion de critiquer : en disposant de la chose d'un tiers, le commerçant serait réputé, par une sorte de présomption légale, promettre la ratification du véritable propriétaire (1).

Il est cependant des auteurs que ces raisons pratiques ou juridiques ne peuvent satisfaire : les uns, sans approuver l'innovation de l'article 1599 qu'ils qualifient d' « *erreur indigne du législateur,* » ne croient pas possible de s'y soustraire en matière commerciale, à défaut d'un texte qui en contienne l'abrogation (2). D'autres, très-favorables à la disposition de l'article 1599, lui reconnaissent un tel caractère, qu'elle ne saurait comporter aucune restriction (3) ; et, en effet, si la vente de la chose d'autrui manque d'objet ou de cause licite, on ne voit pas pourquoi, justement mise à l'écart du droit civil, elle pourrait continuer, dans les rapports commerciaux, à troubler l'ordre public et à offenser la morale : à moins qu'on ne prête au législateur la ridicule pensée de donner raison aux vieilles calomnies qui représentent l'improbité et la fraude comme étant d'essence commerciale.

Pour nous, ce qu'il y a de prohibé dans les relations civiles ne peut être licite dans le commerce ; mais l'élément de validité que nous avons reconnu dans la vente de la chose d'autrui suffit à donner satisfaction à toutes les exigences de la pratique. Nous renvoyons d'ailleurs à l'explication que nous avons donnée, sur ce point, des travaux préparatoires (4).

(1) Guillouard, *Vente de la chose d'autrui*, n° 29 (Rev. crit. 1875).

(2) Bravard-Veyrières et Demingeat, II, p. 416.

(3) De Folleville, *loc. cit.*, n° 25.

(4) *Supra*, p.

II

En matière d'échange, l'application de l'article 1599 souffre beaucoup moins de difficulté. Elle est commandée par l'article 1707, qui soumet en général le contrat d'échange aux règles prescrites pour le contrat de vente. Aussi, lorsque l'un ou l'autre des copermutants a livré ou promis la chose d'un tiers, voyons-nous se reproduire les controverses qu'a suscitées l'interprétation de l'article 1599.

I. — D'après les principes du droit romain, l'échange ne se formait pas *solo consensu,* comme la vente. C'était un contrat innommé *do ut des* : aussi, pour qu'il prît naissance, il fallait une translation de propriété, accomplie par l'un des copermutants, et, dès qu'il existait, il obligeait l'autre partie à transférer, non-seulement la *vacua possessio*, mais la propriété elle-même. La *datio* émanée de l'un pouvait seule obliger l'autre, et elle l'obligeait à *dare.*

Autant nous avons vu les anciens principes de la vente s'écarter de notre droit actuel, autant nous verrons s'en rapprocher ceux qui régissaient l'échange : si bien qu'au premier abord on pourrait être tenté d'affirmer l'identité de règles entre la *permutatio rei alienæ* du droit romain et la vente, l'échange ou tout autre contrat moderne translatif de propriété, qui a pour objet la chose d'autrui. Nous reconnaîtrons pourtant que, s'il y a des traits communs, la ressemblance est loin d'être complète. Il serait tout-à-fait inexact de dire que le législateur moderne a simplement reproduit, en les généralisant, les règles du droit romain spéciales aux contrats inommés *do ut des*.

D'après la loi romaine, si l'une seule des parties a livré la chose promise, et que cette chose appartienne à autrui, le contrat d'échange n'existe pas. Nous ne disons pas que le *tradens* n'a pas exécuté son obligation, nous disons qu'aucune obligation ne s'est formée, ni à sa charge, ni à celle de l'autre partie. *Pedius ait alienam rem dantem nullam contrahere permutationem* (Paul. 1, § 3, *de rer. perm.* D.). Aussi, le copermutant qui a reçu la chose d'autrui n'a, s'il est évincé, aucun recours à exercer, pourvu qu'il n'ait pas lui-même, en transférant la propriété de la chose par lui promise, donné naissance au contrat ; quant à celui qui a livré la chose d'autrui, il peut la reprendre par une *condictio possessionis*, tant du moins que l'usucapion n'a pas, en rendant l'*accipiens* propriétaire, consommé la *datio* nécessaire pour la formation de l'échange (Paul, 1, § 4, *de rerum permut.* D.).

Lorsque l'un des coéchangistes a reçu la propriété, il est obligé à *dare* ; s'il livre une chose appartenant à autrui, il ne se libère pas, fût-il de bonne foi, malgré la promesse *de evictione* qu'il est obligé de fournir. C'est pourquoi celui qui, ayant transféré la propréte, n'a obtenu en retour que la possion d'une *res aliena*, peut, à la différence de l'acheteur, agir avant toute éviction, sans avoir à établir la mauvaise foi de l'autre partie, par cela seul qu'il n'est pas devenu propriétaire (1). De plus, il n'a pas seulement, comme l'acheteur

(1) Il est vrai que certains textes, qui reconnaissent au coéchangiste le droit d'agir, supposent qu'il a été évincé : Paul, 1, § 1 *de rer. permut.*, D. Gord. ; 1, *de rer. perm.*, C. Mais on ne doit pas en conclure *a contrario* que ce droit ne lui appartenait pas avant l'éviction. V. Accarias, *Contrats innommés*, p. 141.

évincé, le droit d'agir en exécution du contrat : il peut, à son choix, réclamer l'exécution ou la résolution, en exerçant soit l'action *præscriptis verbis*, soit la *condictio*. (Paul, 5, §§ 1, 2, *de præscr. verbis*, D. 19, 5).

II. — Dans notre droit, l'article 1702 définit l'échange : « un contrat par lequel les parties se donnent respectivement « une chose pour une autre. » Si on prenait à la lettre cette définition, on pourrait croire que la dation effective de la chose promise est nécessaire à la formation du contrat. Cette interprétation littérale conduirait à dire qu'il n'y a pas d'échange avant que les deux parties se soient rendues l'une l'autre propriétaires ; ainsi, le législateur moderne aurait encore enchéri sur la rigueur du droit romain, qui, du moins, se contentait d'une exécution unilatérale pour donner effet à la convention et la transformer en contrat. Telle est l'opinion que soutiennent les interprètes les plus rigoureux de l'article 1599 : suivant eux, il suffit que l'une des choses respectivement promises en échange appartienne à autrui pour que le contrat soit nul ou plutôt inexistant (1).

Mais, après avoir défini l'échange, le législateur ajoute immédiatement : « L'échange s'opère par le seul consente- « ment, de la même manière que la vente, » art. 1703. Si, à la différence de l'ancienne *permutatio rerum*, l'échange est un contrat consensuel, on ne peut exiger, pour sa formation, que de part ou d'autre la propriété ait été transférée : la volonté des parties doit suffire. A Rome, si l'on était convenu de se donner réciproquement des objets *in genere*, il n'y avait pas d'obligation civile avant que l'une des parties

(1) De Folleville, *loc. cit.*, nos 135 et 136.

eût rendu l'autre propriétaire ; aujourd'hui, personne n'oserait soutenir que la validité d'un tel contrat dépend de l'exécution qu'il recevra. De même, devons-nous dire que, par la toute puissance du consentement, les parties s'obligent, lors même que le défaut de droit fait obstacle à l'exécution immédiate de leur promesse : si les choses promises appartiennent toutes deux à autrui, les deux copermutants s'obligent respectivement à s'en rendre propriétaires ; si l'une d'elles seulement appartient à autrui, le copermutant qui est propriétaire transfère immédiatement son droit à l'autre, et celui-ci, ne pouvant donner ce qu'il n'a pas, s'oblige seulement à *dare*. Par conséquent, du moment où le coéchangiste devient propriétaire, la propriété est immédiatement transférée à l'autre partie, en exécution de l'obligation qu'il a valablement contractée (1).

III. — Aujourd'hui, comme dans le droit romain, les obligations qui naissent de l'échange ont pour objet la translation de la propriété, et leur inexécution donne à la partie qui en souffre le droit de réclamer des dommages-intérêts ou de faire prononcer la résolution du contrat. On s'accorde à reconnaître que, du jour où l'un des coéchangistes a le moyen de prouver qu'il a reçu la chose d'autrui, il peut, soit repousser l'action dirigée contre lui par l'autre partie, soit agir lui-même contre celle-ci. S'il n'a pas encore livré la chose qu'il a promise, il ne saurait être contraint à la livrer tant qu'on ne l'a pas rendu lui-même propriétaire ; mais, la retenant, il doit au moins restituer celle qu'il a reçue (art. 1704) (2).

(1) Bastia, 8 déc. 1834.

(2) Civ. rej., 11 août 1835 : « l'échangiste n'est pas recevable à demander la nullité de l'échange lorsqu'il se trouve dans l'impossibilité de rendre la chose qu'il a reçue ».

S'il a déja opéré la tradition, il a le choix « de conclure à des « dommages-intérêts ou de répéter sa chose » (art. 1705). L'article 1705, comme nous l'avons déjà remarqué (1), applique la règle générale de l'article 1184. Il doit être complété d'ailleurs par les principes qui régissent la garantie en matière de vente : notamment, le copermutant qui a reçu la chose d'autrui ne peut, sauf stipulation contraire, réclamer des dommages-intérêts que s'il a été de bonne foi (art. 1599 *in fine)*.

L'article 1705, qui statue expressément pour le copermutant évincé, ne semble-t-il pas exiger, comme condition du droit qu'il accorde, l'accomplissement de l'éviction? Ne lui attribuons pas ce sens étroit. Il a pour but de déterminer, non pas les conditions requises pour que le coéchangiste qui a reçu la chose d'autrui puisse agir, mais la nature des prétentions qu'il peut élever, soit que, réclamant l'exécution du contrat par équivalent, il conclue à des dommages-intérêts, soit que, demandant la résolution, il répète sa propre chose. S'il n'avait pas opéré la tradition de ce qu'il a lui-même promis, il pourrait certainement, sans attendre l'éviction, se prévaloir de ce qu'il n'a pas reçu la propriété ; les termes de l'article 1704 ne laissent, sur ce point, place à aucun doute ; comment serait il placé dans une situation plus défavorable, parce qu'il a commencé par exécuter lui-même son obligation (2) ?

Nous venons de voir que, même avant qu'aucune des deux parties ait transféré la propriété, l'échange de la chose d'autrui est valable, comme engendrant une double obligation de

(1) *Supra*, p.

(2) Duranton, XVI, 544. Troplong, *Echange*, 23. Aubry et Rau, § 360, note 5. — Poitiers, 16 avril 1822. Grenoble, 4 mars 1847. (Sir., 48, 2, 718).

dare. A un autre point de vue, il contient, suivant nous, un vice dont il n'était pas entaché d'après les principes du droit romain : il est nul, en ce sens que le coéchangiste ne peut valablement ni s'obliger à livrer la chose d'autrui, ni exécuter une telle obligation : aussi peut-il, non seulement refuser d'en faire tradition, mais même la répéter s'il l'a livrée. A Rome, il le pouvait lorsque, aucune *datio* n'ayant encore été effectuée, le contrat d'échange ne s'était pas formé ; aujourd'hui, nous pensons qu'il le peut toujours, malgré les obligations nées du contrat, parce que ces obligations n'ont pas pu avoir pour objet la possession d'une *res aliena*. Nous nous séparons sur ce point de tous les auteurs qui refusent l'action en nullité au vendeur de la chose d'autrui (1).

Ne pourrait-on pas, à l'appui de la doctrine que nous soutenons, tirer de l'article 1704 un argument spécial à la matière de l'échange? D'après cet article, le copermutant qui a reçu la chose d'autrui « ne peut pas être forcé à livrer celle « qu'il a promise en contre-échange, mais seulement à rendre « celle qu'il a reçue ; » par conséquent, celui qui a livré la chose d'autrui ne peut pas réclamer la chose qui lui a été promise, mais il peut répéter celle qu'il a lui-même livrée (2). Quoi qu'il en soit, les mêmes raisons qui, sur l'article 1599, nous ont conduit à donner l'action en nullité au vendeur comme à l'acheteur, nous obligent à la donner aussi à l'un et à l'autre des copermutants.

(1) Colmet de Santerre, VII, 152 *bis* I et s.

(2) Peut-être pourrait-on nous répondre : « L'article 1704 prévoit le cas où celle des parties qui a reçu la chose d'autrui exerce son action, et, pour qu'elle puisse obtenir des dommages-intérêts, il lui impose l'obligation de restituer ce qu'elle a reçu ; mais il n'accorde pas à celle qui a livré la chose d'autrui la faculté de provoquer elle-même la résolution du contrat en exerçant l'action en répétition. »

SECTION IV

De la donation entre-vifs de la chose d'autrui.

La donation de la chose d'autrui, que nous n'hésitons pas à déclarer nulle en tant qu'elle aurait pour objet la possession d'une *res aliena*, a-t-elle du moins pour effet, comme la vente de la chose d'autrui, d'obliger le promettant à transférer la propriété ? En conséquence, si le donateur acquiert la chose donnée, la transmet-il par cela même en exécution du contrat, ou bien conserve-t-il pour lui le bénéfice de son acquisition et le droit de revendiquer ?

Il faut, suivant nous, faire une distinction : si la garantie n'est pas due, l'acte est absolument nul, comme portant atteinte à l'irrévocabilité des donations entre-vifs ; si, au contraire, le donateur est garant de l'éviction, il est obligé, comme un vendeur de la chose d'autrui, à transférer la propriété.

La distinction que nous proposons n'a son origine ni dans le droit romain, ni dans notre ancienne jurisprudence : elle résulte, suivant nous, des nouveaux principes que le Code civil a consacrés.

I. — Dans le droit romain, la donation de la chose d'autrui pouvait se réaliser, soit par une promesse, soit par une tradition : elle conférait ainsi, ou bien le droit d'exiger la livraison, ou bien la possession elle-même : et elle constituait au profit du donataire une *justa causa* qui lui permettait d'usucaper. Simple créancier, le donataire pouvait agir en exécution de la promesse. Mis en possession de la chose d'autrui, il avait l'exception *rei donatæ et traditæ* pour repousser la revendication qu'intenterait contre lui le donateur après avoir acquis la propriété ; bien plus, pour recouvrer la possession, si elle lui échappait et passait aux mains d'un autre *non dominus* ou du donateur devenu propriétaire, il avait l'action Publicienne. Ulp., 3, § 1 ; 7, § 3, D. *de public.* : *Sed et si quis ex lucrativis causis rem accepit, habet Publicianam, quæ etiam adversus donatorem competit ; est enim justus possessor et petitor, qui liberalitatem accepit.* Il faut donc se garder de dire qu'une telle donation était nulle. Seulement, comme à moins de clause contraire le donateur n'était pas soumis à la garantie, en principe il ne devait aucune indemnité en cas d'éviction, et le donataire évincé se trouvait en réalité n'avoir rien reçu. C'est en ce sens qu'il faut, suivant l'explication de Pothier, entendre ce texte de Pomponius : *Donari non potest nisi quod ejus fit cui donatum est.* 9, § 3, *de donation.* D. (1).

Rien n'empêchait d'ailleurs de donner, à ce point de vue, un plein effet à la donation de la chose d'autrui, au moyen d'une stipulation qui soumettait le donateur à la garantie

(1) Pothier, *Donations entre vifs*, 134 ; *Pandect.*, *de donationibus*, nº 44. Voici le commentaire de Pothier : *Quando enim res aliena ex causâ donationis traditur, quum nullum jus in donatarium transferatur nec eo nomine ipsi donator obligetur, prorsus inutilis et inanis est donatio.* Suivant Cujas, Pomponius entendrait parler, non pas d'une donation *a non domino*, mais d'une donation faite à un incapable : *Sensus est, inutilis donatio cùm is cui donatur est incapax* (Ed. Neap. X, p. 506 B).

(Sever. et Anton., 2, Code, *de evictionib.* 8-45) : il est vrai que, d'après un passage des sentences de Paul (V, tit. XI, § 5), une telle stipulation serait nulle; mais, il est à croire, comme nous l'avons déja vu, que le texte de Paul, qui nous a été transmis dans le bréviaire d'Alaric, a été modifié par les commissaires du roi barbare.

Remarquons que, d'après les principes de la loi *Cincia*, la donation d'une *res aliena*, dépassant le taux fixé, devait nécessairement demeurer sous le coup de la prohibition légale, tant que le donataire n'avait pas usucapé. Malgré la tradition accomplie, et les choses données fussent-elles *nec mancipi*, le donateur devenu propriétaire devait triompher dans sa revendication : en effet, à l'exception *rei donatæ et traditæ*, il pouvait victorieusement opposer la *replicatio Cinciæ*.

II. — Dans notre ancien droit, la règle de l'irrévocabilité que Ricard appelait l'âme de la donation entre-vifs, entraînait-elle la nullité de la donation de la chose d'autrui ? Nous ne voyons pas, dans nos anciens auteurs, qu'elle ait jamais eu cette conséquence. Et, en effet, même sous l'empire des coutumes qui interprétaient le plus rigoureusement la maxime « donner et retenir ne vaut, » et qui requéraient à la fois, pour la validité de la donation entre-vifs, la tradition de droit et la tradition de fait, rien n'empêchait qu'on pût satisfaire à ces exigences en donnant une *res aliena*. La tradition de droit, c'est celle qui « rend l'exécution de la donation indé« pendante des changements de volonté du donateur ; » c'est celle par laquelle « le donateur se lie sans retour dans l'ins« tant même où il donne ; » pour l'accomplir, le donateur de la chose d'autrui n'avait qu'à promettre de livrer. La tradition de fait, c'est « la délivrance de la possession de la chose donnée ; » c'est « la suite et l'exécution du contrat (1) ; » en livrant la chose d'autrui, conformément à sa promesse, le donateur se dépouillait irrévocablement de la possession au profit du donataire, et ne retenait rien sur la chose. Ainsi, la donation de la chose d'autrui produisait, d'après les anciens principes, un effet actuel et définitif au profit du donataire, effet subordonné sans doute à la chance de l'éviction, mais sur lequel la volonté du donateur ne pouvait plus rien. Dans le cas où elle n'obligeait pas le donateur à la garantie, on pouvait dire, il est vrai, qu'elle était sans effet à son égard, car il ne se dépouillait d'aucun droit et n'était tenu d'aucune obligation en cas d'éviction. Mais, si le donateur, en abandonnant la possession de la chose d'autrui, ne promettait pas d'en procurer la continuation paisible (*præstare habere licere*), il s'obligeait du moins à n'y apporter lui-même aucun trouble (*per se non fieri quominus habere liceret*) : aussi, ne pouvait-il plus retirer ce qu'il avait donné ; et, en conséquence, la donation était valable. S'il n'acquérait pas la chose donnée, il n'enlevait rien au donataire qui demeurait seulement exposé aux chances d'éviction. Mais, s'il réalisait cette acquisition, il en faisait nécessairement profiter le donataire, dont le droit devenait désormais inattaquable (2).

Cette doctrine, qui assurait à la donation toute son efficacité dans le cas où la chose cessait d'appartenir à autrui, peut, au premier abord, paraître très-équitable. Cependant, lorsque le donateur ne s'est pas soumis à la garantie, n'a-t-il pas voulu simplement livrer la possession d'une *res aliena*, et n'exagère-t-on pas ses obligations en lui faisant perdre le

(1) Ricard, *Donations entre vifs*, part. I, ch. 4, sect. 2 ; et Bergier, *Notes sur Ricard*.

(2) Pothier, *Donations entre vifs*, n° 134.

bénéfice d'une acquisition qu'il n'a peut-être pas réalisée gratuitement ? N'arrive-t-on pas ainsi à lui faire donner deux fois ce qu'il n'a voulu donner qu'une ? Nous verrons d'ailleurs au moyen de quelles distinctions arbitraires on a tenté d'obvier à ces inconvénients, qui, pour nous, n'existent pas (1).

III. — Nous partons de ce principe que la loi prohibe toute convention par laquelle on dispose sans droit de la possession d'une chose appartenant à autrui : la donation d'une *res aliena* ne peut, dans notre droit, avoir d'autre effet que d'obliger le donateur à transférer la propriété. Or, une telle obligation, portant sur la chose d'autrui, peut-elle faire l'objet d'une donation entre-vifs ?

Supposons d'abord que la donation de la chose d'autrui n'engendre à la charge du donateur aucune obligation de garantie. Dans ce cas elle est nulle, comme contraire à la règle de l'irrévocabilité : nous réservons, bien entendu, les donations qui sont soustraites à l'empire de cette règle (art. 947).

En effet, est-ce véritablement donner, que donner, sans s'obliger à la garantie, la chose d'un tiers ? Non-seulement on ne se dessaisit de rien, comme l'a fait remarquer un arrêt de la cour de Liége (2), mais on ne crée à sa charge aucune obligation en exécution de laquelle on puisse être poursuivi ; le donataire n'a aucun droit puisque, fût-il évincé ou même ne reçût-il rien, il ne pourrait élever aucune réclamation. Or, la donation par laquelle on ne se dépouille pas actuelle-

(1) *Infra*, p.

(2) Liége, 29 mai 1869, *cité par Laurent*, XII, 363.

ment et irrévocablement n'est pas une donation (art. 894). Dira-t-on, avec Pothier, que « le donateur a pu et doit être « censé avoir voulu renoncer en faveur du donataire à tous « les droits qui pourraient un jour lui appartenir dans la chose « donnée (1)? » Mais, il ne peut pas subordonner l'effet de la donation à la condition qu'il deviendra propriétaire, sans se réserver la faculté de donner ou de ne pas donner suivant qu'il acquerra ou refusera d'acquérir. Objectera-t-on que la condition *si res mea futura sit* n'est pas potestative, mais mixte (art. 1171), et partant ne vicie pas la donation? Sans doute, pour vous faire acquérir la chose d'autrui, il faut qu'à mon consentement se joigne celui du véritable propriétaire ; mais s'il ne dépend pas de moi seul que la condition s'accomplisse, il dépend de moi qu'elle ne s'accomplisse pas et que la tradition ne produise aucun effet ; si ma seule volonté est impuissante à vous rendre propriétaire en vertu de la donation, elle suffit à vous empêcher de le devenir. La donation ne peut donc échapper à la prohibition de l'article 944 : « elle pèche « par le défaut d'irrévocabilité, le donateur étant le maître, en « faisant manquer la caution d'en anéantir l'effet (2) ». Subordonner la donation à l'éventualité d'une acquisition ultérieure, c'est en réalité faire une donation de biens à venir ; or, « la « donation entre-vifs, dit l'article 943, ne pourra comprendre « que les biens présents du donateur, » et l'article 15 de l'ordonnance de 1731, auquel cette disposition a été empruntée, donne des biens présents une définition qui exclut évidemment la chose d'autrui, considérée comme devant faire l'objet d'une acquisition ultérieure : « aucune donation entre-vifs ne « pourra comprendre d'autres biens que *ceux qui appartien-*

(1) Pothier, *Donations entre vifs*, nº 134.
(2) Pothier, *loc. cit.*, nº 80.

« *dront au donateur dans le temps de la donation.* » Dans notre ancien droit, si la donation de la chose d'autrui était valable, c'est qu'elle portait sur la chose considérée comme *res aliena*, sur la possession qu'avait actuellement et dont se dessaisissait immédiatement ou promettait de se dessaisir l'auteur de la donation. Aujourd'hui un tel acte serait nul : pour qu'il ne tombe pas sous le coup de la prohibition des actes de disposition de la chose d'autrui, il faut le concevoir comme engendrant seulement l'obligation de *dare* ; mais ainsi compris, il vient se heurter à la règle de l'irrévocabilité, dans le cas du moins où le donateur ne s'est pas soumis à la garantie.

Si le donateur est garant, on ne peut plus dire qu'il tienne entre ses mains le sort de la donation et qu'il puisse à son gré *retenir* ou *donner*. Il s'est dépouillé actuellement et irrévocablement, en ce sens qu'il s'est constitué dores et déjà débiteur de la chose ou d'une somme en représentant la valeur, et qu'il ne dépend pas de lui de se soustraire à cette obligation : la donation ne fait donc pas échec à la règle de l'irrévocabilité.

Mais, a-t-on objecté, si, en principe, la donation de la chose d'autrui porte sur un bien à venir, comment une stipulation de garantie changerait-elle la nature de son objet? « En présence même d'une clause expresse de garantie, « lisons-nous dans une thèse *sur les actes* A NON DOMINO (1), « j'admettrais la revendication du donateur. Qu'est-ce que « cette clause? La donation subsidiaire et parfaitement vala- « ble d'une somme d'argent, ce qui n'empêche pas la dona- « tion principale d'être, comme donation d'un bien à venir, « parfaitement nulle et insusceptible de validation. Le dona-

(1) Trolley, *Des actes a non domino*, n° 177 (Poitiers, 1872).

« teur peut donc revendiquer la chose : seule la donation « subsidiaire sera exécutée. »

Si l'idée dont on part était exacte, il faudrait annuler, non-seulement la donation, mais la clause de garantie elle-même, et par conséquent décider que le donateur peut, au mépris de ses engagements, revendiquer la chose sans indemniser le donataire. En effet, la clause de garantie n'est qu'accessoire à la donation ; c'est une clause pénale à laquelle le donateur se soumet pour le cas où il ne donnerait pas la chose promise ; si l'obligation principale est nulle, l'obligation accessoire, qui a pour but unique d'en garantir l'accomplissement ou du moins d'en réparer l'inexécution, ne peut pas être valable (art. 1227). Or, comme il est impossible d'aller jusque-là, il faut bien reconnaître que l'acte échappe entièrement à la nullité.

Mais, on insiste : le donateur pourra, en refusant d'acquérir, se soustraire à son obligation de *dare* ; donc, il n'est pas irrévocablement lié. Soit ! Mais alors, ne doit-on pas dire aussi qu'en acquérant, il va se soustraire à l'obligation de payer la somme qui représente la valeur de la chose, et qu'ainsi la donation subsidiaire, qui a pour objet une indemnité pécuniaire, est elle-même nulle, comme contraire à la règle de l'irrévocabilité ? La vérité est que cette règle est absolument désintéressée, dans le cas où le donateur de la chose d'autrui s'est soumis à la garantie. On ne peut plus dire en ce cas qu'il y ait une donation de biens à venir, tombant sous l'application de l'article 943. Et, en effet, pourquoi la donation des biens à venir est-elle prohibée ? C'est, nous dit Pothier, qu' « étant en la liberté du donateur d'acquérir ou « de ne pas acquérir des biens, il demeurerait en sa liberté « de donner ou de ne pas donner d'effet à la donation (1). »

(1) Pothier, *Donations entre vifs*, n° 80.

La prohibition de l'article 943 est fondée sur la grande règle de l'irrévocabilité : or, quand le donateur de la chose d'autrui s'oblige à garantir le donataire contre l'éviction, il se lie immédiatement et sans retour ; par conséquent, cette donation ne portant aucune atteinte à l'irrévocabilité, n'est pas frappée par l'article 943. Son véritable objet, ce n'est pas un bien à venir, c'est l'obligation actuellement et irrévocablement contractée de procurer la chose ou d'en payer la valeur.

SECTION V

De l'hypothèque de la chose d'autrui.

Jusqu'à présent, nous avons toujours supposé que l'acte émané du *non dominus* avait pour objet la translation de la propriété. Les principes seraient-ils les mêmes, si l'acte tendait à créer sur la chose des droits réels, autres que la propriété? S'il s'agit d'un droit d'usufruit, de servitude, ou de tout autre démembrement de la propriété nous ne voyons aucune raison de ne pas appliquer les règles que nous avons établies. Mais, en matière d'hypothèque, n'allons-nous pas rencontrer des principes nouveaux, qui commandent des solutions différentes? C'est ce que nous devons maintenant examiner.

Il semble d'abord, si l'on se place en dehors des textes, qu'il n'y ait aucune raison de distinguer suivant que la chose d'autrui fait l'objet d'une vente ou d'une constitution d'hypothèque. La rigueur exceptionnelle avec laquelle les jurisconsultes romains traitaient l'hypothèque de la chose d'autrui ne s'expliquerait plus de nos jours. Etait-elle fondée sur la crainte des graves dangers qu'il y aurait eu à confirmer trop aisément une convention qui n'avait pu valablement se former et que nul fait extérieur n'avait révélée, à consacrer un droit dont le vice d'origine augmentait encore la clandestinité naturelle? Aujourd'hui que la publicité est devenue le principe fondamental de notre régime hypothécaire, rien n'autoriserait de telles appréhensions (1). Doit-on, au contraire, expliquer les distinctions romaines entre la vente et l'hypothèque de la chose d'autrui, en disant que la convention d'hypothèque étant, à la différence de la vente, un simple mode de constituer un droit réel, se trouvait, lorsqu'elle avait pour objet une *res aliena,* aussi impuissante à obliger le constituant qu'à grever la chose elle-même? Dans les principes de notre droit moderne, qui reconnaît à la volonté de l'homme une égale puissance pour créer des obligations et pour transférer des droits, celui qui constitue une hypothèque engage sa responsabilité comme celui qui aliène (2).

Il ne faudrait objecter ni l'article 2124, aux termes duquel le constituant doit avoir la capacité d'aliéner et par conséquent être propriétaire, ni même l'article 2125, qui, autorisant le titulaire d'un droit conditionnel à consentir des hypothèques soumises à la condition qui affecte le droit lui-même, refuse implicitement à quiconque n'aurait aucun droit le pouvoir d'hypothéquer. De telles dispositions appliquent simplement la règle *nemo plus juris transferre potest quàm ipse habet :* or, cette règle ne s'oppose pas à ce qu'un *non dominus* établisse, en vue d'une acquisition ultérieure, les bases d'une constitution de droit nécessairement inefficace tant que la chose appartiendra à autrui, mais destinée à prendre rang du jour de son inscription, si la propriété est acquise au constituant. Dans le droit romain, où le pacte d'hypothèque était simplement constitutif de droit réel, non productif d'obligations, on exigeait bien que la chose fût au moment de la convention *in bonis debitoris* : et cependant, le défaut de

(1) Labbé, Revue Pratique, t. 40, p. 166.
(2) Labbé, *loc. cit.*, p. 164.

droit du constituant n'empêchait pas que, dans la plupart des cas, l'hypothèque pût recevoir, par suite d'événements ultérieurs, une certaine efficacité. A plus forte raison, aujourd'hui que rien n'empêche de voir dans l'acte constitutif d'hypothèque un principe d'obligation, les textes qui exigent chez le constituant la qualité de propriétaire ne font-ils aucun obstacle à ce que l'hypothéque de la chose d'autrui soit validée quand le vice a disparu.

Nous croyons pourtant, avec la grande majorité de la doctrine (1) et de la jurisprudence, que notre droit exige, comme condition essentielle de la validité de l'hypothèque, que la chose appartienne actuellement au constituant. C'est en vain que le constituant deviendrait propriétaire ou que le propriétaire succéderait au constituant : l'acte nul demeure nul, quoi qu'il arrive. C'est en vain que le *non dominus* aurait formellement déclaré hypothéquer pour le cas où la propriété lui parviendrait : il n'est pas permis d'échapper, au moyen de stipulation, à une disposition prohibitive.

Sans doute, nous avons contre nous l'ancienne jurisprudence, mais nous croyons que précisément le législateur a voulu y déroger.

L'innovation se rattache-t-elle à l'introduction du principe de publicité dans notre régime hypothécaire ? On pourrait, pour le soutenir invoquer cette observation historique que

(1) Duranton, XIX, 367 ; Pont, *Priviléges et Hyp.*, nos 624 à 630 ; Aubry et Rau, § 266 ; Flandin, *Traité inédit des Priviléges et hypothèques* (cité par Dalloz, *Privil. et hyp.*, n° 1188) ; de Folleville, *Vente de la chose d'autrui*, nos 137 et s.

Contra, Merlin, *Questions de Droit*, V° *Hypoth.*, § 4 *bis* ; Troplong, *Hypoth.*, nos 517 et s.

nous empruntons à Merlin (1) : dans la Hollande, qui était un pays de nantissement, on admettait tout à la fois, la nécessité d'un nantissement pour les constitutions d'hypothèques portant sur les immeubles, et la possibilité de grever d'hypothèques générales tous les biens présents et à venir du débiteur (2); or, Voët nous apprend que sous l'empire de cette coutume l'hypothèque constituée devant les juges de la situation de l'immeuble sur un bien appartenant à autrui était et demeurait définitivement nulle, malgré l'acquisition qu'en aurait faite ultérieurement le constituant, et lors même qu'au moment de la convention il en aurait été créancier, par exemple s'il s'agissait d'un immeuble déjà acheté, mais non encore solennellement livré ; c'était seulement en matière mobilière que, conformément aux principes des lois romaines l'acquisition faite par le constituant avait pour effet de valider l'hypothèque établie *a non domino*. On peut être fortement tenté, quoi qu'en dise Merlin, d'expliquer comme une conséquence des formalités requises pour l'établissement de l'hypothèque cette défense absolue d'hypothéquer la chose d'autrui.

De nos jours encore, c'est sur cette idée que la cour de Dijon, dans un arrêt du 25 avril 1855 (3), fonde la nullité radicale dont elle déclare atteinte à l'égard des tiers l'hypothèque de la chose d'autrui : « tout notre système hypothécaire, dit-elle, reposant sur la plus entière publicité, la « nullité primitive et apparente pour tous, par le fait de l'inscription, ne peut être couverte que par un acte nouveau, « rendu apparent pour tous également et par la même publi-

(1) Merlin, *Questions de droit*, V° *Hypoth.*, § 4 *bis*, n° 6.

(2) On y décidait seulement que l'hypothèque générale serait toujours primée par l'hypothèque spéciale, même postérieure en date.

(3) Sirey, 55, 2, 403,

« cité. » S'il en est ainsi, la nullité, n'existant que dans l'intérêt des tiers, pourra être invoquée par eux seuls, non par le constituant.

Cette idée ne nous paraît pas acceptable. En faisant inscrire sous son nom les hypothèques qu'on peut constituer avant même d'avoir acquis la propriété, ne donne-t-on pas une entière satisfaction aux intérêts que la publicité a pour but de sauvegarder? Les tiers ne seront-ils pas suffisamment avertis par cette inscription, s'ils savent que le vice dont l'acte est entaché est de nature à disparaître par l'effet de l'acquisition que réalisera le constituant?

Aussi n'est-ce pas au principe de la publicité, mais au principe de la spécialité que doit être, suivant nous, rattachée la prohibition de l'hypothèque de la chose d'autrui. Nous la trouvons en effet textuellement écrite dans l'article 2129.

Pour la validité de l'hypothèque conventionnelle, il faut que le titre « déclare spécialement la nature et la situation « des immeubles *actuellement appartenant au débiteur*, « sur lesquels il consent l'hypothèque de sa créance. » L'article 2129 n'exige pas seulement que l'immeuble hypothéqué appartienne actuellement au débiteur; il exige que les déclarations, prescrites pour déterminer l'assiette précise de l'hypothèque, portent sur un immeuble actuellement appartenant au débiteur. Ce n'est pas par application de la règle *nemo plus juris transferre potest quàm ipse habet*, c'est en vertu du principe nouveau de la spécialité, que la propriété doit, au moment de la convention, résider chez le constituant; or, si cette condition est considérée comme l'un des éléments dont l'ensemble constitue la spécialité de l'hypothèque, c'est par une nullité absolue qu'elle doit être sanctionnée. Aussi, quand on nous objecte que les mots *actuellement appartenant au débiteur* ne doivent pas être plus rigoureusement interprétés que ne l'étaient, dans les lois romaines, les mots *rem pertinere ad debitorem, rem in bonis debitoris fuisse*, nous ne sommes pas embarrassé pour répondre : ce qui nous détermine, ce n'est pas le sens littéral de ces mots, c'est la place qu'ils occupent dans l'article 2129 ; c'est le rapport que cet article établit entre la condition de propriété exigée du constituant et le principe de la spécialité de l'hypothèque.

L'article 2129, disent nos adversaires, prévoit simplement le cas où la chose appartient au constituant ; il n'exige pas qu'elle lui appartienne ; or, supposer n'est pas disposer. Mais, le sens impératif des mots « actuellement appartenant au dé« biteur, » nous est révélé par l'article 4 de la loi du 11 brumaire an VII, auquel a été empruntée la disposition de l'article 2129. « Toute stipulation volontaire d'hypothèque doit « indiquer la nature et la situation des immeubles hypothé« qués ; *elle ne peut comprendre que des biens apparte« nant au débiteur lors de la stipulation.* » Au reste, les dispositions qui suivent ne peuvent laisser subsister aucun doute : « Chacun de tous ses *biens présents*, ajoute l'article « 2130, peut être nominativement soumis à l'hypothèque » : donc, les immeubles qui ne sont pas actuellement dans les biens du constituant échappent à toute affectation hypothécaire, lors même qu'ils pourraient être nominativement désignés. « Les biens à venir ne peuvent pas être hypothéqués » : donc la chose d'autrui ne saurait l'être. « Néanmoins, pour« suit l'article 2130, si les *biens présents* et libres du débi« teur sont insuffisants pour la sûreté de la créance, il peut, « en exprimant cette insuffisance, consentir que chacun des « biens qu'il acquerra par la suite y demeure affecté à mesure « des acquisitions » : donc, il ne peut, en dehors de ce cas, convenir qu'un bien qu'il acquerra par la suite sera affecté à la sûreté de sa créance.

Le législateur n'a, dit-on, voulu proscrire que l'hypothèque conventionnelle générale. On le dit, mais le prouve-t-on? Les termes de l'article 2129, ne faisant aucune distinction, s'appliquent aussi bien à l'hypothèque d'une chose déterminée appartenant à autrui qu'à l'hypothèque générale des biens à venir. Le sens de cet article est manifeste : aussi, en consultant les documents de l'enquête hypothécaire de 1841, voyons-nous la Cour d'Amiens, dans les observations qu'elle présenta sur l'article 2129, porter tout d'abord son attention sur le cas où on aurait hypothéqué la chose d'autrui, et demander « que la peine d'emprisonnement soit prononcée con« tre le stellionataire qui affecte des biens dont il n'est pas « propriétaire (1) ».

Pour enlever aux termes de l'article 2129 leur signification naturelle, on invoque l'esprit de la loi. Si le législateur a prohibé l'hypothèque des biens à venir, c'est, dit-on, qu'elle est incompatible avec la détermination de la nature et de la situation des biens ; or, quand on grève un immeuble déterminé, actuellement appartenant à autrui, rien n'empêche de se conformer aux prescriptions qui ont pour but de fixer avec précision l'assiette de l'hypothèque; aussi, l'hypothèque générale, étant seule inconciliable avec le principe de la spécialité, est seule proscrite.

Si telle eût été la volonté du législateur, il aurait suffi d'exiger qu'en vertu de l'acte constitutif d'hypothèque générale on prît, à l'entrée de chaque immeuble dans le patrimoine du débiteur, une inscription désignant la situation et la nature du bien nouvellement acquis. Ne nous méprenons pas sur la

(1) *Docum. Hypoth.*, III, p. 306.

portée des prescriptions de l'article 2129 : elles facilitent sans doute la publicité, mais elles n'en sont pas seulement l'auxiliaire. Le principe de la spécialité a, avant tout, pour but de ménager le crédit du débiteur, en ne permettant pas d'affecter hypothécairement des biens qu'on a peut-être l'espoir d'acquérir, mais sur lesquels on n'a actuellement aucun droit. Dira-t-on qu'en hypothéquant un bien dont on compte faire plus tard l'acquisition, on épuise moins complétement son crédit qu'en hypothéquant en masse tous ses biens à venir? Soit! Mais, dans les deux cas, on fait ce que défend la loi; on donne pour gage spécial à ses créanciers ce qu'on doit acquérir plus tard, c'est-à-dire de simples espérances.

Qu'on ne vienne donc parler ni de la maxime *confirmato jure dantis confirmatur et jus accipientis*, ni de l'obligation de garantie dont le constituant serait tenu, ni de l'équité, qui exigerait de respecter la convention du jour où elle devient susceptible d'exécution. L'hypothèque de la chose d'autrui est-elle contraire au principe de l'article 2129? Tout est là. Si on admet l'affirmative, il n'y a ni événement qui puisse confirmer un droit inexistant, ni obligation dont soit tenu l'auteur d'une constitution de droit que la loi ne reconnaît pas, ni motif d'équité qui commande le maintien d'un acte accompli contrairement à la prohibition légale.

Le constituant pourra donc lui-même invoquer la nullité. Il y aura intérêt, pour conserver ses biens libres et faire disparaître, avec l'inscription hypothécaire, une entrave à son droit de disposer. Qu'on ne dise pas qu'il sera obligé de donner au créancier une garantie équivalente à celle dont il fait prononcer la nullité, et qu'ainsi l'hypothèque nulle va se trouver immédiatement remplacée par une hypothèque valablement établie sur le même bien : la stipulation d'hypothèque, nulle pour défaut de spécialité, ne donne au créancier le droit de réclamer aucune sûreté nouvelle. Nous reconnaissons toutefois que le débiteur, devenu propriétaire de l'immeuble hypothéqué, ne pourrait demander la nullité sans encourir la déchéance du terme qu'il a pour se libérer (art. 1188) : pour dégrever ses immeubles de la charge hypothécaire qui pèse sur eux, il les exposerait à la saisie immédiate du créancier, agissant comme chirographaire ; aussi n'aura-t-il, en général, aucune raison de provoquer lui-même la radiation de l'inscription.

Mais, si on suppose que la dette est divisée entre les héritiers du débiteur, celui qui a reçu dans son lot le bien grevé est intéressé à le faire déclarer libre, pour échapper à l'action hypothécaire dont il serait tenu pour la totalité, et restreindre son obligation à la part pour laquelle il succède au débiteur (art. 873, 1221-3°).

Quant à celui qui a hypothéqué le fonds d'autrui à la dette d'un tiers et qui est ensuite devenu propriétaire de ce fonds, il est évidemment intéressé à le faire déclarer libre : comme il n'est tenu d'aucune obligation personnelle, il échappera ainsi à toute poursuite (1). Si toutefois il s'était rendu coupable de dol vis-à-vis du créancier pour le déterminer à contracter ou à accorder des délais au débiteur, il pourrait être condamné à des dommages-intérêts (art. 1382).

(1) Dans sa dissertation *de l'Effet des aliénations consenties par un non propriétaire*, M. Labbé se demande si, lorsqu'un tiers pour le débiteur affecte hypothécairement un immeuble dont il n'est pas propriétaire, ce tiers est tenu d'une garantie personnelle envers le créancier évincé (Revue pratique, t. 40, page 167, note 1). A cette question, que le savant professeur pose sans la résoudre, il faut répondre par la négative, d'après l'opinion que nous avons adoptée sur la nullité de l'hypothèque de la chose d'autrui, en réservant seulement l'application de l'article 1382.

Enfin, ceux qui ont valablement acquis du constituant des droits sur l'immeuble peuvent se prévaloir de la nullité. Si, ayant hypothéqué un immeuble appartenant à autrui, vous en devenez ensuite propriétaire, le tiers acquéreur à qui vous l'aurez transmis, soit après, soit même avant d'en avoir acquis la propriété, ne sera pas soumis aux poursuites du créancier et n'aura pas à procéder vis-à-vis de lui aux formalités de la purge ; vos autres créanciers, chirographaires ou hypothécaires, pourront l'écarter, s'il se prévaut de son inscription, et le réduire à la qualité de créancier chirographaire.

D'éminents jurisconsultes soutiennent qu'il faudrait reconnaître aux tiers le droit d'invoquer la nullité, lors même qu'on refuserait ce droit au constituant. MM. Aubry et Rau raisonnent ainsi : si les personnes qui ont acquis du constituant des droits réels sur l'immeuble « sont les ayant-cause de leur « débiteur ou vendeur, en tant qu'elles défendent leur « position contre des prétentions qui s'attaquent au titre de « leur auteur, et si, sous ce rapport, elles n'ont pas plus de « droit que leur auteur, elles agissent, au contraire, comme « tiers et en vertu d'un droit qui leur est propre, lorsqu'elles « opposent la nullité d'une hypothèque constituée par leur « auteur, même antérieurement à la naissance de leurs « droits » (1). Cependant, comment l'immeuble serait-il réputé à leur égard libre de toute charge réelle, s'il était déjà grevé au moment où elles l'ont reçu de leur auteur ? Si le constituant *non dominus*, du jour où il acquiert l'immeuble, ne peut plus contester la validité de l'hypothèque, comment pourrait-il, par des aliénations ou des constitutions de droits réels, revenir sur un acte désormais valable, et porter atteinte

(1) Aubry et Rau, § 266, note 8 ; Pont, *Priv. et Hyp.*, 629. Nancy, 30 mai 1843 (Sirey, 43, 2, 205).

à un droit définitivement acquis? Il ne peut transmettre que ce qu'il a, c'est-à-dire un bien grevé d'hypothèque. C'est ainsi qu'en droit romain, comme en droit français, l'exception donnée à l'acheteur de la chose d'autrui contre la revendication du vendeur devenu propriétaire peut être victorieusement opposée aux ayant-cause à titre particulier du vendeur. sans qu'ils soient admis à se prévaloir de leur qualité de tiers.

Quoi qu'il en soit, la question ne fait pour nous aucun doute : si le constituant peut invoquer la nullité, ses ayant-cause ont évidemment le même droit. Peu importe qu'ils aient connu par une inscription régulière en la forme l'acte constitutif d'hypothèque : cet acte est, en effet, sans valeur, et ils n'avaient pas à en tenir compte.

APPENDICE

Comparaison entre celui qui dispose de la chose d'autrui en son propre nom, et celui qui en dispose au nom d'un tiers pour lequel il se porte fort.

On peut rapprocher de l'aliénateur qui agit en son propre nom, bien qu'il ne soit pas propriétaire, le *non dominus* qui aliène comme représentant d'un tiers dont il n'a pas reçu mandat, mais dont il promet d'obtenir la ratification. De ces deux situations, la première est la seule qui fasse l'objet de cette étude ; mais il ne sera pas inutile de les comparer l'une à l'autre : elle présentent entre elles une certaine analogie, et il importe cependant de les distinguer.

I

Gardons-nous d'abord de confondre l'acte par lequel on vend en son propre nom la chose d'autrui, même en manifestant la volonté de la faire sienne en l'acquérant, avec l'acte par lequel, agissant au nom d'autrui, bien que sans procuration, on déclare vendre une chose appartenant à un tiers pour lequel on se porte fort.

Que cette dernière opération soit valable, c'est ce qui n'a, pensons-nous, jamais été contesté, même par ceux qui destituent de toute efficacité la vente de la chose d'autrui : elle oblige l'auteur de la promesse à une indemnité pour le cas où il n'obtiendrait pas la ratification du tiers (art. 1120) ; elle vaut comme vente, si le tiers la ratifie du jour où elle a été conclue, sous la réserve des droits acquis aux tiers avant la ratification (1).

Mais il ne nous paraît pas exact de la présenter comme une véritable vente de la chose d'autrui, valable par dérogation à la règle. Les Tribunaux d'appel d'Orléans et de Toulouse avaient demandé que, par une disposition spéciale, il fût dérogé à l'article 1599 en faveur des ventes contractées au nom d'un tiers avec clause de porte-fort (2). Mais il n'y avait pas à excepter de la règle un acte qu'elle n'atteint pas, et c'est avec raison que les rédacteurs du Code civil n'ont pas tenu compte de cette observation.

Faute de distinguer nettement les deux actes que nous comparons, on arrive à soutenir que, par une interprétation conforme à la règle de l'article 1157, il faut dans toute vente de la chose d'autrui sous-entendre l'intention de se porter fort pour le véritable propriétaire, et qu'ainsi la clause de porte-fort, exprimée ou sous-entendue, a pour effet de rendre sans application pratique la nullité de l'article 1599, de même qu'elle enlève toute réalité au principe qui défend de s'engager pour autrui en son propre nom.

Mais, qu'est-ce à dire? Entend-on que le vendeur subordonne expressément ou tacitement l'exécution de la vente

(1) Duranton, XVI, 180 ; Duvergier, *Vente*, I, 222 ; Troplong, *Vente*, I, 234 ; Marcadé, art. 1599, n° 6 ; Aubry et Rau, § 315, note 54 ; de Folleville, *loc. cit.*, n° 22 ; Berger, *Transcript.*, n° 40.

(2) Fenet, V, p. 82, 615.

qu'il contracte en son nom à l'acquisition qu'il se propose de faire de la chose? Nous répondons alors que, dans toute vente de la chose d'autrui, cette intention, si elle n'est pas exprimée, doit nécessairement être sous-entendue, et qu'une telle opération constitue, non pas une promesse pour autrui avec clause de porte-fort, mais une promesse personnelle dont l'exécution est subordonnée à une condition qui dépend de la volonté d'un tiers. Entend-on, au contraire, que celui qui s'oblige promet, non pas de vendre lui-même, mais de déterminer le propriétaire à vendre? On peut bien dire alors qu'il se porte fort pour autrui, mais on ne peut plus dire qu'il vend la chose d'autrui, aux termes de l'article 1599, et il est inexact de signaler dans ce cas une vente valable par dérogation à la disposition de cet article.

Pour répondre à l'objection, il faudrait aller jusqu'à identifier la vente de la chose d'autrui à une promesse de porte-fort. C'est ce que n'hésitent pas à faire d'excellents esprits. « Les « effets d'une telle vente, a-t-on dit, offrent avec ceux de l'en- « gagement du porte-fort une parfaite similitude. A tous les « aspects, la position des parties est la même : tellement que, « pour expliquer juridiquement la théorie de la loi, il faut « admettre que le vendeur du bien d'autrui a virtuellement « agi au nom du propriétaire (1). »

(1) Garnier, *Répertoire général d'Enregistrement*, n° 17839 ; *Répertoire Périod.*, n° 2512. — Duranton établit la même assimilation, mais seulement dans le cas où la vente du bien d'autrui a été accompagnée d'une promesse formelle et spéciale de garantie (XVI, 264). M. Demangeat ne voit là, suivant son expression, qu' « une affaire de mots » (Bravard Veyrières, t. 2, p. 417, note). M. Colmet de Santerre dit qu'au moyen de la convention de porte-fort « on arrive « *à peu près* à la vente de la chose d'autrui produisant une obliga- « tion, mais ne transférant pas la propriété, » et, de ce que cette convention est valable, il conclut « qu'il est impossible de traiter

Il y a là, nous semble-t-il, une véritable confusion. Le *negotiorum gestor* qui vend au nom d'un tiers n'est pas, à proprement parler, un vendeur de la chose d'autrui : il ne vend pas, il ne promet même pas de vendre ce qui appartient à autrui ; il promet seulement de déterminer le propriétaire à consentir à une vente dont il établit les conditions, d'accord avec l'acheteur. Son obligation a pour objet, non la dation d'une *res aliena*, mais l'exécution d'un fait qui, bien loin de contredire le droit du propriétaire, en implique la reconnaissance. S'il décide le propriétaire à ratifier, la vente se formera rétroactivement, mais il n'y sera pas partie ; il n'en aura été que l'instrument. S'il n'obtient pas la ratification promise, il sera soumis au paiement d'une indemnité. Sans doute, cette obligation à des dommages-intérêts implique l'existence d'une obligation principale dont elle est l'accessoire ; mais cette obligation principale a pour objet la ratification que le promettant s'est engagé à rapporter, non l'aliénation que le tiers accomplira s'il ratifie.

En somme, dans le cas soumis à l'article 1599, c'est le *non dominus* qui vend. Dans le cas soumis à l'article 1120, c'est le propriétaire lui-même qui vend, s'il ratifie, par l'entremise d'un tiers.

Cette différence a, au point de vue pratique, une importance capitale. Qu'on envisage l'acheteur dans ses rapports avec le propriétaire ou dans ses rapports avec les tiers, il importe de se demander s'il est aux droits du vendeur *non do-*

« comme un contrat défendu par la loi et nul malgré la volonté des « parties, la défense de livrer et de garantir la chose d'autrui sans « en transférer la propriété » (VII, 28 *bis* XV) ; mais nous verrons que la convention de porte-fort ne fait courir au droit du légitime propriétaire aucun des dangers qu'entraîne la vente proprement dite de la chose d'autrui.

minus ou aux droits d'un tiers dont la ratification a été promise : nous allons voir combien diffère, suivant qu'on est en présence de l'une ou de l'autre de ces deux hypothèses, l'application des règles de prescription et des règles de transcription.

I. — Considérons d'abord la situation de l'acheteur vis-à-vis du véritable propriétaire.

J'achète de vous la chose d'autrui ; si elle m'est livrée, je la possède *animo domini,* et je trouve dans mon titre une *justa causa acquirendi* qui, jointe à la bonne foi, me donnera droit, soit à la prescription privilégiée de dix à vingt ans, soit aux fruits perçus.

J'achète par votre entremise la chose d'un tiers pour lequel vous vous portez fort : mon titre, reconnaissant le droit supérieur d'un tiers dont j'attends la ratification et au nom de qui je détiens, m'interdit de prescrire, quelque temps que dure ma possession ; ce qui me manque, ce n'est pas seulement un juste titre (1), c'est la possession *animo domini* (2). Sans doute, du jour où je croirai par erreur la ratification intervenue, je posséderai *animo donini,* et je commencerai à prescrire ; mais encore le juste titre continuera-t-il à faire défaut, et ma bonne foi ne saurait y suppléer, au moins en ce qui concerne la prescription de dix à vingt ans.

(1) Pour qu'il y ait juste titre, il faut « que le vendeur ait disposé « de la chose vendue comme d'une chose à lui appartenant. » Aubry et Rau, § 218, note 1.

(1) Agen, 17 novembre 1869 (Sirey, 70, 2, 141). On cite à tort comme contraire à cette décision un arrêt de la Cour de Cassation du 27 février 1856 : v. *infra,* p. 253, note 1.

Si on suppose que le tiers au nom de qui la chose m'a été vendue avec clause de porte-fort n'en était pas propriétaire, serai-je dans la même situation qu'un acheteur ordinaire de la chose d'autrui? Il s'en faut de beaucoup. C'est à la possession du tiers *non dominus* qu'on devra s'attacher pour savoir si la prescription est possible, et quelle prescription. En vain aurai-je reçu tradition : actionné par le véritable propriétaire, je ne pourrai opposer la prescription que si elle est accomplie du chef du tiers au nom de qui je détiens (1), je ne pourrai me refuser à la restitution des fruits perçus pour le compte de ce tiers que si lui-même a le droit de les retenir (2).

Supposons que le *non dominus* au nom de qui la chose m'a été vendue vienne à ratifier la vente : désormais, véritable acheteur de la chose d'autrui, c'est en vertu d'un juste titre que je posséderai. Mais, à partir de quelle époque ma possession se trouvera-t-elle ainsi transformée? Le consentement du propriétaire, qui fondera ma possession sur un juste titre, me confèrera-t-il, non-seulement pour l'avenir, mais encore pour tout le temps que j'aurai passé dans l'attente de la ratification, le double bénéfice de la prescription privilégiée et de l'acquisition des fruits?

Pour les nombreux auteurs qui enseignent la négative, il y a là une importante différence que nous signalons, entre le cas où le *non dominus* vend en son nom la chose d'autrui, et le cas où il vend au nom d'un tiers une chose dont celui-ci est regardé comme propriétaire (3). Dans cette doctrine, le rôle

(1) Duranton, XI, 83.

(2) Demolombe, XI, 604.

(3) Toullier, VI. 542 ; Troplong, *Prescription*, 910 ; Marcadé,

effacé qu'a joué le *non dominus*, en se présentant à moi au nom d'une autre personne, m'empêche de posséder avant le jour où celle-ci aura pris l'opération pour son compte : je pourrai seulement joindre à la possession nouvelle que je commencerai à cette date la possession qu'avait mon auteur avant de ratifier, possession manquant peut-être de bonne foi ou de juste titre, ou peut-être même entachée d'un vice qui faisait obstacle à toute prescription. De plus, comme ma possession à l'effet de prescrire ne commence qu'au jour de la ratification, c'est aussi à ce moment que je dois être de bonne foi pour que la prescription de dix à vingt ans me soit ouverte : vainement donc, j'alléguerais la bonne foi que j'avais lors du contrat, si je l'ai perdue lors de la ratification (1).

Cette doctrine, qui a pour elle l'autorité de la tradition, ne nous paraît pas acceptable dans le droit actuel. Il est vrai que les lois romaines ne permettaient pas à l'acheteur sous condition d'usucaper *pendente conditione*, lors même que la condition venait ensuite à s'accomplir (2) ; mais il ne faut pas oublier qu'elles n'admettaient pas, en matière d'actes translatifs de propriété, la rétroactivité de la condition. Aussi,

Prescription, 256; Larombière, art. 1181, n° 4; Aubry et Rau, § 218, note 12; Leroux de Bretagne, *Prescription*, 902.

(1) Larombière, art. 1181, n° 4. — Cependant, MM. Aubry et Rau (§ 218, note 31), tout en reculant jusqu'à l'événement de la condition le commencement de la prescription se contentent, pour en abréger le cours, de requérir la bonne foi au jour du contrat. Mais l'article 2269, en décidant que la bonne foi doit exister *au moment de l'acquisition*, exige bien qu'elle soit contemporaine du juste titre; c'est au point de départ de la prescription décennale qu'elle doit se placer ; à bien plus forte raison importe-t-il peu qu'elle existe avant que la prescription même trentenaire ait pu courir.

(2) Paul, 2 § 2, D. *pro empt.* ; 8, pr. D. *de peric. et comm.;* Ulp. 4 pr. D. *de in diem addict.*; Justin., 7 § 4, Cod. *de præscript. XXX.*

M. Bufnoir pense-t-il que, dans un cas exceptionnel où cette rétroactivité était admise, en matière de donations entre époux, l'usucapion devait courir même *pendente conditione* au profit du conjoint donataire (1). *A fortiori*, faut-il donner cette solution, en la généralisant, dans une législation où il est de principe que la condition rétroagit (art. 1179). Au jour où l'événement de la condition reporte l'existence de la vente, doit aussi remonter le juste titre que la vente elle-même constitue.

Pothier, qui reproduit la décision romaine et l'applique formellement à la vente faite au nom d'autrui par une personne qui se porte fort de le ratification, la justifie en disant que l'acquéreur conditionnel ne peut pas avoir, tant que la condition est en suspens, *opinionem quæsiti dominii*, car il possède comme pouvant devenir un jour propriétaire, non comme l'étant actuellement (2). Nous répondons qu'il possède comme étant actuellement propriétaire, si la condition se réalise, car cet événement reportera tous les effets du contrat au jour de l'engagement primitif ; *pendente conditione*, il est propriétaire sous condition suspensive, et, par conséquent, il possède à titre de propriétaire sous la même condition. S'il eût acquis *a domino*, l'arrivée de la condition le rendrait propriétaire du jour de l'acte d'acquisition ; or, concevrait-on qu'à une époque où il était propriétaire il possédât pour autrui? Le défaut de droit dans la personne de l'auteur a bien pu faire obstacle à l'acquisition rétroactive de la propriété, mais il n'a pu empêcher la possession de se transformer rétroactivement en possession *animo domini*.

Objectera-t-on que la rétroactivité est une fiction dont l'in-

(1) Bufnoir., De la Condition, p. 430.

(2) Pothier, *Prescription*, 90, 92.

fluence ne peut s'exercer sur la possession, simple chose de fait, *res facti?* Sans discuter en elle-même cette restriction qu'on voudrait apporter à l'article 1179, nous dirons seulement qu'elle ne peut ici recevoir aucune application : il s'agit, en effet, non de supposer aux mains de l'acheteur une possession qu'il n'aurait jamais eue, mais de donner pour fondement à une possession qu'il a eue en fait un contrat translatif de propriété ; il s'agit de reconnaître à cette possession certains caractères, non de fait, mais de droit, que rien n'empêche ou plutôt que la logique commande de faire remonter, dans le passé, à l'époque où le contrat lui-même s'est formé.

Peut-on du moins, de ce qu'ici la condition suspensive consiste dans la ratification d'un tiers, tirer un motif spécial de ne pas la faire rétroagir au préjudice du véritable propriétaire? On le soutient, en disant que la ratification ne saurait préjudicier aux tiers. Mais, il est si peu vrai de la déclarer sans effet au regard du propriétaire, qu'une fois intervenue elle peut avoir pour conséquence de lui enlever son droit aux fruits et de l'exposer à perdre la propriété par le laps de dix à vingt ans. Il faut bien reconnaître que la situation du propriétaire peut être aggravée par l'aliénation qu'un *non dominus* consent au profit d'un acquéreur de bonne foi : si donc ce *non dominus* peut faire remonter l'aliénation qu'il ratifie au jour où elle a été promise en son nom, il peut, par cela même, faire dater de ce jour les modifications qu'elle apporte au droit du propriétaire (1).

(1) Duranton, XXI, 376. Req. rej., 27 fév. 1856 (Sir., 56, 1, 799) : cet arrêt décide que, dans le cas où la chose d'autrui a été vendue au nom d'un mineur, propriétaire apparent, par son tuteur se portant fort de la ratification, la vente valablement ratifiée constitue un juste

II. — Plaçons maintenant l'acheteur en face des tiers qui ont traité avec le vendeur, c'est-à-dire soit avec le *non dominus* qui a vendu en son propre nom, soit avec le *dominus* au nom de qui la vente a été contractée.

Dans les deux situations que nous comparons, l'acheteur peut, même avant que la propriété lui soit acquise, faire transcrire son acte de vente pour le rendre opposable aux tiers, en prévision du cas où cet acte recevrait l'efficacité qui lui manque. Mais la transcription ne sera pas opérée au nom des mêmes personnes, et ne produira pas les mêmes effets.

Si l'acquéreur a entendu traiter avec le vendeur lui-même, c'est au nom de ce vendeur *non dominus* qu'il fera transcrire. S'il a entendu traiter avec le véritable propriétaire, par l'intermédiaire d'un *negotiorum gestor*, c'est au nom du maître que la transcription aura lieu. Dans la première hypothèse, il s'agit de rendre l'acte opposable aux ayant-cause du vendeur, pour le cas où celui-ci, ayant acquis la propriété, voudrait de nouveau en disposer. Dans la seconde hypothèse, il s'agit de rendre l'acte opposable aux ayant-cause du propriétaire pour le cas où celui-ci, ayant ratifié la vente, voudrait conférer aux tiers des droits sur la chose.

La transcription une fois opérée n'a pas, dans les deux cas, la même énergie. Le *non dominus* a-t-il vendu en son propre nom l'immeuble d'autrui : il ne peut, ni avant, ni après l'acquisition qu'il en a pu faire, consentir des aliénations opposables à l'acheteur qui a fait transcrire son titre. Au contraire,

titre qui sert de fondement à la prescription décennale du jour où elle a été conclue, et non-seulement du jour où elle a été ratifiée.

le propriétaire, au nom de qui l'immeuble a été vendu peut, en aliénant ou en constituant des droits réels, s'enlever le pouvoir de confirmer à l'encontre des tiers la vente conclue par le gérant, fût-elle déjà transcrite. Dans le premier cas, le *non dominus*, étant un vendeur pur et simple, est immédiatement obligé de transférer la propriété, et, dès que l'exécution de cette obligation deviendra possible, elle sera par cela même accomplie, sans que l'acheteur dont le titre a été transcrit puisse se voir opposer les droits qui auraient pu être ultérieurement consentis par son auteur. Dans le deuxième cas, le propriétaire, n'étant vendeur que sous une condition suspensive dont l'accomplissement dépend de sa volonté, peut, ou bien la faire échoir, en consentant à la vente, ou bien la faire défaillir en disposant de l'immeuble au profit de tiers : ces actes de disposition, supprimant ou du moins diminuant son droit sur l'immeuble, empêchent qu'il puisse, dans cette mesure, en disposer de nouveau ; ils rendent, par conséquent, sa ratification sans effet à l'égard de ceux au profit de qui il s'est dépouillé, et qui ont consolidé leur acquisition en la portant à la connaissance des tiers.

Mais, du moins, à partir du moment où, grâce à l'approbation que le propriétaire a donnée à la vente, la propriété a été transférée à l'acheteur, toute différence va-t-elle disparaître entre les deux situations dont nous établissons le parallèle ? Il n'en est rien.

Dans le cas où un *non dominus* a vendu en son propre nom la chose d'autrui, le consentement du propriétaire opère sans rétroactivité le déplacement de la propriété : la mutation ne remonte pas à la vente, conclue *a non domino* ; elle date du jour où le véritable propriétaire a consenti. Aussi ne suffit-il pas, pour la sécurité de l'acheteur, que l'acte de vente ait été transcrit, si la volonté du maître, seule translative de propriété, n'est pas aussi portée à la connaissance des tiers. Sans doute, la transcription de l'acte de vente *a non domino* aura son utilité : elle consolidera le droit de l'acheteur à l'encontre de ceux à qui le vendeur *non dominus* pourrait plus tard transmettre la chose. Mais elle n'a pu avertir les ayant-cause du propriétaire ; comment donc leur serait-elle opposable? Qu'ils aient traité avec lui après qu'il a donné son consentement à l'aliénation, peu importe. Tant que sa volonté de transférer la propriété ne s'est pas révélée par la transcription, elle n'est pas un obstacle à la constitution de droits ou à l'accomplissement d'aliénations opposables à l'acquéreur. En somme, celui-ci ne sera tout à la fois protégé contre les ayant-cause du vendeur et contre les ayant-cause du propriétaire que s'il a fait transcrire et l'acte de vente et l'acte improprement appelé ratification.

Si, au contraire, il s'agit d'une vente faite par un gérant pour le compte du propriétaire, celui-ci, en la ratifiant, lui donne rétroactivement effet : ce n'est pas dans la ratification, c'est dans l'acte originaire, rendu par elle inattaquable, que le déplacement du droit a son principe. En effet, la ratification, équivalant à un mandat, investit après coup le gérant des pouvoirs qui lui manquaient ; elle donne à l'acte accompli la même validité que s'il émanait d'un véritable mandataire. Or, il n'est pas douteux que ces principes, qui s'expriment par la maxime *ratihabitio mandato comparatur* (1), régissent les actes d'aliénation faits pour autrui : la loi 16 § 1, au Digeste, *de pignoribus et hypothecis* (20. 1), en fait l'application aux constitutions d'hypothèques. Pour les acquisitions faites au nom d'autrui, on s'accorde presque unanimement à

(1) Ulp., 12, § 4, D. *de solut. et liber.* (46, 3).

reconnaitre que la ratification les valide rétroactivement (1) : pourquoi reculer devant l'application de la règle quand, au lieu d'acheter, le porte-fort a vendu ? A la vérité, cet effet retroactif n'entraîne pas la résolution des droits que le propriétaire à constitués sur la chose avant de ratifier la vente ; mais si ces droits sont maintenus, ce n'est pas par dérogation au principe de la rétroactivité, c'est simplement qu'en transmettant des droits sur la chose le propriétaire s'est enlevé la faculté de ratifier, au préjudice des acquéreurs, l'aliénation faite en son nom : en ce cas, ce qui manque à la ratification, ce n'est pas la rétroactivité, c'est l'existence même (2). Mais, en tant qu'il peut valablement ratifier, le *dominus rei gestæ* donne la vie à l'acte accompli par le *negotiorum gestor*. Aussi les aliénations ou constitutions de droits qui émaneront de lui après la ratification, même non transcrite, ne pourront être opposées à l'acheteur qui aura fait transcrire l'acte de vente originaire : en effet, cet acte, une fois ratifié, vaut comme s'il émanait du propriétaire ; s'il a été transcrit, il permettra de repousser tous ceux qui auront traité après la ratification même sans en avoir eu connaissance. Il suffit donc que l'acte du gérant soit transcrit ; la ratification, en venant s'y ajouter, lui donnera son plein effet, sans qu'il soit besoin de la publier elle-même.

Cette décision, qui a contre elle la très-grande majorité des auteurs (3), mais que la jurisprudence la plus récente consacre,

(1) Aubry et Rau, § 209 ; Mourlon, *Transcription*, 33 ; Flandin, *Transcription*, 126 ; Berger, *Transcr.*, 42 et s. *Contra*, Rivière et Huguet, *Transcr.*, 59.

(2) Mourlon, *Transcr.*, 32 ; Flandin, *Transcr.*, 128 et s.

(3) Toullier, VIII, 513. Duranton, XIII, 285. Aubry et Rau, § 209, note 6. Demolombe, XXIV, 230. Larombière, art. 1338, n. 60. Mour-

nous parait seule conforme aux principes (1). Que dans certains cas les tiers qui traitent avec le propriétaire après la ratification soient exposés à des déceptions, il se peut ; et, dans l'intérêt du crédit public, mieux aurait valu, peut-être, décider que l'acte de ratification devrait être transcrit. Mais, pour rendre efficace *erga omnes* un acte valable en lui-même, il n'est pas permis d'exiger plus de publicité que la loi n'en requiert. Les registres de la transcription ne sont pas destinés à tenir le compte de toutes les mutations immobilières, à fournir un tableau exact de tous les propriétaires fonciers ; quand les tiers sont avertis des chances de résolution qui menacent le droit du propriétaire, la loi de publicité est satisfaite ; une fois leur prudence mise en éveil par la transcription de l'acte du gérant, à eux de s'assurer si le propriétaire a ratifié l'acte fait pour son compte et transcrit sous son nom. C'est ainsi que, dans toute aliénation conditionnelle, la transcription de l'acte suffit, sans qu'il soit besoin de porter à la connaissance des tiers la réalisation de la condition (2). Le jugement qui prononce la résolution, la nullité ou la rescision d'une aliénation transcrite est, de tous les actes dont l'effet rétroagit, le seul que la loi du 23 mars 1855 ait entouré d'une certaine publicité : encore cette publicité, qui consiste dans une mention en marge de la transcription, n'est-elle pas exigée comme condition de l'efficacité du jugement.

Quoi qu'il en soit, il faut opter entre la transcription de l'acte de vente et la transcription de l'acte de ratification ; il

lon, *Transcr.*, 28. Flandin, *Transcr.*, 128 et s. Berger, *Transcr.*, 40 et s.

(1) Civ. Cass., 13 décembre 1875 (Sirey, 76, 1, 273). Labbé, *Ratification des actes d'un gérant d'affaires*, n° 75.

(2) Civ. rej., 22 juillet 1872 (Sir., 73, 1, 9).

est impossible de dire, avec M. Troplong (1), que l'une et l'autre sont requises. Si l'acte de ratification doit être transcrit, la transcription de l'acte de vente devient absolument inutile. On ne peut pas dire ici, comme pour la transcription de l'acte de vente *a non domino*, qu'au moins elle arrêtera le cours des transcriptions ou inscriptions prises du chef du *non dominus*. Le gérant ne peut, en agissant en son nom, créer sur la chose aucun droit opposable à celui qui, dans la vente conclue au nom et ratifiée par le consentement du propriétaire, a joué le rôle d'acheteur : cet acheteur, en effet, à la différence d'un acheteur de la chose d'autrui, est un ayant cause du véritable propriétaire, et n'a rien à redouter des actes émanés d'une personne sans droit, fussent-ils transcrits. Ainsi, dans tous les cas, nous voyons qu'il importe de savoir si c'est en son nom ou au nom du propriétaire que le *non dominus* a vendu.

III. — Nous résumerons ainsi les développements, trop longs peut-être, où nous a entraîné l'étude comparative de deux opérations qu'on est naturellement porté à confondre.

Le *non dominus* a-t-il vendu en son propre nom : il y a, entre lui et l'acheteur, une vente pure et simple. Impuissante à transférer la propriété, cette vente n'est cependant pas dépourvue d'effet : 1° elle confère à l'acheteur tous les avantages attachés au juste titre ; 2° une fois transcrite, elle enlève au vendeur le droit de faire de nouvelles aliénations ; mais, quant au propriétaire, eût-il déclaré consentir à transférer la propriété, elle ne l'empêche pas d'en disposer de nouveau, tant

(1) Troplong, *Transcript.*, 128, 129.

que l'acte par lequel il a manifesté sa volonté d'aliéner n'a pas été lui-même transcrit.

Le *non dominus* a-t-il vendu au nom d'un tiers dont il a promis de rapporter la ratification : il y a, entre le tiers pour lequel il s'est porté fort et l'acheteur avec qui il a traité, une vente sous la condition suspensive que la ratification interviendra. Tant que le tiers ne ratifie pas, la vente n'a pas encore d'existence ; aussi : 1° elle ne constitue pas un juste titre ; 2° elle n'enlève rien au pouvoir d'aliéner qui appartient au tiers. Mais, si celui-ci ratifie, elle est rétroactivement validée ; aussi : 1° à supposer que le tiers fût lui-même un *non dominus,* elle conférera rétroactivement à l'acheteur, vis-à-vis du propriétaire, tous les avantages du juste titre ; 2° dans tous les cas, si elle a été transcrite, elle fera obstacle aux aliénations que pourrait consentir le tiers après la ratification, même non transcrite.

La différence de nature des deux actes dont nous présentons le parallèle se traduit, en matière fiscale, par une conséquence très-importante que nous ne faisons qu'indiquer : la vente de la chose d'autrui est seule soumise au droit proportionnel de mutation ; l'acte du gérant d'affaires qui vend au nom du maître échappe à ce droit, qui sera seulement encouru par la ratification (1).

II

Si, au lieu d'une vente ou de tout autre acte que le défaut de droit de son auteur n'empêche pas de produire certains

(1) Demante, *Principes de l'enregistrement*, nos 254, 255.

effets, nous supposons un acte qui ne peut, sans être absolument nul, avoir pour objet la chose d'autrui, et qu'une acquisition ultérieure serait elle-même impuissante à valider, si par exemple nous supposons une constitution d'hypothèque portant sur la chose d'autrui, c'est alors surtout que nous devons nous demander si l'aliénateur a agi en son propre nom ou s'il a agi au nom du propriétaire. Dans le premier cas, la constitution d'hypothèque est définitivement nulle; elle peut être refaite, si le constituant devient propriétaire, mais elle ne peut être confirmée. Dans le second cas, elle est valable sous la condition que le propriétaire la ratifiera, sauf toutefois qu'il ne peut la ratifier au préjudice de ceux à qui il a dans l'intervalle consenti des droits.

Suivant MM. Aubry et Rau (1), cette différence n'existerait pas. Constituée par un gérant d'affaires au nom d'autrui ou par un *non dominus* en son propre nom, l'hypothèque ne deviendrait efficace que du jour où l'acte contenant le consentement du véritable propriétaire et passé dans les formes requises pour la constitution d'hypothèque, serait porté par l'inscription à la connaissance des tiers : dans les deux cas, c'est cet acte qui vaudrait comme constitution nouvelle. « La règle « *ratihabitio mandato æquiparatur*, disent ces éminents ju- « risconsultes, vraie pour les actes que le consentement des « parties suffit à rendre valables et efficaces, ne saurait s'ap- « pliquer à des actes pour la validité et l'efficacité desquels la « loi exige des conditions particulières et des formes spéciales. « Or telle est précisément la constitution d'hypothèque. »

Ce raisonnement ne nous convainc pas. Que la ratification, pour être valable, doive revêtir les formes prescrites pour l'acte constitutif, on le conçoit; car, c'est surtout au moment

(1) Aubry et Rau, § 266, texte et note 6.

où se manifeste la volonté du propriétaire que les conditions d'authenticité requises par la loi ont leur raison d'être. Mais, dès qu'elle est régulièrement intervenue, la ratification valide rétroactivement l'acte émané du gérant ; pourquoi devrait-elle être inscrite, puisque l'hypothèque remonte à l'acte primitif, seul véritablement constitutif du droit? L'inscription de cet acte suffit à mettre en garde les tiers. On objecte que, comptant sur la nullité, ils croiront n'avoir pas à tenir compte de cet avertissement (1) ; mais on oublie, et les tiers devront, suivant nous, savoir que, loin d'être nul, l'acte est parfaitement valable, sous la condition que le propriétaire ratifiera.

Concluons donc, avec un récent arrêt de la Cour suprême, que, « par application du principe de la rétroactivité de la ra-
« tification à l'acte ratifié, l'inscription prise en vertu de l'acte
« constitutif de l'hypothèque produit son effet du jour de sa
« date, vis-à-vis des créanciers qui n'avaient pas d'inscription
« valable avant la ratification (2). »

(1) De Folleville, *loc. cit.*, n° 139.

(2) Civ. Cass., 13 décembre 1875 (Sir., 76, 1, 273). Compar.. Orléans, 13 novembre 1852 (Pont, *Priv. et Hyp.*, 626), et Req. rej., 3 août 1859 (Sir. 59, 1, 801 et 811)

CHAPITRE II

DES ÉVÈNEMENTS PAR LESQUELS L'ACTE DE DISPOSITION ÉMANÉ D'UN NON-PROPRIÉTAIRE PEUT RECEVOIR RÉGULIÈREMENT EFFET

Parmi les actes d'aliénation entre-vifs *a non domino*, s'il en est de radicalement nuls que rien ne pourra jamais valider, il en est d'autres qui sont susceptibles d'être confirmés, ou, pour parler plus exactement, qui engendrent des obligations parfaitement valables, dont l'exécution, actuellement impossible, pourra s'accomplir à la suite d'évènements ultérieurs : tels sont la vente, l'échange, la donation qui oblige le donateur à garantie. Supposons qu'il s'agisse d'un de ces actes : quels évènements auront pour effet de faire réputer accomplie l'obligation qu'il crée à la charge de l'aliénateur? Jusqu'à quelle époque ces évènements pourront-ils utilement se produire? Telles sont les deux questions que nous nous proposons maintenant d'examiner.

I

Le vendeur de la chose d'autrui s'oblige valablement à transférer la propriété : tout évènement qui rendra possible l'exécution de cette obligation aura-t-il pour effet de consommer la vente et d'investir l'acheteur de la propriété ? Plusieurs hypothèses doivent être prévues.

I. — Si le vendeur *non dominus* devient propriétaire de la chose vendue, soit qu'il l'acquière comme successeur particulier, à titre onéreux ou à titre gratuit, soit qu'il succède au véritable propriétaire *in universum jus*, la propriété passe immédiatement à l'acheteur ; la *datio* qui fait l'objet de l'obligation du vendeur s'accomplit instantanément. Toutefois, lorsque le vendeur recueille la chose vendue dans l'hérédité du véritable propriétaire, il y a lieu de se demander s'il n'a pas vendu le bien de celui dont il était héritier présomptif et s'il n'a pas ainsi fait un pacte sur succession future : nous savons que si la vente avait ce caractère, elle ne serait susceptible de recevoir aucun effet.

II. — Supposons que le propriétaire de la chose vendue par autrui soit appelé à succéder au *non dominus*, auteur de l'aliénation. S'il accepte la succession sous bénéfice d'inventaire, comme il ne se soumet pas personnellement aux dettes du *de cujus*, l'obligation de *dare* dont celui-ci était tenu ne pourra recevoir d'exécution sur les biens propres de l'héritier : la séparation que l'acceptation bénéficiaire établit entre les deux patrimoines met obstacle à ce que le transfert de la propriété s'accomplisse (1).

Mais, si le propriétaire accepte la succession purement et simplement, il est personnellement tenu des obligations que son auteur a contractées comme vendeur ; faut-il en conclure

(1) Pothier, *Vente*, 174.

qu'il va se trouver immédiatement désinvesti de la propriété qui a fait l'objet de la vente *a non domino?*

Pour nous, le vendeur *non dominus* qui succède au propriétaire, et le propriétaire qui succède au vendeur *non dominus*, doivent être également traités : dans les deux cas, nous sommes en présence d'une personne tenue, comme vendeur ou comme héritière du vendeur, de transférer la propriété, et capable, comme propriétaire, d'opérer cette translation ; la vente est donc parfaite, par cela seul que rien ne fait plus obstacle à l'aliénation (art. 711, 1583) (1).

Un savant professeur de la Faculté de droit de Paris vient cependant de proposer une distinction entre ces deux cas : « Les actes translatifs de la propriété ou constitutifs de droits « réels, dit M. Labbé, deviennent valables lorsque celui « de qui ils émanent acquiert après coup la propriété de la « chose, objet de ces droits ; mais, au contraire, lorsque le « propriétaire succède même comme héritier pur et simple à « l'auteur d'actes semblables, ces actes restent dans leur in- « validité originaire, sans préjudice de l'obligation de garan- « tie qui a pu naître du même contrat (2). » Dans cette opinion, le propriétaire qui succède au vendeur *non dominus* peut évincer l'acheteur, à la charge de l'indemniser du préjudice causé par l'éviction. Sans doute, la dette de garantie aurait mis obstacle à la revendication exercée par le vendeur lui-même ; mais elle n'empêche pas le propriétaire, qui a succédé au *non dominus*, d'évincer l'acheteur ; elle l'oblige seulement à payer des dommages-intérêts.

(1) Aubry et Rau, § 355, note 4.

(2) Labbé, *De l'effet de l'aliénation consentie par un non-propriétaire lorsque l'auteur de l'acte succède au propriétaire ou réciproquement* (Revue pratique, t. 40, an. 1875).

En effet, nous dit-on, « quand le vendeur décède et laisse « pour héritier le maître de la chose, la volonté de transférer « la propriété meurt avec le vendeur ; l'héritier est tenu « d'exécuter les obligations, mais n'est pas forcé de continuer « les volontés du défunt... Il subit les effets produits par les « actes de son auteur... Mais est-il tenu de laisser se pro- « duire sur ses propres biens des effets nouveaux, à raison « d'actes de son auteur jusqu'alors impuissants? Non. Le « passé subsiste tel qu'il était à la mort. L'avenir dépend de « la volonté de l'héritier, maître des deux patrimoines con- « fondus. »

Cette argumentation subtile n'aurait pas été sans force à Rome, où le consentement par lequel on s'obligeait à *dare* n'avait aucune influence sur le déplacement de la propriété, et où la volonté de rendre l'àcquéreur propriétaire devait nécessairement exister au moment où s'accomplissait l'acte translatif. Et encore avons-nous vu que, d'après le droit romain, le propriétaire de la chose vendue et livrée *a non domino* ne pouvait plus, dès qu'il avait succédé au vendeur comme héritier, exercer la revendication, sans être repoussé par l'*exceptio rei venditæ et traditæ* : c'était la conséquence naturelle de la confusion des patrimoines résultant de l'adition d'hérédité (1). A plus forte raison, doit il en être de même dans notre droit? Aujourd'hui, en effet, la volonté de rendre l'acheteur propriétaire ne se distingue pas du consentement donné à la vente. En contractant, le vendeur veut transférer la propriété en même temps qu'il s'oblige à la

(1) Nous avons cependant rencontré deux textes qui paraissent contredire cette doctrine : mais ces textes se réfèrent à des hypothèses toutes particulières et n'infirment en rien la vérité du principe : Diocl. et Maxim., 31, Cod., *de evict.*; Paul, 41, D. *de pign. act.*

transférer. Si cette obligation peut s'accomplir immédiatement, elle s'éteint à l'instant même où elle prend naissance ; si non, elle subsiste jusqu'au jour où les évènements permettront de l'exécuter ; mais, le vendeur ne peut pas en empêcher l'accomplissement sous le prétexte qu'il ne consent plus à l'aliénation, et l'héritier pur et simple, tenu des obligations de son auteur comme s'il les avait contractées lui-même, ne peut pas davantage, en alléguant qu'il n'a pas consenti, se soustraire aux conséquences qu'elles doivent produire sur ses biens.

Comment prétendre qu'il satisfait à ses obligations de vendeur en indemnisant l'acheteur de l'éviction qu'il lui cause ? On doit, dit M. Labbé, entendre la maxime *quem de evictione tenet actio eumdem agentem repellit exceptio*, en ce sens que « celui qui doit garantie sera repoussé dans sa revendication *s'il n'offre d'indemniser.* » Mais l'obligation du vendeur a-t-elle donc pour objet une simple indemnité, et non la chose elle-même ?

La coutume de Hainaut disposait ainsi : « *Obligation de « garant n'empêchera d'intenter en propriété, quoique les « poursuivants soient sujets à l'obligation de garants,* en « vertu de laquelle les acheteurs pourront poursuivre l'effet « d'icelui par devant juges compétents (1). » « La raison « fondamentale de cette disposition, dit Merlin (2), est qu'en « Hainaut les obligations personnelles non *réalisées,* soit par « une déshéritance émanée d'un propriétaire capable d'aliéner, soit par un avis de père et de mère en bonne forme

(1) Coutume de Hainaut, chap. 109, art. 19. Les articles, 4, 22 et 23 du chapitre 29 de la coutume contenaient des applications du même principe.

(2) Merlin, *Questions de droit*, V° Dévolution Coutumière, § 3.

« ne sont exécutoires que pour l'équivalent du bien-fonds « qu'elles ont pour objet. » Sont-ce là les principes que le code civil aurait consacrés? Contraires au droit commun de notre ancienne jurisprudence, il ne sont pas mieux en harmonie avec notre droit actuel. Ce que le vendeur promet, c'est de transférer la propriété de la chose vendue. Sans doute, cette obligation se résoud en dommages-intérêts dans le cas d'inexécution ; mais il ne s'ensuit pas que le débiteur puisse refuser de donner la chose due et contraindre le créancier à se contenter d'un équivalent en argent. M. Labbé reconnait lui-même que « toute obligation doit être exécutée « directement, et non par équivalent, toutes les fois que « cela est possible ; » mais on doit ajouter aussi, dit-il, « toutes les fois que cela est juste. » Pour nous, nous ne voyons pas en quoi il peut être contraire à la justice d'exiger de l'héritier pur et simple l'entier accomplissement des obligations dont il s'est chargé en acceptant : il est toujours juste de payer ce que l'on doit.

On objecte qu'au moment de l'acceptation le propriétaire a pu ignorer l'acte de disposition dont son bien avait été l'objet de la part du *de cujus*, et qu'en tout cas il ne doit pas être contraint de subir, ou plutôt de consommer lui-même l'usurpation qui a été entreprise contre son propre droit. Mais en acceptant purement et simplement, ne s'est-il pas exposé à toutes les conséquences, prévues ou imprévues, de la confusion qu'il opérait entre son patrimoine et celui du défunt? Il ne peut y échapper désormais, quelque lésion qu'il souffre (art. 783). Sans doute, le *non dominus* n'avait pas le droit d'aliéner ; mais il pouvait valablement s'obliger à transférer la propriété ; or, telle est précisément l'obligation qu'il a contractée et à laquelle le propriétaire s'est lui-même soumis.

Si l'héritier veut, sans renoncer à la succession, soustraire ses biens aux conséquences des actes accomplis par son auteur, qu'il accepte sous bénéfice d'inventaire ; alors, les obligations résultant de la vente continueront de grever les biens de la succession sans toucher aux biens personnels de l'héritier. Ici, nous dit-on, « l'acceptation bénéficiaire ne répond « pas à une vérité ; elle est un expédient indigne de la loi ; » en effet, elle permettra au propriétaire de retenir sa chose sans qu'on puisse l'empêcher quand il aura fait statuer sur la revendication de se comporter comme héritier pur et simple ; pourquoi ne pas lui épargner la gêne inutile que lui imposera jusqu'à la solution du litige l'acceptation bénéficiaire ? Cette objection fait le procès à la loi, et ne peut être accueillie par l'interprète : il ne nous appartient pas de dispenser l'héritier acceptant d'une formalité rigoureusement prescrite pour qu'il puisse se mettre à l'abri des conséquences des actes de son auteur ; rien ne nous autorise à restreindre l'étendue des obligations dont il est tenu en vertu de l'acceptation pure et simple.

On présente enfin notre opinion comme incompatible avec le régime actuel de publicité. Si le propriétaire, en se portant héritier pur et simple du *non dominus*, consomme l'aliénation consentie par ce dernier, il pourra présenter la chose vendue comme lui appartenant encore, sans que les tiers aient aucun moyen d'apprendre qu'il en est dessaisi ; en effet, ceux qui traiteront avec lui ne sauront pas qu'il existe, dans les registres de la transcription, sous le nom d'une personne qui n'a jamais été propriétaire et à laquelle ils ignorent que leur auteur a succédé, un acte d'aliénation dont l'effet translatif s'est produit *erga omnes*. De même (en supposant admise la doctrine que nous avons combattue sur la validation des hypothèques constituées *a non domino*), si le propriétaire de la chose hypothéquée accepte purement et simplement la succession du constituant *non dominus*, rien n'avertira les tiers des inscriptions prises au nom de cette personne, demeurée toujours étrangère à l'immeuble. Au contraire, s'il s'agit d'un *non dominus* qui a aliéné ou grevé de droits réels la chose d'autrui, puis en est devenu propriétaire, les tiers, avant de traiter avec lui, n'ont qu'à rechercher quelles aliénations ou quelles constitutions de droits sont mentionnées sous son nom, pour découvrir les transcriptions ou inscriptions qui ont été requises avant qu'il eût acquis la propriété. Ainsi, l'intérêt des tiers ne s'oppose nullement à la validation de l'aliénation quand le vendeur de la chose d'autrui succède au propriétaire ; il y fait au contraire obstacle quand le propriétaire de la chose vendue succède au vendeur.

Cette considération, si exacte qu'elle soit, ne peut nous permettre d'échapper aux conséquences d'un principe de droit qui est certain. Il y a là un inconvénient, sérieux sans doute, mais qui tient à l'imperfection pratique de notre système de publicité. Si les tiers qui traitent avec l'héritier d'un vendeur ou d'un constituant *non dominus* courent le plus grand risque d'être trompés, la faute en est à l'organisation actuelle de nos registres hypothécaires, où les comptes sont ouverts aux personnes et non aux biens. Pour conjurer ce danger, il faudrait rechercher quelles aliénations et quelles constitutions de droits réels ont été consenties, non-seulement par le possesseur de l'immeuble qu'on veut acquérir ou par ceux de qui il le tient, mais aussi par toute personne dont il aurait accepté purement et simplement la succession ; l'impossibilité de connaître les successions qu'il a recueillies comme héritier pur et simple empêchera souvent d'obtenir ainsi les renseignements que, dans une organisation meilleure, les registres devraient directement fournir ; mais, c'est là un inconvénient de fait qui ne change rien aux principes.

III. — Quand l'acte de disposition qui a pour objet la chose d'autrui est une donation entre-vifs, la distinction que nous avons repoussée peut s'appuyer sur l'autorité de Pothier. Cependant, même restreinte à cette matière, elle ne nous paraît pas admissible.

D'après Pothier (1), dont la doctrine est aujourd'hui encore enseignée (2), le propriétaire de la chose donnée par un tiers peut, lors même qu'il succède à celui-ci comme héritier pur et simple, revendiquer de son chef, car « sa qualité d'héritier « du donateur ne l'oblige pas à faire cesser cette demande, « puisque le donateur lui-même, s'il vivait, ne serait pas « obligé à la faire cesser. » Mais si le donateur devenait l'héritier du propriétaire, il ne serait pas recevable à revendiquer, car « si le donateur ne s'oblige pas à la garantie de la « chose donnée, s'il ne s'oblige pas *præstare habere licere,* « au moins il s'oblige *per se non fieri quominus habere liceat.* « Il n'a pas pu, à la vérité, transférer au donataire un droit « à la chose donnée qu'il n'avait pas encore ; mais il a pu et « il doit être censé avoir voulu renoncer en faveur du dona- « taire à tous les droits qui pourraient un jour lui appartenir « dans cette chose. » Ainsi, l'obligation du donateur serait purement personnelle et ne passerait pas à ses héritiers.

Sans doute, le donateur qui n'est pas soumis à la garantie ne doit aucune indemnité à raison de l'éviction qui provient du fait d'un tiers, et cette immunité profite à ses héritiers comme à lui-même. Mais, si du moins il est engagé à ne pas troubler le donataire par son fait, l'héritier qui accepte pure-

(1) Pothier, *Donations entre vifs,* 134 et 135.
(2) Demolombe, XX, 553.

ment et simplement sa succession doit être lié au même titre : cette obligation n'a rien de plus personnel que toute autre obligation pouvant résulter d'un contrat ; elle fait partie du patrimoine et se transmet avec lui (1).

La difficulté vient de ce que, en déclarant déchu du droit de revendiquer le propriétaire qui succède au donateur, on lui fait subir, en définitive, sur ses biens personnels, le même préjudice que s'il était tenu de la garantie. Mais la situation du donateur devenu propriétaire n'est-elle pas, dans certains cas au moins, tout aussi digne de faveur ? Sans doute, quand le donateur succède au propriétaire en qualité d'héritier, comme le suppose Pothier, on ne lui enlève, en le privant du droit de revendiquer, qu'un avantage gratuitement acquis, dont on peut dire qu'il s'est par avance dépouillé en faveur du donataire ; mais, si c'est à titre onéreux, si c'est par un achat qu'il est devenu propriétaire, il va perdre le prix qu'il a déboursé pour cette acquisition, c'est-à-dire une valeur le plus souvent égale à celle qu'il devrait payer au donataire évincé s'il eût pu être condamné comme garant de l'éviction. Aussi certains jurisconsultes pensent-ils que, dans cette hypothèse, il faut reconnaître au donateur le droit de revendiquer (2), ou tout au moins obliger le donataire, dans l'intérêt de qui la chose a été achetée par un acte d'utile gestion d'affaires, à rembourser au donateur le prix d'acquisition (art. 1375) (3).

Toutes ces distinctions sont peu rationnelles : si le donateur est tenu de ne pas troubler le donataire, il n'y a pas à tenir compte de l'intérêt qu'il peut avoir à revendiquer ; on

(1) Laurent, XII, 391.
(2) Bayle Mouillard, sur Grenier.
(3) Demolombe, XX, § 4.

ne peut songer, ni à le dégager de ses obligations, ni à réparer le préjudice qu'il souffre à les accomplir en condamnant au remboursement du prix d'achat le donataire qui a dû compter sur un avantage purement gratuit.

Pour nous, la donation de la chose d'autrui est nulle pour atteinte à la règle de l'irrévocabillité, toutes les fois que le donateur n'est pas soumis à la garantie : aussi la revendication peut-elle en ce cas être exercée non-seulement par le propriétaire qui succède au donateur, mais par le donateur lui-même, s'il vient à acquérir la propriété. Si, au contraire, la garantie est due, le droit de revendiquer n'existe ni pour le donateur qui devient propriétaire, ni pour le propriétaire qui lui succède (1).

La raison pour laquelle nous accueillons la revendication de celui qui a donné la chose d'autrui sans se soumettre à la garantie, et qui en est ensuite devenu propriétaire, est tout-à-fait spéciale à la donation entre-vifs : aussi, déciderons-nous que le vendeur *non dominus* qui a stipulé la non-garantie devrait être repoussé si, après avoir acquis la chose vendue, il prétendait la revendiquer contre l'acheteur (2).

IV. — Dans notre ancienne jurisprudence, en vertu de l'ordonnance de 1747 sur les substitutions (titre 2, art. 31), le substitué, devenu l'héritier pur et simple du grevé, conservait le droit de revendiquer la chose comprise dans la substitution et irrégulièrement vendue par le grevé, bien qu'il fût soumis à l'obligation d'indemniser l'acquéreur (3). Mais cette

(1) Demolombe, XX, 554.
(2) Angers, 23 juillet 1847 (Dall., 47, 2, 195).
(3) Pothier, *Vente*, 169.

disposition tout-à-fait exceptionnelle n'a pas été reproduite dans le Code civil, et on s'accorde très-généralement à dire qu'elle doit être tenue pour abrogée (1). Aussi, est-ce en vain que M. Labbé s'efforce d'en tirer un argument.

Concluons donc, avec la jurisprudence, que le propriétaire de la chose aliénée perd le droit de la revendiquer lorsqu'il accepte purement et simplement la succession de l'aliénateur : notamment, « le ci-devant pupille, dont le tuteur a vendu un « immeuble sans accomplissement des formalités prescrites « par la loi, ne peut plus, après être devenu héritier pur et « simple de ce dernier, demander la nullité de la vente. » (2).

V. — Supposons maintenant que le propriétaire de la chose vendue par autrui vienne seulement comme cohéritier à la succession du vendeur : il n'est obligé que pour partie, et, par conséquent, s'il revendique, il ne pourra être repoussé par l'exception de garantie que dans la mesure pour laquelle il est tenu comme garant ; ainsi, en sa qualité de cohéritier, il transmet instantanément à l'acheteur une part du bien vendu égale à la part qu'il supporte dans les dettes héréditaires ; dans cette proportion, le bien est indivis entre l'héritier et l'acheteur. C'est la décision qu'il faut admettre, soit qu'on déclare toujours divisible l'obligation de garantie, soit qu'on lui attribue ce caractère au moins lorsqu'elle se présente sous la forme d'une obligation négative de ne pas évincer l'acheteur. Cette question, que nous n'avons pas à discuter, reçoit dans la jurisprudence une solution contraire.

(1) Demolombe, XXII, n° 594.

(2) V. Aubry et Rau, § 355, et les arrêts cités aux notes 4 et 5. — Pothier, *Vente*, 168.

Au propriétaire qui recueille pour moitié l'hérédité du vendeur *non dominus*, il faut assimiler la femme commune en biens dont la chose a été vendue sans pouvoir par le mari, et qui accepte la communauté dissoute : en effet, le mari qui vend seul le bien propre de sa femme, en le présentant comme sien, est un vendeur de la chose d'autrui, il contracte toutes les obligations qui découlent de cette vente et il en grève la communauté (art. 1409-2°) ; la femme acceptante s'y soumet pour moitié, comme aux autres dettes communes, et ne peut, en conséquence, revendiquer que la moitié du bien vendu (art. 1482).

Cette solution est pourtant très-vivement contestée. Les uns, partant de cette idée que l'obligation de garantie est indivisible, enlèvent à la femme tout droit de revendication, et lui permettent seulement de réclamer contre les héritiers du mari, tenus de contribuer pour moitié à la dette de garantie, une indemnité égale à la valeur de la moitié de l'immeuble. D'autres, prétendant qu'en aliénant seul les propres de la femme le mari ne peut pas obliger la communauté, autorisent la femme à exercer pour le tout la revendication, sans avoir à payer une indemnité à l'acquéreur, mais à la condition de lui restituer la moitié du prix de vente qu'elle a recueillie dans la caisse commune et qui a été payée sans cause. Nous écarterons, sans nous y arrêter, ces deux opinions, qui mettent en jeu des principes étrangers à notre sujet.

Mais, des jurisconsultes d'une grande autorité enseignent que la femme peut revendiquer la totalité de son propre aliéné, à la condition de payer à l'acheteur évincé la moitié des dommages-intérêts qui pourront lui être dus : ce n'est pas, à proprement parler, de l'obligation de garantie, c'est de l'obligation d'indemniser l'acheteur que le mari vendeur grève la communauté, et, par suite, la femme acceptante (1).

Nous retrouvons ici, limitée à un cas spécial, la doctrine que nous avons tout à l'heure combattue dans sa généralité. Même restreinte à ces termes, elle ne nous paraît pas admissible. Il n'y a aucune raison de distinguer entre les effets qu'entraîne l'acceptation de la communauté et ceux qui résultent de l'acceptation d'une succession : la femme acceptante est obligée au même titre que l'héritier pur et simple ; elle est tenue *personnellement* ; par conséquent, elle doit subir sur tous ses biens, et en particulier sur celui qui a fait l'objet de l'aliénation, les conséquences des actes qu'elle s'est appropriés en acceptant la communauté.

Elle n'est pas tenue comme héritière, dit-on, mais comme associée. Qu'importe ? Quiconque est obligé personnellement l'est avec la même énergie (art. 2092) : un associé comme la femme commune n'est pas lié moins étroitement par les dettes sociales qu'un héritier pur et simple par les dettes héréditaires. Sans doute, l'associé, dont le bien a été aliéné sans droit par un autre coassocié, peut exercer la revendication pour le tout ; mais aussi n'est-il tenu vis-à-vis de l'acquéreur d'aucune obligation qui mette obstacle à son droit d'agir, tandis que la femme acceptante, dont le propre a été aliéné par le mari seul, est liée par cette aliénation.

On prétend qu'en vendant seul le bien de sa femme le mari oblige la communauté à procurer à l'acheteur, non pas le bien qui a été aliéné, mais une indemnité qui en représente la valeur, et que, par conséquent, la femme acceptante n'est elle-même tenue que d'indemniser l'acheteur pour moitié. Mais rien ne permet de réduire ici la garantie à une simple

(1) Duranton, XVI, 321. Rodière et Pont, *Contrat de Mar.*, II, 912. Aubry et Rau, § 510, note 24.

dette d'indemnité : les obligations ne se résolvent en dommages-intérêts que si elles ne peuvent être exécutées en nature. Objectera-t-on qu'ici cette exécution donnerait effet à un acte illégal de disposition ? Mais, la vente des propres de la femme est-elle donc plus sévèrement interdite au mari que ne l'est en général la vente de la chose d'autrui au *non dominus?* Le mari, comme tout autre vendeur de la chose d'autrui, s'est valablement obligé à transférer la propriété : c'est cette obligation qui est tombée dans la communauté, et qui, dès que la femme accepte, s'exécute immédiatement pour moitié.

Tout le monde paraît du moins s'accorder à reconnaître qu'en se plaçant sous la protection de l'article 1483, la femme pourra revendiquer la totalité de son propre, à la condition de payer à l'acheteur, dans la limite de son émolument de communauté, la part qu'elle supporte dans la dette d'indemnité. On assimile à ce point de vue le bénéfice de l'article 1483 au bénéfice d'inventaire (1).

VI. — Nous avons parcouru différents cas où la qualité de propriétaire et la qualité de vendeur ou d'héritier du vendeur se réunissent sur la même tête : que décider si une même personne se trouve en même temps garante des obligations du vendeur, comme débitrice accessoire, et propriétaire de la chose vendue ? On peut supposer que la caution du vendeur devient propriétaire, ou bien que le propriétaire succède à la caution, comme héritier pur et simple. Dans ces deux hypothèses, sur lesquelles le Code de Justinien nous a présenté

(1) Troplong, *Vente* I, 483.

(1) Labbé, *loc. cit.*, p. 176 (Rev. Prat., 40).

des décisions contradictoires (Alex. 11, Diocl. et Max. 31, Cod. *de evictionibus*, *8-45)*, nous pensons qu'aujourd'hui la propriété passe immédiatement à l'acheteur.

En effet, la caution est tenue, comme débiteur accessoire, de procurer à l'acheteur ce qui fait l'objet de la dette principale, c'est-à-dire la propriété de la chose vendue ; son obligation a pour objet une translation de propriété, et, par conséquent, cette translation se réalise dès qu'elle ne rencontre plus d'obstacle.

Il n'y a pas à distinguer suivant que la caution est devenue propriétaire avant ou après le cautionnement. Cette distinction était faite, dans notre ancien droit, par Despeisses ; mais Pothier la critiquait vivement (1). Et, en effet, du moment que la caution s'est soumise personnellement, bien que d'une façon accessoire, aux obligations nées de la vente, elle ne peut se soustraire aux conséquences qui en résultent. En vain dirait-elle que, n'étant pas propriétaire au moment où elle a cautionné, elle n'a pu renoncer à un droit qu'elle n'avait pas encore : quiconque s'oblige accepte d'avance toutes les suites de l'obligation ; se constituer garant de la dette du vendeur, c'est s'exposer à être repoussé, comme le vendeur lui-même, par la maxime *quem de evictione tenet actio eumdem agentem repellit exceptio*.

Lors même que le vendeur serait solvable et pourrait indemniser l'acheteur, la caution ne serait pas admise à revendiquer ; elle ne pourrait pas renvoyer l'acheteur à discuter les biens du vendeur (2). En effet, la dette qu'elle a garantie n'a pas pour objet une indemnité pécuniaire, mais une translation de propriété ; si l'exécution en est possible, elle peut être

(1) Pothier, *Vente*, 176.
(2) Pothier, *Vente*, 177.

poursuivie directement contre la caution. C'est seulement dans le cas où la chose promise n'appartient à aucun des débiteurs principaux ou accessoires, que la dette se résoud en dommages-intérêts.

Dans le cas où l'aliénation sera ainsi consommée par l'intermédiaire de la caution, les tiers auront-ils un moyen pratique d'en prendre connaissance? Quand la caution du vendeur a acquis et par cela même transmis à l'acheteur la propriété de la chose vendue, comment ceux qui traiteront avec elle seront-ils avertis de l'acte de vente qui a eu pour effet de la dépouiller d'un droit ultérieurement acquis ? Ils trouveront cet acte transcrit sous le nom de la caution ; car l'usage de nos conservateurs des hypothèques est de mentionner l'acte de vente au compte de chacune des personnes qui y sont dénommées, soit comme vendeurs principaux, soit comme garants accessoires (1). Au contraire, si le propriétaire de la chose vendue accepte purement et simplement la succession de la caution du vendeur, l'aliénation qui en résultera manquera nécessairement de publicité.

A la différence de la caution, le détenteur d'un immeuble hypothéqué à la dette du vendeur conserve le droit de revendiquer la chose vendue, si d'ailleurs il n'est pas personnellement tenu (2).

En résumé, quiconque est personnellement obligé, soit, comme débiteur principal, à transférer la propriété, soit, comme débiteur accessoire, à garantir l'exécution de cette obligation, transfère directement et immédiatement à l'acheteur la propriété, par cela seul qu'il est ou devient propriétaire.

(1) Labbé, *loc. cit.*, p. 191 (Rev. prat., 40).
(2) Pothier, *Vente*, 180.

VII. — Nous venons de voir comment, en exécution de la vente de la chose d'autrui, la propriété peut être transmise régulièrement du vendeur à l'acheteur. Elle peut aussi être directement conférée à l'acheteur par le véritable propriétaire, étranger sans doute à la vente, mais désireux d'en assurer l'éxécution. Si, dans le but de donner effet à l'acte accompli *a non domino*, le propriétaire se dépouille de son droit au profit de l'acheteur, l'aliénation qui avait pour objet la chose d'autrui est consommée et le vendeur est libéré de ses obligations.

Ne disons pas, en ce cas, que le propriétaire *ratifie* : il ne peut pas s'approprier ce qui n'a pas été fait pour lui ; il ne peut pas entrer comme partie dans un acte où personne n'a entendu le représenter. Ne disons pas non plus qu'il *confirme* la vente ; car, dans ce qu'elle a de nul, elle ne peut pas être confirmée, et dans ce qu'elle a de valable, elle n'a pas besoin de l'être. Disons seulement qu'il l'*exécute*. Il se prête volontairement à l'accomplissement d'obligations, qui d'ailleurs ne le lient pas.

Si le propriétaire peut ainsi, par sa volonté, donner effet à une convention dans laquelle il n'est pas partie, c'est à la condition qu'il procure à l'acheteur l'entier accomplissement de l'obligation contractée par le vendeur. En effet, ce n'est pas un contrat nouveau qui se forme, c'est le contrat primitif qui s'exécute. Sous prétexte de consentir à cette exécution, il ne peut pas le modifier. Aussi « pour valider la vente de la chose « d'autrui, la ratification consentie par le véritable proprié- « taire doit supprimer le péril d'éviction qui existe sans en « créer un autre du chef de celui qui ratifie. L'acheteur n'est « pas tenu d'accepter la ratification qui, en couvrant, dans

« le cas de l'article 1599, la nullité de la vente, entraîne « elle même un nouveau sujet d'éviction (1). »

Lorsque le propriétaire a, par son intervention, libéré le vendeur, il peut, d'après des principes que nous exposerons bientôt, se faire attribuer le prix de vente, qu'en effet le vendeur ne pourrait retenir sans réaliser aux dépens d'autrui un enrichissement injuste (2).

On voit qu'en somme le propriétaire de la chose vendue par autrui a le choix entre la revendication de la chose et la répétition du prix. Il aura intérêt à se déterminer pour l'une ou pour l'autre, suivant que la valeur actuelle de la chose sera supérieure ou inférieure au prix stipulé (3). Peu importe, d'ailleurs, que le vendeur connût ou ignorât le vice de là vente : si sa mauvaise foi ne doit pas devenir pour lui une source de bénéfice *(fraus sua nemini opitulari debet)*, sa bonne foi elle-même ne peut lui permettre, ni de s'opposer à ce que le propriétaire le mette en état de s'acquitter vis-à-vis de l'acheteur, ni de conserver un prix qu'il a reçu en échange du bien d'autrui.

II

A quelle époque les divers évènements, par l'effet desquels s'accomplissent les obligations du vendeur, peuvent-ils utilement se produire pour consommer l'aliénation et rendre ainsi sans objet l'action ou l'exception de nullité ?

(1) Rej., 30 décembre 1872 (Sir., 73, 1, 125).
(2) Infra, p. 297.
(3) Pothier, *Vente*, 271 ; Troplong, *Vente*, 243.

I. — Ceux qui considèrent la vente de la chose d'autrui comme entièrement viciée, bien que susceptible de confirmation, pensent que le droit à la nullité est définitivement acquis du jour où il est exercé, et ne peut être supprimé par des événements postérieurs à l'introduction de la demande. Cette opinion, soutenue, comme nous l'avons déjà vu, par un grand nombre d'auteurs, est aussi consacrée par la jurisprudence (1).

Suivant nous, au contraire, le vendeur de la chose d'autrui est valablement obligé à transférer la propriété, et demeure tenu de cette obligation, bien que l'acheteur ait formé contre lui une demande tendant à la restitution du prix ou au paiement de dommages intérêts. En tant qu'il s'agit de la possession de la chose d'autrui, il y a nullité ou plutôt inexistence du contrat ; mais en tant qu'il s'agit de la translation de la propriété, il y a un contrat parfaitement valable, dont l'acheteur lui-même ne peut pas demander la nullité, mais dont il peut seulement faire prononcer la résolution, si l'engagement du vendeur demeure inexécuté. Or, le créancier qui agit en vertu de l'article 1184 n'a aucun droit à la résolution tant qu'elle n'a pas été prononcée : le débiteur a tous les délais de l'instance pour s'acquitter ; s'il est condamné et qu'il interjette appel, il a encore le droit de payer pendant l'instance d'appel ; il peut même obtenir un délai du juge pour se libérer. Telle est la situation de celui qui s'est obligé à transférer la propriété de la chose d'autrui.

Vainement donc on objecte que « le jugement doit être « rendu, à quelque époque que ce soit, comme il l'aurait été

(1) Agen, 13 juin 1866 (Sir., 66, 2, 339); Req. Rej., 30 décembre 1872 (Sir., 73, 1, 125).

« le jour de l'introduction de l'instance (1). » Le jugement ne peut prononcer la résolution que si le contrat n'est pas exécuté ; or, l'exécution demeure possible tant que la condamnation n'a pas été prononcée.

II. — Mais, dès que le vendeur a été condamné à restituer le prix ou à payer des dommages-intérêts, ou plutôt dès que cette condamnation est passée en force de chose jugée, il ne peut, s'il devient ultérieurement propriétaire, ni contraindre l'acheteur à recevoir en paiement la chose qui a fait l'objet de la vente, ni être contraint lui-même à la céder, lors même qu'il n'aurait pas encore exécuté les condamnations prononcées contre lui (2).

On a cependant soutenu que, dans ces circonstances, l'acheteur pourrait revendiquer la chose vendue (3) ; le jugement qui condamne le vendeur à restituer est, dit-on, simplement déclaratif, et ne crée aucun rapport de droit nouveau entre les parties ; il constate seulement que, la chose vendue appartenant à autrui, le vendeur doit restituer ce qu'il a reçu. Or, cette situation venant à changer, et l'obstacle qui s'opposait à l'accomplissement des obligations du vendeur venant à disparaître, les conséquences que le juge en a tirées n'ont plus de raison d'être, et il faut revenir à l'exécution du contrat. C'est ainsi que les servitudes ou autres droits réels dont certaines circonstances ont rendu l'exercice impossible et ont entraîné l'extinction, peuvent renaître si les choses sont rétablies dans leur état primitif (art. 704 et 2177).

(1) Arrêt d'Agen précité, note, *loc. cit.*
(2) Riom, 1er mai 1861.
(3) Héan, Revue pratique, t. 14, an. 1862, p. 186 et s.

Cette opinion méconnaît les véritables effets du jugement. Une fois la condamnation prononcée, ce qui empêche désormais toute exécution du contrat, ce n'est pas un obstacle matériel résultant du défaut de propriété chez le vendeur, et comparable aux circonstances dont parlent les articles 704 et 2177; c'est un obstacle de droit, tenant à l'anéantissement du contrat lui-même. Le jugement a éteint l'obligation de transférer la propriété, et l'a convertie en une dette de dommages intérêts ; cette novation est définitive. Peu importe que le vendeur n'ait pas encore restitué le prix ou payé les dommages-intérêts au moment où il devient propriétaire; l'inexécution de l'obligation nouvelle ne peut pas entraîner la résurrection de l'obligation primitive.

CHAPITRE III

DE CERTAINS ÉVÈNEMENTS QUI ENLÈVENT LE DROIT DE REVENDIQUER AU PROPRIÉTAIRE DE LA CHOSE ALIÉNÉE PAR AUTRUI ET DE LEUR INFLUENCE SUR LA VALIDITÉ DE L'ACTE

L'aliénation de la chose d'autrui n'a, comme acte juridique. aucune valeur aux yeux du propriétaire, lequel n'a pas même à en demander la nullité (art. 1165). Cependant, elle peut entraîner à son préjudice les conséquences les plus graves. Elle peut d'abord le mettre en fait dans l'impossibilité de revendiquer, s'il ignore entre quelles mains se trouve la chose dont l'aliénateur s'est dessaisi au profit d'un tiers. Elle peut aussi aboutir à le dépouiller définitivement de son droit : c'est ce qui arrivera si la chose est consommée ou détruite aux mains de l'acquéreur, ou est définitivement acquise à ce dernier par l'effet de la prescription. Dans ces circonstances, le propriétaire, privé du droit de revendiquer, a-t-il du moins un recours contre l'auteur de l'aliénation ? et quelle est la nature de ce recours ? Quand nous aurons résolu cette question, nous aurons à nous demander quel est le sort de l'acte intervenu entre les parties, quand il se produit un de ces événements qui anéantissent au profit de l'acquéreur le droit du véritable propriétaire.

Recours du Propriétaire contre l'auteur de l'aliénation.

Que le propriétaire dépouillé de son droit à la suite d'un acte d'aliénation de la chose d'autrui ait un recours contre l'auteur de cet acte, c'est ce qui est au-dessus de toute contestation. C'est ainsi qu'en 1825, lorsqu'on soumit l'Etat au paiement d'un milliard d'indemnité envers les propriétaires français dont les biens-fonds avaient été confisqués et vendus révolutionnairement, on reconnut que, si le droit des acquéreurs était inviolable, l'Etat, véritable vendeur de la chose d'autrui, était *débiteur* d'une indemnité, non-seulement aux yeux de la morale, mais aux yeux du droit, et que, loin de faire, comme on proposait de l'écrire dans la loi, une *juste libéralité*, il s'acquittait d'une dette (art. 1 de la loi du 27 avril 1825).

Mais dans quel principe de droit le recours du propriétaire contre l'aliénateur prend-il naissance ?

Nous ne pensons pas qu'il soit possible de reproduire en cette matière les fictions imaginées par le droit romain et maintenues dans notre ancienne jurisprudence. A défaut de disposition spéciale au recours du propriétaire contre le vendeur, on ne peut, dans le silence des textes, appliquer que les principes généraux sur la responsabilité encourue par l'auteur d'un fait dommageable, ou sur la restitution de l'enrichissement injustement réalisé au préjudice d'autrui.

I. — Supposons d'abord que l'acte d'aliénation de la chose d'autrui constitue, soit une infraction à la loi pénale, par exemple un abus de confiance, soit un délit ou quasi-délit civil : il donne lieu à une action en dommages-intérêts qui se prescrira, soit par le temps nécessaire à l'extinction de l'action publique, soit par le laps de trente années. Lors donc que l'aliénateur a été de mauvaise foi au moment de l'aliénation, sa responsabilité est engagée en vertu des articles 1382 et 1383. L'action qui est donnée contre lui à l'ancien propriétaire a pour objet, non pas la chose aliénée, mais une indemnité pécuniaire.

D'après une autre doctrine, il faut revenir à l'ancienne règle *is qui dolo desierit possidere, pro possidente damnatur, quia pro possessione dolus est* (131. D. *de reg. jur.*), et, par conséquent, si le vendeur a commis un dol en aliénant, c'est à la revendication qu'il est soumis, quoique la chose qu'il a cessé de posséder ne puisse pas être restituée, et lors même qu'elle serait d'ailleurs rentrée dans le patrimoine du propriétaire qui la revendique (1).

Cette question n'est pas sans intérêt pratique. Si on suppose que le bien vendu est un immeuble, l'action donnée contre le vendeur n'en a pas moins, suivant nous, le caractère mobilier, puisqu'elle a pour unique objet une indemnité pécuniaire (2), et elle doit être portée devant le tribunal du

(1) Demolombe, XI, nos 366 et s. Hureaux, *Successions*, III, 94. Dalloz, *Actions*, 111.

(2) La jurisprudence reconnaît que le droit appartenant aux propriétaires fonciers dépouillés par la Révolution est demeuré de nature immobilière, comme s'il portait encore sur les biens confisqués et vendus, jusqu'au jour où la loi du 27 avril 1825, en reconnaissant ce droit, l'a transformé en une créance d'indemnité ; mais si la jurisprudence décide ainsi, c'est en vertu d'une « fiction résultant des dispositions toutes spéciales de la loi du 27 avril 1825, » suivant les expressions d'un arrêt de la Cour suprême du 17 novembre 1855 (Sir., 56, I, 337). Cpr. Caen, 19 novembre 1870 (Sir., 71, 2, 163).

défendeur (1); au contraire, elle est immobilière, si on y voit une revendication donnée contre un possesseur fictif, et le tribunal de la situation de l'immeuble est compétent pour en connaître.

En présence de l'article 1382, comment le législateur aurait-il jugé nécessaire de recourir à une fiction pour protéger des intérêts qui trouvent dans l'application des principes généraux la plus complète satisfaction ? Aussi, n'a-t-il nulle part reproduit l'ancienne maxime. De quel droit prétendrions-nous la remettre en vigueur ? La revendication, comme le droit qu'elle sanctionne, établit un rapport direct entre le propriétaire et la chose ; c'est à la chose même qu'elle s'attache, sans intermédiaire ; aussi, est-ce seulement contre le possesseur qu'elle peut s'exercer. Sans doute, dans le droit romain et dans notre ancienne jurisprudence (2), celui qui avait cessé de posséder par dol était réputé posséder encore, et demeurait passible de la revendication ; mais cette fiction se fondait sur l'autorité de textes qui aujourd'hui n'ont plus force de loi. Le législateur aurait pu la consacrer : il ne l'a pas fait.

On objecte que le possesseur de la chose d'autrui est obligé de restituer, et ne peut par son dol changer la nature de son obligation ; mais il ne doit restituer que parce qu'il possède, et, en cessant de posséder, il se soustrait naturellement à cette obligation, dont le nouveau possesseur va être tenu à

(1) Nous concéderons seulement que, si le tribunal de la situation de l'immeuble avait été saisi de l'action en revendication par le propriétaire dans l'ignorance de l'aliénation accomplie, il pourrait prononcer contre l'ex-possesseur une condamnation à des dommages-intérêts. Cass. Belg., 5 février 1841 ; Labbé, *De celui qui a cessé de posséder par dol*, n° 6 (Rev. de Législ., 1872).

(2) Pothier, *Propriété*, 306, 376.

son tour ; seulement, le dommage qu'il cause par son fait devient la source d'une obligation nouvelle, *ex delicto* ou *quasi ex delicto*. Le dol dont il s'est rendu coupable n'a pas reçu de la loi le pouvoir de le soumettre à la revendication ; il ne peut par conséquent engendrer, conformément au droit commun, qu'une action personnelle.

Tout le monde reconnaît, pensons-nous, que l'action donnée contre celui qui, par dol, a cessé de posséder n'a plus à l'égard du défendeur le caractère pénal qui la distinguait en droit romain, et qu'elle peut, en conséquence, être exercée pour le tout contre les héritiers comme elle pourrait l'être contre l'auteur même du dol. Si cette action est, dans notre droit comme dans le droit romain, un action réelle donnée en vertu d'une fiction de droit dont l'application suppose essentiellement le dol personnel du défendeur, comment expliquer ce désaccord entre les deux législations ? Rien de plus rationnel au contraire, si nous reconnaissons qu'aujourd'hui, contrairement aux anciens principes, l'action donnée contre l'auteur de l'aliénation frauduleuse est une action personnelle, fondée sur l'article 1382 et tendant à la réparation du préjudice causé (1).

Pour démontrer que l'action dirigée par le propriétaire contre le vendeur *non dominus* est une véritable revendication, M. Demolombe observe d'abord que les dommages-intérêts auxquels sera condamné le vendeur doivent représenter la valeur actuelle de la chose, et il en conclut que l'obligation d'indemniser prend naissance, non pas au jour de la vente, mais au jour où le juge, reconnaissant l'impossibilité de la restitution en nature, convertit en dommages-intérêts l'obligation de restituer. Mais, cette évaluation de l'indemnité n'a rien de contraire à notre doctrine : la réparation due par l'auteur

(1) Labbé, *loc. cit.*, n° 7 (Rev. de Législ., 1873).

d'un fait dommageable ne doit-elle pas comprendre tout le préjudice causé, lors même que les conséquences de ce fait ne se sont produites qu'après un certain temps?

M. Demolombe ajoute que si, par une circonstance quelconque, le vendeur se retrouvait en position de restituer le bien vendu, il serait certainement soumis à la revendication, et que, par conséquent, elle n'a jamais cessé de pouvoir être intentée contre lui. Mais, n'est-il pas évident que, si le vendeur s'est soustrait à la revendication en cessant de posséder, il s'y soumet de nouveau en recouvrant la possession, tant du moins qu'il n'a pas prescrit?

Pour tomber sous le coup de l'article 1382, il suffit que le possesseur ait été de mauvaise foi au moment où il a vendu. Peu importe qu'il possédât avec ou sans juste cause d'acquisition, à titre gratuit ou à titre onéreux. Peu importe qu'il fût en voie de prescrire, même par le laps de dix à vingt ans. Quand il n'aurait fait, en vendant la chose d'autrui, que recouvrer le prix qu'il a payé de bonne foi pour l'acquérir, il n'en devrait pas moins indemniser le propriétaire auquel il a préjudicié par sa faute (1).

Quel est exactement le dommage qu'il doit réparer?

Si le propriétaire a, par la faute du vendeur, perdu définitivement le droit de revendiquer, l'indemnité due représentera la privation dont il souffre. Si, au contraire, il a conservé son droit, mais ne peut en fait l'exercer, par exemple s'il ignore entre quelles mains sa chose a passé, il n'y a pas de perte actuelle et certaine, mais il y a des probabilités de perte, qui peuvent se rapprocher beaucoup de la certitude; il y a aussi tout le cortége des inconvénients matériels et moraux, qu'en-

(1) Pothier, *Vente*, 273.

traîne la nécessité de rechercher le tiers détenteur et de le poursuivre en justice pour obtenir contre lui une condamnation : ce sont ces chances de spoliation, ce sont ces contrariétés de toutes sortes, que représente en ce cas l'indemnité due par le vendeur.

Nous empruntons cette distinction à une très-ingénieuse étude d'un savant professeur de la Faculté de Paris (1). Il importe beaucoup de déterminer avec cette précision, qui peut d'abord paraître subtile, la base d'évaluation des dommages. En effet, prenant cette idée pour point de départ, nous sommes autorisé à conclure, conformément à la doctrine d'Ulpien, que, si le propriétaire fait prononcer contre le vendeur une condamnation à des dommages-intérêts, il ne s'enlève pas pour cela le droit de revendiquer plus tard sa chose, quand il pourra mettre la main sur le tiers qui la possède. Ce cumul des deux actions pouvait être difficile à expliquer dans la législation romaine où c'était une revendication qui était donnée contre le *fictus possessor*; aussi n'y était-il pas unanimement admis. Mais, aujourd'hui que le propriétaire a contre l'auteur de la vente une simple action personnelle, tendant à la réparation du préjudice, on comprend qu'en se faisant allouer des dommages-intérêts il n'épuise pas son droit d'agir. Nous arrivons ainsi à concilier ces deux décisions qui peuvent tout d'abord paraître contradictoires : si le propriétaire a commencé par obtenir contre le possesseur véritable une condamnation qui le désintéresse complètement, il ne peut plus agir contre le vendeur ; ne souffrant aucun préjudice, il ne peut pas exiger d'indemnité. Si, au contraire, il a commencé par faire prononcer contre le vendeur une con-

(2) Labbé, *De l'action à exercer contre celui qui par dol a cessé de posséder*, nos 22 à 37 (Revue de Législ., 1872).

damnation à des dommages-intérêts, il conserve le droit d'agir en revendication : il s'est fait indemniser des chances de perte qu'il a courues par le fait du vendeur, mais il n'a pas abdiqué son droit.

Plaçons-nous maintenant dans le cas où le propriétaire a perdu par la faute de l'aliénateur tout droit sur la chose. La réparation qui lui est due se mesure sur la valeur de la chose au moment où l'indemnité est réclamée ; par conséquent, elle s'accroît de toutes les augmentations de valeur dont la chose s'est enrichie, et dont le propriétaire aurait profité s'il n'avait pas perdu le droit de revendiquer (art. 1149). Le vendeur, pour diminuer l'étendue de la responsabilité qu'il a encourue, objecte parfois qu'aux termes de l'article 1151, les dommages-intérêts ne doivent, même en cas de dol, comprendre « que ce qui est une suite immédiate et directe » du fait dommageable, et que par conséquent la plus-value acquise par le bien vendu, ne résultant en aucune façon de la vente *a non domino*, ne doit pas entrer en ligne de compte dans l'évaluation des dommages. Mais, le sophisme est manifeste : ce qui, d'après l'article 1151, doit résulter directement et immédiatement de l'inexécution de l'obligation, ce n'est pas le gain dont on est privé, c'est la privation de ce gain ; or, la perte dont souffre le propriétaire est « la suite immédiate et directe » de la *vente a non domino*, et elle entraîne la privation de la chose, telle qu'elle est, y compris la plus value (1).

Au reste, ce n'est pas toujours la valeur actuelle de la chose qui déterminera la quotité des dommages-intérêts. Si le prix que le vendeur a reçu est supérieur à cette valeur, c'est à bon droit que l'ancien propriétaire le réclamera : en

(1) Req. rej., 20 juillet 1852 (Sir. 52, I, 689). De Folleville, *Vente de la chose d'autrui*, n° 65.

effet, sans le fait qui l'a dépossédé, il aurait pu lui-même vendre sa chose à un moment où elle n'avait pas encore éprouvé de dépréciation, et en retirer ainsi le prix qui a été payé au *non dominus ;* celui-ci ne pourrait d'ailleurs, sans injustice, retenir un gain qu'il a réalisé *ex re alienâ.*

Allons plus loin : si, après que le vendeur a été mis en demeure de restituer, la chose a atteint une valeur considérable qu'elle a ensuite perdue, mais dont le propriétaire aurait pu profiter en saisissant le moment propice pour vendre, c'est cette valeur qu'il pourra réclamer, pourvu qu'il démontre qu'il aurait en effet vendu (1).

Enfin, si le vendeur rentre en possession du bien qu'il a aliéné sans droit, lui suffira-t-il de le restituer au propriétaire pour être quitte envers lui? Il faut décider, avec la loi romaine et avec Pothier, qu'en ce cas, s'il a reçu un prix supérieur à la valeur actuelle de la chose, il peut être contraint de l'abandonner au propriétaire, ou du moins d'ajouter à la chose qu'il restitue en nature une somme égale à la différence qui existe entre le prix déboursé et la valeur actuelle : *oportet possessorem et rem restituere petitori et quod ex venditione ejus rei lucratus est* (2).

En somme, il faut proportionner exactement au dommage souffert le *quantum* de la réparation, et, dans aucun cas, ne laisser le vendeur profiter d'une opération qu'il n'avait pas le droit d'accomplir (3). Cette délicate appréciation est l'œuvre, non pas du demandeur sur la foi du serment, comme en droit romain, mais du tribunal.

(1) Ulp. 15, § 3, D. *de rei vindic.* 47, § 6. D. *de leg.* 1° ; Paul, 40. *de petit hered.*

(2) Paul, 22, D. *de hered. pet.* Pothier, *Vente*, 271.

(3) Pothier, *Vente*, 270 et 272.

II. — Supposons, maintenant, qu'on ne puisse reprocher à l'auteur de l'aliénation aucune faute qui engage sa responsabilité : il a aliéné, croyant être propriétaire.

Il n'est pas tenu, dans ce cas, de réparer un préjudice qui ne lui est pas imputable. Mais, s'il a reçu en échange de la chose aliénée un prix ou tout autre équivalent, pourra-t-il le retenir?

Ne disons pas, malgré l'autorité de certaines lois romaines (1), qu'il est tenu, par l'*actio negotiorum gestorum utilis*, de rendre compte au propriétaire de l'aliénation qu'il a consommée, comme si elle constituait un acte de gestion d'affaires, et par conséquent de restituer ce qu'il a reçu. Comme il a vendu en son propre nom, il n'a pas *voulu* gérer l'affaire d'autrui ; or, nous ne pouvons suppléer au défaut de la volonté de gérer, requise par l'article 1372 pour que le quasi-contrat de gestion d'affaires puisse se former ; notre droit, qui a la prétention de satisfaire à toutes les exigences de l'équité, n'admet pas d'actions utiles.

Le seul principe d'obligation qui puisse lier le vendeur envers le propriétaire est dans cette règle d'équité, qu'on ne doit pas s'enrichir injustement aux dépens d'autrui. Le vendeur doit restituer ce qu'il a retiré *ex re alienâ ;* mais, en dehors de son enrichissement, il ne doit rien. Sans doute, il sera réputé avoir profité de tout le prix qu'il a reçu, sans qu'on l'admette à prouver qu'en fait il n'a pu en retirer aucun avantage (2). Mais il peut arriver que, même en sup-

(1) Supra, p. 66 et s.

(2) C'est la doctrine qui était suivie dans notre ancienne jurisprudence, contrairement à la loi romaine : 23, pr. D. *de pet. her.* Pothier, *Propriété*, nos 429, 430. Demolombe, II, nos 170, 225.

posant qu'il ait conservé le prix, il soit impossible de le considérer comme s'étant enrichi : c'est ce qui aura lieu, s'il a lui-même acquis à titre onéreux la chose d'autrui, et qu'en la vendant il recouvre simplement ce qu'elle lui a coûté, sans réaliser aucun bénéfice ; en ce cas, il échappera à toute obligation de restitution. Si le prix auquel il la vend excède celui qu'il a déboursé pour l'acquérir, il devra seulement restituer cet excédant (1).

L'obligation de restituer le prix retiré de l'aliénation est consacrée par différents articles du Code civil : art. 132, 1380, 1935.

Terminons en disant que, dans tous les cas, créancier de dommages-intérêts ou créancier de la restitution du prix, le propriétaire peut, en vertu de l'article 1166, exercer contre l'acquéreur, soustrait à l'action en revendication, tous les droits qui appartiennent à l'auteur de l'aliénation. Mais quels sont ces droits ? Nous arrivons ainsi à nous poser la question qu'il nous importe surtout de résoudre, et que les observations précédentes ont eu pour but de préparer : lorsque le propriétaire, privé du droit de revendiquer, est réduit à un recours contre l'aliénateur, l'acte d'aliénation est-il toujours nul, ou est-il devenu valable ? En d'autres termes, comment doivent-être réglés les rapports de l'acquéreur et de l'aliénateur, quand la revendication du propriétaire est devenue impossible ou du moins peut-être écartée par un moyen de défense invincible ?

(1) Pothier, *Vente*, n° 275.

De l'influence exercée sur la validité de l'acte par certains évènements qui enlèvent au propriétaire la faculté de revendiquer.

Quel est entre les parties le sort de l'acte, quand la chose a été consommée de bonne foi, quand elle a péri par cas fortuit, et enfin quand elle a été possédée assez longtemps pour que l'acquéreur puisse invoquer la prescription ?

I

De ces trois évènements, il n'en est qu'un, suivant nous, qui ait pour résultat de rendre l'acte inattaquable, comme si la propriété avait été régulièrement transférée : c'est la consommation opérée de bonne foi par l'acquéreur.

D'après les principes du droit romain, toutes les fois que la formation d'un acte juridique dépend d'une translation de propriété, et que cette translation n'a pas pu s'accomplir parce que l'acte d'aliénation a porté sur des objets appartenant à autrui, ces objets, une fois consommés par l'*accipiens*, sont réputés lui avoir été transférés en propriété ; la *consumptio*, équivalant à une *datio*, donne naissance à l'acte, et lui fait produire tous ses effets, soit extinctifs, soit productifs d'obligations, comme si l'*accipiens* était devenu propriétaire. Elle n'opère ce résultat que dans la mesure où elle a été accomplie, pour partie seulement si elle est partielle (Ulp. 13 § 2, D. *de reb. cred.*) ; mais, dans cette mesure, elle valide tous les actes successifs de prêt ou de payement dont la chose a pu faire l'objet de la part des divers possesseurs qui se la sont transmise (Julian., 19 § 1. D. *eod. tit.*).

S'agit-il d'un *mutuum* : *omnino qui alienam pecuniam credendi causâ dat, consumptâ eâ habet obligatum eum qui acceperit* (Julian., 19 § 1. *eod. tit.*). Du moment que les deniers d'autrui ont été consommés, l'emprunteur est soumis à la *condictio* (Ulp. 13, 18 § 1, *eod tit.*) ; le fidéjusseur qui a garanti l'obligation de l'emprunteur est lui-même tenu (Paul, 56 § 2, D. *de fidéj.*).

De même, si la chose d'autrui a été donnée en paiement, le créancier, en la consommant, libère le débiteur (Jul. 19 § 1, D. *de reb cred.*). Est-ce un fidéjusseur qui a payé avec l'argent d'autrui *in causam fidejussionis* : la consommation, en validant le payement, permet au fidéjusseur de recourir contre le débiteur libéré : *agere mandati potest* (Papin., 94 § 2, D. *de solution*) (1).

Cette puissance de la *consumptio* s'explique d'elle-même. Celui qui a consommé la chose en a disposé en maître, s'il n'a pas reçu la propriété, il en a du moins retiré tous les avantages. On comprend donc qu'elle lui soit réputée acquise. A l'acte qui fait juridiquement entrer une chose dans le patrimoine, il est naturel d'assimuler le fait qui la confond et l'anéantit matériellement au milieu des biens, comme si elle en faisait elle-même partie.

Il y a là un fait qui s'impose ; aussi, quelles que soient les circonstances, produira-t-il toujours ses effets.

(1) Compar. Ulp., 14 § 8, et Javolenus, 78, D. *de solutionib.* Ulp., 13 § 2, D. *de reb. cred.*

Peu importe d'abord que la chose ne fût pas susceptible d'être acquise par usucapion, par exemple, en sa qualité de *res furtiva*, et qu'en conséquence il n'y eût, par ce moyen, aucun espoir de valider l'acte (Ulp. 13 pr. D. *de reb cred.*).

Quant à l'aliénateur, qu'il fût incapable d'aliéner au moment où la chose a été livrée (Jul., 19 § 1. *eod. tit.*), qu'il le soit devenu au moment où elle a été consommée (Pompon., 12, *in fine*, D. *de reb. cred.*; 24 § 2, D. *de obl. et act.*), il n'en obtiendra pas moins, grâce à la consommation des deniers prêtés ou payés, soit la *condictio*, soit la libération de sa dette. N'exigeons pas non plus qu'il ait appris que la chose appartient à un tiers; Papinien, il est vrai, le suppose *admonitus nummos alienos fuisse* (13 § 1, D. *de reb. cred.*) ; mais, dans ce texte, il s'agit du cas où les deniers d'autrui donnés en *mutuum* ont été partiellement consommés ; or, il n'y aurait pas de raison d'intenter pour partie la *condictio*, si l'on n'était pas averti du fait qui met obstacle à la formation du contrat pour ce qui excède les choses consommées.

Enfin, quant à l'*accipiens* qui a consommé la chose reçue à titre de *mutuum* ou de paiement, sa mauvaise foi est elle-même indifférente ; sans doute, il s'expose par son dol, comme *fictus possessor*, à la revendication du véritable propriétaire; mais il n'en a pas moins réussi soit à s'obliger, soit à éteindre sa créance. En effet, aucun des textes que nous avons cités ne requiert la bonne foi de l'emprûnteur ou du créancier qui a consommé la chose, comme condition de la validation du prêt ou du paiement. Il est vrai que, dans la loi 9, § 2, D. *de auctoritate et consensu tutorum et curatorum*, le jurisconsulte Gaius, supposant qu'un pupille a payé *sine auctoritate tutoris* et que le créancier a consommé les deniers reçus, ne déclare le paiement validé et le pupille libéré que si la consommation a été opérée de bonne foi : *si tamen creditor bonâ fide pecuniam pupilli consumpserit, liberabitur pupillus*. Mais cette décision s'explique : si la chose n'avait pas été consommée, le pupille aurait eu la revendication, *quia nullum dominium transferre potest*, nous dit Gaius, et il est conforme aux principes de la lui conserver contre celui qui s'est mis par son dol dans l'impossibilité de restituer (1). Au contraire, dans le cas où il s'agit d'une *res aliena* livrée à titre de prêt ou de paiement et consommée par un emprûnteur ou un créancier de mauvaise foi, la règle *pro possessione dolus est* permet bien au légitime propriétaire d'exercer la revendication ou l'action *ad exhibendum*, mais elle est absolument indifférente au regard de celui qui a livré la chose d'autrui pour devenir créancier ou pour éteindre sa dette ; la *condictio* ou la libération lui est acquise par le fait même de la consommation. Par sa mauvaise foi, le consommateur a bien pu s'exposer aux poursuites du *dominus*, mais non pas améliorer sa situation vis-à-vis de l'aliénateur. Nous croyons donc qu'il ne serait pas admis, en alléguant sa mauvaise foi, à repousser la *condictio* ou à exiger un nouveau paiement, à moins pourtant que, sur l'action exercée par le propriétaire, il n'eût été contraint de restituer la valeur de la chose par lui consommée et n'eût ainsi perdu tout l'avantage de la *consumptio*. A la vérité, nous voyons tous les interprètes les plus autorisés exiger que la *consumptio* ait eu lieu de bonne foi (1) ; mais

(1) De même, lorsqu'un fils de famille, ayant emprunté de l'argent contrairement au sénatusconsulte Macédonien, paie à son créancier qui, de mauvaise foi, consomme ces deniers, le père peut *condicere*, tandis qu'il ne le pourrait pas si le prêteur avait été de bonne foi. Ainsi doivent probablement se concilier deux décisions de Julien et de Marcellus, citées par Ulpien : 9 § 1, D. *de Scto Maced.*, et 14, D. *de reb. cred.* Voyez Machelard, *des Oblig. natur.*, p. 114 et s.

(1) Pellat, *Textes choisis*, p. 86 ; Molitor, *Oblig.*, nos 77 et 973 ;

aucune des lois qu'ils invoquent ne mentionne cette exigence. Qu'on nous permette donc de nous en tenir aux textes.

Le Code civil a doué de la même efficacité la consommation de la chose d'autrui, seulement il exige qu'elle ait été opérée de bonne foi.

I. — Si l'acquéreur de la chose d'autrui l'a consommée de bonne foi, la nullité de l'acte ne peut plus être invoquée, ni par celui qui a fait, ni, à plus forte raison, par celui qui a reçu la tradition. C'est ce qui résulte de l'article 1238 : « Néan- « moins, dit cet article, après avoir posé en principe la nul- « lité du paiement fait par un non-propriétaire ou par un « incapable, le paiement d'une somme en argent ou autre « chose consomptible qui se consomme par l'usage ne peut « être répété contre le créancier qui l'a consommée de bonne « foi, quoique le paiement en ait été fait par celui qui n'en « était pas propriétaire.... »

Intervenue dans ces circonstances, la consommation de la chose d'autrui « équipolle, nous dit Pothier, à la translation « de la propriété ; » en effet, le créancier « n'est pas plus « sujet à la répétition de la somme d'argent ou autre chose « qu'il a consommée de bonne foi, que, s'il en eût été fait le « véritable propriétaire, puisque cette chose qui a cessé « d'être par devers lui sans aucune malice de sa part ne peut « plus être revendiquée contre lui (1). » Comme il a retiré de la chose tout l'avantage qu'il en pouvait attendre, il n'a

Demangeat, *Cours élémentaire*, II, p. 492 (3e éd.) ; Accarias, *Précis*, II, no 588, 1o, et no 690 (p. 678, note 1).

(1) Pothier, *Oblig.*, no 497.

aucun sujet de se plaindre, et, comme il s'est mis par son fait dans l'impossibilité de restituer ce qu'il a reçu, il ne saurait être admis à faire prononcer la nullité, ce qui l'obligerait précisément à restituer. D'autre part, comme sa bonne foi a été suprise, il ne doit pas pouvoir être inquiété par celui qui l'a trompé en lui livrant la chose d'autrui, lors même que le *tradens* aurait engagé sa propre responsabilité vis-à-vis du propriétaire. Il était donc de toute justice, quoi qu'on en ait dit (1), de faire fléchir ici le principe de la nullité.

L'acte étant tenu pour consommé, l'auteur de l'aliénation a contre l'acquéreur toutes les actions qui en découlent ; il a, par exemple, s'il s'agit d'une vente, l'action en paiement du prix ; s'il s'agit d'un prêt, l'action en restitution des deniers ou autres choses fongibles ; le propriétaire, créancier de l'aliénateur dans la mesure que nous avons déterminée, pourra exercer ces actions en son lieu et place. S'il s'agit d'un paiement, le *solvens* est libéré vis-à-vis du créancier ; mais le moins dont il puisse être tenu vis-à-vis du propriétaire sera de lui restituer tout le bénéfice qu'il retire de sa libération.

II. — Si c'est de mauvaise foi que l'acquéreur a consommé la chose d'autrui (2), le propriétaire a contre lui une action en dommages-intérêts ; il a, contre l'auteur de l'aliénation, une action tendant soit à la réparation du préjudice, soit à la restitution de l'enrichissement. Dirons-nous qu'ici encore la consommation équipolle à la translation de la propriété?

(1) Laurent, XVII, 501.

(2) Peu importe, d'ailleurs, la bonne ou la mauvaise foi de l'acquéreur au moment où il a reçu la chose d'autrui. Demolombe, XXVII, 104. *Contra*, Larombière, art. 1238, n° 8.

Reconnaissons d'abord que l'acquéreur ne peut pas demander la nullité d'un acte dont il a lui-même rendu les conséquences irréparables, en se mettant hors d'état de restituer la chose en nature. A la vérité, il demeure tenu d'une dette de dommages-intérêts envers le propriétaire dont il a consommé la chose ; mais comment se plaindrait-il, puisqu'il s'y est lui-même volontairement soumis ? C'est seulement dans le cas où il serait condamné à indemniser le propriétaire et où il perdrait ainsi le bénéfice de l'acquisition, qu'il pourrait se retourner contre le *tradens* ; dans ce cas, il réclamera la réparation du préjudice qu'il souffre pour n'avoir pas reçu la propriété. L'indemnité qui devra lui être alors accordée ne sera pas nécessairement égale à celle qu'il a été condamné lui-même à payer au propriétaire ; elle se mesurera sur ce qu'il aurait dû obtenir si, ayant restitué la chose au lieu de la consommer, il avait recouru contre le *non dominus*, auteur de l'aliénation.

Mais, si nous lui refusons le droit d'agir, tant du moins qu'il n'a pas subi de condamnation envers le véritable propriétaire, reconnaissons qu'il demeure exposé, de la part de l'autre partie, à l'action en nullité. En effet, le débiteur qui a livré la chose d'autrui perd le droit de la répéter si elle a été consommée de bonne foi par le créancier (art. 1238) ; donc, il conserve ce droit contre le créancier qui l'a consommée de mauvaise foi. Seulement, il ne pourra l'exercer que s'il s'acquitte lui-même des obligations auxquelles il peut être soumis, par exemple s'il offre un nouveau paiement ou restitue le prix qu'il a reçu.

Mais alors, va-t-on dire, il n'aura jamais intérêt à répéter la valeur de la chose consommée par l'acquéreur, puisqu'il sera toujours tenu de restituer une chose d'égale valeur. Il est cependant des cas où l'action en répétition pourra être utilement exercée. J'ai vendu et livré la chose d'autrui à un acheteur qui la consomme à un moment où il sait qu'elle appartient à autrui : s'il était de bonne foi au moment de la vente, je ne pourrai pas sans doute, étant tenu envers lui à des dommages-intérêts, le faire condamner à me payer la valeur de la chose dont je dois moi-même l'indemniser ; mais s'il était de mauvaise foi, comme alors je ne lui dois que la restitution du prix, je pourrai du moins exiger la différence entre le prix que j'ai reçu et la valeur de la chose que peut me réclamer le propriétaire. Je vous ai promis un genre, et je vous ai livré en paiement la chose d'un tiers ; puis, vous la consommez de mauvaise foi : vous devrez m'en restituer la valeur, si je vous offre un nouveau paiement ; ici, les deux dettes ne se compensent pas, car la vôtre a pour objet la valeur pécuniaire de la chose consommée, et la mienne une autre chose de même nature. Ainsi, l'auteur de l'acte d'aliénation trouvera, dans l'exercice de l'action en répétition, le moyen de s'acquitter plus facilement ou plus complètement envers le véritable proprietaire. Rien de plus équitable d'ailleurs : c'est l'auteur de la consommation qui, par son dol, a transformé le droit réel du propriétaire en un droit à des dommages-intérêts ; c'est sur lui que doit retomber le dommage dont il a rendu la réparation nécessaire.

III. — Tant que la chose subsiste en tout ou en partie dans le patrimoine de celui qui l'a reçue, elle peut faire l'objet de l'action en répétition, dans la mesure de ce qui n'a pas été consommé de bonne foi (1). Peu importe qu'elle se trouve confondue avec les autres objets appartenant à l'acquéreur,

(1) Larombière, art. 1238, n° 11. Demolombe, XXVII, 110.

de manière à ne pouvoir s'en distinguer : cette confusion met sans doute obstacle à la revendication (1), mais non à une action personnelle comme l'action en répétition. Le droit de répéter survit à l'anéantissement de la chose, quand elle a été consommée par un acquéreur de mauvaise foi ; à plus forte raison peut-il être exercé quand la chose a été simplement mêlée à d'autres choses semblables ; on ne peut pas dire alors qu'elle ait été consommée (2).

Il faut entendre par *consommation* tout acte par lequel l'acquéreur de la chose d'autrui se met dans l'impossibilité de la restituer, soit qu'il la détruise matériellement, soit qu'il l'anéantisse juridiquement en transformant sa substance (par exemple en l'incorporant à un bâtiment s'il s'agit d'objets mobiliers servant à la construction), soit enfin qu'il l'aliène au profit d'un tiers qui en devient propriétaire par la prescription (3).

II

La perte fortuite de la chose d'autrui qui fait l'objet d'un acte d'aliénation équivaut-elle à la consommation qu'en ferait de bonne foi l'acquéreur ? Met-elle les parties dans la même situation que si, en exécution du contrat, la propriété eût été transférée ? Efface-t-elle la nullité de l'acte ?

En droit romain, la question ne se posait pas dans les mêmes termes. Que le contrat portant sur la chose d'autrui fût vala-

(1) Javolen., 78, D. *de solut.*

(2) Duranton, XII, 53. Larombière, art. 1238, n° 10. Laurent, XVII, 502. *Contra*, Demolombe, XXVII, 108.

(3) Demol., XXVII, n° 105 à 110 ; Laromb., art. 1238. n° 10.

ble ou nul, qu'il s'agit par exemple d'une vente ou d'un échange, la perte fortuite de la chose était nécessairement sans influence sur la validité ou la nullité de l'acte.

La vente de la chose d'autrui était valable. Lorsque la chose qui en faisait l'objet venait à périr fortuitement, l'acheteur supportait les risques (1), c'est-à-dire demeurait tenu de payer le prix, et, s'il l'avait payé, ne pouvait le répéter, bien que le vendeur ne lui eût pas transmis la propriété, bien qu'il fût dans l'impossibilité de la transmettre, n'étant pas propriétaire. *Si servus venditus decesserit antequam evincatur, stipulatio non committitur, quia nemo eum evincit, sed factum humanæ sortis* (Ulp., 21, D. *de evict.*) : l'acheteur pouvait seulement agir, malgré la perte fortuite, dans le cas où il avait un dol à reprocher au vendeur (*de dolo tamen poterit agi si dolus intercesserit* : Ulp. *eod. loc.*), ou encore dans le cas où l'évènement qui avait fait périr la chose vendue était de telle nature que, si le vendeur eût été propriétaire, il aurait eu des actions à céder à l'acheteur, l'*actio legis aquiliæ*, si la chose avait été détruite par un tiers, la *rei vindicatio*, la *condictio furtiva*, si la perte s'était produite par suite d'un vol : *cùm is (qui alienam rem vendiderit) nullam vindicationem aut condictionem habere possit, ob id ipsum damnandus est : quia, si suam rem vendidisset, potuisset eas actiones ad emptorem transferre* (Gaius, 35, § 4, D. *de contr. empt*). Ainsi, la perte fortuite de la chose vendue n'avait évidemment pas pour effet de valider le contrat qui par lui-même était parfaitement valable ; mais, on peut dire qu'en règle générale elle assurait l'exécution du contrat, en ce sens que, toute éviction devenant désormais impossible, le vendeur se trouvait définitivement libéré, et

(1) Labbé, *De la perte de la chose due*, nos 92 et s.

que rien ne pouvait plus soustraire l'acheteur à ses obligations corrélatives.

Quant à l'échange, il était nul, tant que l'une des parties n'avait pas transféré la propriété.

Dans le cas où aucun des échangistes n'avait encore exécuté la convention, si l'un d'eux faisait à l'autre tradition d'une *res aliena*, aucune obligation ne se formait : aussi est-ce en vain que cette chose aurait fortuitement péri. La perte fortuite anéantissait bien le droit du véritable propriétaire ; mais elle ne pouvait ni faire réputer accomplie une obligation de *dare* qui n'existait pas, au moins comme obligation civile, ni donner naissance au contrat dont la formation dépendait de l'accomplissement d'une *datio*. Bien loin d'être assimilé au transfert de propriété que le coéchangiste avait par simple pacte promis d'opérer, cet évènement avait pour effet d'en rendre impossible l'exécution, et par conséquent de mettre à jamais obstacle à la création du contrat d'échange que les parties avaient projeté.

Dans le cas où l'un des coéchangistes avait exécuté la convention, l'autre était obligé de transférer la propriété : si la chose par lui promise appartenait à autrui, il ne se libérait pas en la livrant ; mais si elle venait à périr par cas fortuit, était-il libéré ? Oui, croyons-nous, si du moins on se place à l'époque où la jurisprudence romaine avait achevé d'élaborer la théorie des contrats innommés (Cels., 16, D. *de condict. caus. dat...*; Paul., 5, § 1, D. *de præscr. verb.*). Ici, comme en matière de vente, la perte fortuite de la chose ne validait pas le contrat, que la *datio* accomplie par l'une des parties

(1) V. Machelard, *des Obl. natur.*, p. 64 et s. ; Accarias, *des Cont. innom.* p. 118 et s. ; Labbé, *de la Perte de la chose due...*, n° 122 et suiv.

aurait suffi à créer; mais elle en consommait définitivement l'exécution : le créancier qui avait transféré la propriété, supportant les risques de la chose due, ne pouvait plus rien réclamer ; les deux parties étaient libérées.

Dans notre droit actuel, on ne peut, en matière de vente de la chose d'autrui, soulever la question des risques, sans qu'en même temps se pose une question de nullité, fort délicate à résoudre. C'est ce problème complexe, rarement examiné par les auteurs que nous voudrions approfondir.

Quand la chose d'autrui, formant l'objet d'un contrat de vente, a péri par cas fortuit, le vendeur qui désormais ne peut plus exécuter son obligation, peut-il encore réclamer le prix, ou, s'il l'a reçu, en refuser la restitution? En d'autres termes, pour qui sont les risques? Est-ce pour le vendeur? Il ne pourra élever aucune prétention sur le prix, et ainsi la perte de la chose, loin de faire réputer accomplie son obligation de transférer la propriété, aura délié l'autre partie de son obligation corrélative ; loin de valider le contrat, elle l'aura anéanti dans ce qu'il avait de valable. Est-ce pour l'acheteur ? Il devra payer le prix comme s'il avait reçu la propriété, et ainsi la perte de la chose donnera à la vente tous les effets d'une vente valable ; elle éteindra l'action en nullité.

Cette question fut soulevée par Cambacérès, dans la discussion que suscita devant le Conseil d'Etat l'article 1599. Tronchet et Treilhard la résolurent en partant d'idées toutes différentes. D'après Tronchet, le vendeur de la chose d'autrui, étant légalement dans l'impuissance de la livrer, se trouve dès le principe obligé à réparer l'inexécution du contrat ; « la perte de la chose ne change rien à cet engagement ; » en effet, ce que doit le vendeur, ce n'est pas la chose d'autrui, c'est une indemnité ; et ainsi, ce n'est pas la chose due qui a péri. D'après Treilhard, au contraire, rien n'empêche de livrer la chose d'autrui, tant qu'elle existe ; c'est seulement du jour où elle périt qu'il devient impossible au vendeur d'exécuter son obligation ; aussi est ce par les principes généraux sur la perte de la chose due qu'il convient de décider la question (1).

Si on admet que la vente de la chose d'autrui est inexistante, il n'est évidemment pas de cas fortuit qui puisse empêcher l'acheteur d'invoquer la nullité pour refuser le payement ou réclamer la restitution du prix. Mais pour ceux qui pensent qu'il y a dans toute vente de la chose d'autrui un contrat valable entre les parties, il y a lieu de rechercher si le vendeur est libéré de son obligation par cela seul qu'il lui devient impossible de l'exécuter, et si, malgré la perte de la chose, l'acheteur demeure tenu de son obligation.

Suivant nous, la dette contractée par le vendeur de la chose d'autrui a directement pour objet, non pas des dommages-intérêts, comme disait Tronchet, non pas la simple tradition, comme disait Treilhard, mais la dation de la chose ; si donc cette chose vient à périr, il y a véritablement perte de la chose due ; quels principes doivent alors être appliqués ?

Il ne faudrait pas considérer le vendeur de la chose d'autrui comme un débiteur conditionnel, tenu de transférer la propriété sous la condition qu'il se la procurera, et mettre ainsi les risques à sa charge par application de l'article 1182. Le fait d'acquérir la propriété pour la transmettre à l'acheteur ne suspend pas la naissance de l'obligation ; il constitue simplement l'exécution du contrat.

Le vendeur de la chose d'autrui, étant donc un débiteur

(1) Locré, *Législ.* XIV, p. 53.

pur et simple de corps certain, est soumis à la disposition de l'article 1138. Mais comment cet article doit-il être entendu ? Et par suite, comment résoudre la question des risques quand la vente a pour objet une *res alienâ* ?

Suivant une doctrine, conforme à la tradition romaine, l'acheteur supporte les risques, même dans le cas où il n'est pas devenu propriétaire, par ce motif qu'il est lui-même obligé en vertu du contrat, et que, si sa créance s'est éteinte par la perte fortuite de la chose due, son obligation de payer le prix n'a été l'objet d'aucun mode d'extinction. Par exemple, si les parties ont par la convention reculé jusqu'à une certaine époque le transfert de la propriété, la perte survenue avant le moment fixé n'empêche pas le vendeur de réclamer le prix (1). De même doit-on décider, si la vente a pour objet une *res aliena* et qu'ainsi le déplacement de droit soit retardé par la force même des choses jusqu'au jour où le vendeur aura acquis la propriété. La perte survenue avant cette acquisition libère le vendeur, sans rien changer aux obligations de l'acheteur. *Res perit creditori.* Seulement, le vendeur ne devant pas s'enrichir *ex re alienâ*, le propriétaire pourra répéter le prix, *condicere pretium*, comme ayant été payé en échange de sa propre chose (2). Ainsi le propriétaire ne souffrira pas plus du cas fortuit que s'il avait lui-même vendu sa chose par l'intermédiaire du *non dominus*.

Suivant une autre doctrine, qui rompt avec la tradition, si l'acheteur supporte les risques, aux termes de l'article 1138, c'est qu'il devient immédiatement propriétaire ; dans les cas

(1) Colmet de Santerre, V, 58 bis, V. Demolombe, XXIV, 418. Laurent, XVI, 212.

(2) Afric., 23, D. *de reb. cred.*

exceptionnels où il n'acquiert sur la chose qu'un simple droit de créance, les risques ne sont pas à sa charge. Une fois investi de la propriété, l'acheteur doit payer le prix, quoi qu'il arrive, car il ne saurait méconnaître ses obligations quand le vendeur a lui-même accompli les siennes ; au contraire, lorsque la perte de la chose se produit avant la translation de la propriété, l'acheteur qui n'a rien reçu ne peut être contraint de rien donner ; comme la convention n'a pas été exécutée envers lui, c'est à bon droit qu'il refuse à son tour de l'exécuter (1). Par conséquent, si le vendeur s'est obligé à transférer la propriété d'une chose appartenant à autrui, la perte fortuite, survenue avant que la translation ait été effectuée, libère l'acheteur de l'obligation de payer le prix et ne laisse rien subsister du contrat. Ainsi, le propriétaire ne trouvera dans le patrimoine du vendeur aucun équivalent de sa chose, sur lequel il puisse élever des prétentions ; c'est lui en définitive qui supportera la perte. *Res perit domino.* Pour qu'il en fût autrement, il faudrait que l'une ou l'autre des parties eût été mise en demeure de restituer, ou fût en demeure de plein droit (art. 1302) (2).

Nous nous rallions à cette dernière solution, sans pouvoir ici justifier le principe très-discuté sur lequel elle repose. Mais, considérée en elle-même, ne nous apparaît-elle pas comme parfaitement rationnelle ?

Il serait étrange qu'un vendeur de la chose d'autrui, peut-être de mauvaise foi, pût s'enrichir du prix de vente sans avoir accompli son obligation, et que, n'ayant été dépouillé de rien, ni par le contrat, demeure sans effet translatif, ni par le

(1) Larombière, art. 1138 ; Valette (cité par Mourlon, II, n° 1135) ; Labbé, *Perte de la chose due*, n° 100 et 129.

(2) Labbé, *De celui qui par dol...*, n° 17 (Revue de législ., 1872).

cas fortuit, qui a détruit la chose d'un tiers, il dût à un simple hasard de faire entrer dans son patrimoine la valeur représentative de cette chose. Si nous supposons que le *non dominus* a vendu le même bien à plusieurs personnes, pourra-t-il donc en cas de perte fortuite, exiger de chacun des acheteurs le prix stipulé, et recevoir la valeur du bien d'autrui autant de fois qu'il aura consenti d'aliénations différentes ?

On objectera peut-être : ce n'est pas au vendeur que profitera le prix de vente, c'est au véritable propriétaire ; celui-ci peut, en effet, se faire attribuer tout le profit retiré de l'aliénation par le *non dominus*.

Mais, répondrons-nous d'abord, si le propriétaire n'agit pas et qu'ainsi le vendeur retienne le prix, comment expliquer rationnellement la perte qu'on fait subir à l'acheteur ? Puis, est-il donc si équitable de fournir au propriétaire sur les deniers de l'acheteur la valeur de la chose qui a fortuitement péri ? Si cette chose eût augmenté de valeur, le propriétaire en aurait profité, car il aurait intenté la revendication au lieu de se contenter de réclamer le prix de vente. Comment dès lors, en cas de perte, ne pas lui faire supporter les risques ? N'est-ce pas rompre l'équité à son profit que l'autoriser tantôt à se prévaloir de la vente, pour réclamer le prix, tantôt à la méconnaître, pour revendiquer la chose ?

Mais, dira-t-on, grâce à la perte fortuite l'acheteur se trouve à l'abri de la revendication du propriétaire, comme dans le cas où il aurait de bonne foi consommé la chose vendue ; par conséquent, la perte doit, comme la consommation opérée de bonne foi, « équipoller à la translation de la pro-
« priété. »

On oublie qu'à la différence de celui qui consomme la chose d'autrui, celui qui la voit périr entre ses mains n'en retire aucun avantage, et que d'ailleurs il ne s'est pas mis par son fait dans l'impossibilité de la rendre. Aussi n'y a-t-il pas à s'étonner qu'il puisse se faire restituer ce qu'il a donné en échange ou réclamer un équivalent de ce qu'il a reçu.

Au surplus, les principes admis en matière de garantie ne condamnent-ils pas la doctrine qui met les risques à la charge de l'acheteur de la chose d'autrui ? Si la chose dont l'acheteur est évincé a subi des détériorations fortuites, si elle a péri partiellement, le vendeur n'en doit pas moins, aux termes de l'article 1631, restituer la totalité du prix ; il supporte donc la perte partielle ; par conséquent, il doit supporter aussi la perte totale, car il est dans l'esprit de la loi de ne pas distinguer entre ces deux cas (art. 1182). Il est vrai que l'article 1631 régit l'action en garantie exercée par l'acheteur évincé, et que, si la chose a totalement péri, toute éviction est impossible ; mais, d'après les nouveaux principes, ce n'est pas dans le fait de l'éviction que l'acheteur de la chose d'autrui puise le droit d'agir, et, du moment qu'il agit comme n'ayant pas reçu la propriété, il doit pouvoir faire prononcer contre le vendeur les mêmes condamnations que s'il avait été réellement évincé.

Il est un cas où tout le monde doit reconnaître, pensons-nous, que la chose d'autrui n'est pas aux risques du créancier à qui elle a été livrée : c'est le cas où elle a été donnée en paiement d'une dette qui n'avait pas pour objet une *res aliena*, par exemple, en paiement d'une dette de genre. Vous me promettez un cheval *in genere* et vous me livrez le cheval de *Titius* : ce paiement est nul et ne vous libère pas ; je puis donc réclamer de vous un nouveau paiement, et je le puis quand même la chose viendrait à périr. En effet, la chose qui a péri ne formait pas l'objet de votre dette, puisque vous me deviez un autre objet de même espèce vous appartenant; elle formait l'objet de l'obligation de restituer dont j'étais moi-même tenu en vertu de l'article 1238 ; aussi suis-je seul libéré par la perte de cette chose (1).

III

Quand l'acheteur de la chose d'autrui a possédé pendant le temps requis pour prescrire, l'acquisition qui résulte pour lui de la prescription doit-elle être assimilée à l'exécution régulière du contrat, telle que le vendeur aurait pu l'accomplir en se procurant la propriété ? L'acte est il désormais à l'abri de toute attaque ?

Cette question divise profondément la doctrine. Suivant les uns, la prescription accomplie par l'acquéreur efface absolument la nullité de l'acte d'aliénation, dans les rapports des parties comme au regard du ci-devant propriétaire (2). Pour d'autres, l'acquéreur qui a le moyen de repousser la revendication en invoquant la prescription peut, s'il ne veut pas conserver la chose au détriment du propriétaire véritable, la restituer à celui-ci et agir en nullité contre l'auteur de l'aliénation (3). Enfin, on est allé jusqu'à permettre à l'aliénateur lui-même d'invoquer la nullité, malgré la prescription acquise à l'acquéreur, et d'exiger ainsi la restitution de la chose en offrant une indemnité (4).

(1) Marcadé, art. 1238, nº 11 ; Colmet de Santerre, V, 177 bis XIV ; Demolombe, XXVII, nº 96 ; Laurent, XVII. nº 497. *Contra*, Duranton, XII, 32.

(2) Duranton, XII, 31 ; XVI, 179 ; Larombière, art. 1238, nº 5 ; Aubry et Rau, § 316 et note 17, § 351 et note 56.

(3) Marcadé, art. 1238, nº 2 ; Demolombe. XXVII, nº 94 ; Colmet de Santerre, t. V, 177 bis, XII, XIII, et t. VII, 28 bis XIX.

(4) Laurent, XVII, 496.

D'après les principes du droit romain, « l'usucapion con-« solide la *justa causa* et en rend les effets définitifs, puisque « l'acquéreur ne court plus désormais aucun danger d'évic-« tion (3). » Est-ce à titre de paiement que la chose d'autrui a été livrée : grâce à l'usucapion, le débiteur est libéré (Paul, 60. D. *de solut.*). Est-ce à titre de vente ou de donation : l'acheteur ou le donataire qui a usucapé ne peut plus se refuser au paiement du prix (Papin. *Fragm. Vatic.* § 12) ou à l'exécution des charges (Jul. 13 pr. D. *de mortis causâ don.*). S'il s'agit d'un contrat innommé *do ut des*, comme il n'a pu se former tant que la chose livrée appartenait à autrui, c'est par l'usucapion de cette chose qu'il prendra naissance (Paul. 1, § 4. D. *de rer. permut.*). Il en est de même pour tous les actes juridiques dont la formation est subordonnée à un transfert de propriété, pour le *mutuum*, pour le quasi-usufruit. Ainsi, l'usucapion nous apparaît, en droit romain, comme un véritable mode dérivé d'acquérir la propriété au moyen duquel l'*usucapiens* reçoit la chose du *non dominus*, et qui établit une relation d'auteur à ayant-cause entre celui qui a reçu et celui qui a fait tradition : *qui occasionem usucapionis præstitit.* (Paul, 33. D. *de mort. causâ donat.* Ulp. 1, § 1. D. *pro suo*).

Nous ne croyons pas que la prescription du droit moderne présente le même caractère. Elle est « un moyen d'acquérir « par un certain laps de temps et sous les conditions « déterminées par la loi (art. 2219) ; » mais elle n'est pas un moyen de confirmer les actes nuls émanés de non-propriétaires. Elle peut, il est vrai, être facilitée par l'existence

(1) Accarias, *Précis de Droit rom.*, I, p. 542 (2e éd.).

d'un acte d'acquisition *a non domino*, mais elle n'a pas pour objet la validation de tels actes, si bien qu'elle s'accomplit à la longue indépendamment de tout acte de cette nature. Lors même qu'elle se produit au profit d'un acheteur, ce n'est pas dans la vente, c'est dans le fait de la possession prolongée qu'elle a sa base et son principe. Aussi serait-il théoriquement inexact de la considérer comme dérogatoire à la nullité des aliénations de la chose d'autrui : il ne faut pas dire qu'un *non dominus* puisse, au moyen de la prescription, transférer un droit qu'il n'a pas ; car, s'il permet au possesseur de réaliser cette acquisition, ce n'est pas lui qui la consomme. En vous livrant la chose d'autrui, je vous mets en voie d'usucaper ; je vous fais profiter du temps pendant lequel j'ai possédé moi-même, puisque vous pourrez joindre ma possession à la vôtre ; mais, si vous arrivez enfin à acquérir la propriété, ce n'est pas de moi que vous la tiendrez, c'est de la loi qui, après un certain temps, consacre le fait de la possession. Nous avons à faire tout à la fois la démonstration et l'application de ces principes nouveaux, dans la grave question que nous traitons.

Demandons-nous donc si la prescription acquisitive, derrière laquelle peut s'abriter l'acquéreur, constitue une fin de non-recevoir opposable aux parties qui se prévaudraient encore de la nullité de l'acte.

I. — Et d'abord, l'acheteur peut-il soutenir qu'ayant reçu, en violation de la loi, la simple possession de la chose d'autrui, il n'est pas tenu de s'en contenter, bien qu'il lui suffise de recourir au bénéfice de la prescription pour transformer cette possession en droit ?

Nous ne croyons pas qu'en ce cas l'acheteur soit obligé de

se tenir pour satisfait. Le vendeur se libère en transférant la propriété, non en livrant la possession ; s'il a mis simplement l'acheteur *in causâ usucapiendi*, il ne peut pas, même après l'expiration des délais requis pour la prescription, prétendre qu'il a exécuté son obligation de transférer la propriété. La seule chose que l'acheteur puisse légitimement attendre, c'est une *datio* régulière, c'est une acquisition *a domino ;* or, il ne l'a pas obtenue. On ne saurait le contraindre à se contenter d'une chose qu'il ne peut conserver qu'en dépouillant le véritable propriétaire, et en usant d'une arme dont l'effet est le plus souvent de déshonorer ceux qui s'en servent.

Vainement le vendeur objecterait-il qu'aux termes de l'article 1640 il n'est plus tenu de la garantie pour cause d'éviction, s'il prouve « qu'il existait des moyens suffisants pour « faire rejeter la demande. » Le moyen de la prescription n'est suffisant que si le possesseur le juge tel. Il y a là une question de moralité et d'honneur, abandonnée par la loi à la conscience de celui qui a possédé le temps requis pour prescrire (art. 2220, 2223) ; comment le vendeur serait-il admis à la trancher?

Soutiendra-t-il qu'il est intéressé à opposer la prescription, et qu'en vertu de l'article 2225 cet intérêt lui donne le droit de la faire valoir, malgré toute renonciation ? Mais, l'acheteur ne se plaint pas de n'être pas devenu propriétaire, puisqu'il suffirait de sa volonté pour repousser toute agression et transformer sa possession en un droit inattaquable : il se plaint *de n'avoir pas reçu la propriété du vendeur*, et d'être placé dans la nécessité de commettre une véritable spoliation pour conserver la chose vendue : à cela le vendeur ne peut rien répondre. Il ne pourrait triompher qu'en établissant qu'il a lui-même rendu l'acheteur propriétaire : tout autre moyen de défense ne répond pas à l'attaque, et partant est impuissant à la repousser.

En matière de meubles, il serait manifestement inique de refuser à l'acquéreur le droit d'invoquer la nullité, dès qu'il trouve dans l'article 2279 un abri contre l'éviction. En effet, si la prescription instantanée avait pour conséquence de valider l'acte entre les parties, l'action en nullité n'appartiendrait jamais ceux qui auraient reçu de bonne foi un meuble appartenant à autrui, sauf dans les cas exceptionnels de vol ou de perte ; elle serait ainsi le privilége presque exclusif des acquéreurs de mauvaise foi. Aussi, certains adversaires de notre opinion paraissent-ils concéder qu'en matière mobilière la maxime de l'article 2279 n'empêche pas celui qui a reçu la chose d'autrui de demander la nullité (1). Mais, rien ne permet de distinguer entre les différents actes d'aliénation, suivant la nature mobilière ou immobilière de la chose qu'ils ont pour objet, ou entre les différentes prescriptions, suivant le temps plus ou moins qu'elles mettent à s'accomplir. Sans doute, plus est court le délai de la prescription, plus paraît digne de faveur l'acquéreur qu'on voudrait contraindre à garder la chose d'autrui en dépouillant le propriétaire ; mais, dans tous les cas, les principes s'imposent avec la même autorité.

II. — Passons maintenant au vendeur : peut-il, après que l'acheteur a prescrit, demander encore la nullité ?

D'après une opinion très-généralement reçue, on lui refuse toujours ce droit : nous sera-t-il permis de ne pas admettre, au moins dans tous les cas, cette doctrine ?

Nous lui adressons d'abord une objection tirée du caractère même de la nullité que l'acheteur aurait seul le droit d'invoquer : absolue et fondée sur une raison d'ordre public,

(1) Duranton, Aubry et Rau, *l. c.*

comme nous l'avons démontré, elle doit pouvoir être opposée par les deux parties, sans que l'une puisse être repoussée par une fin de non-recevoir qui n'empêchera pas l'autre d'agir.

M. Demolombe, se plaçant dans l'hypothèse où un créancier a reçu en paiement et a prescrit la chose d'autrui, essaye de justifier l'inégalité qui existerait, suivant lui, entre le créancier et le débiteur (1).

Il argumente d'abord de l'analogie que présenterait la nullité du paiement fait par un débiteur *non dominus* avec celle du paiement fait par un débiteur incapable ; mais, celle-ci étant purement relative, il est naturel qu'elle ne puisse être invoquée que par ceux dans l'intérêt de qui elle existe, et on ne saurait la comparer à une nullité radicale, comme celle du paiement *a non domino*.

M. Demolombe ajoute : « c'est par sa faute que le débiteur « se trouve placé dans cette situation ; il doit s'imputer d'a- « voir donné en paiement une chose qui ne lui appartenait « pas. » Mais on peut supposer la bonne foi chez celui qui a livré la chose d'autrui et la mauvaise foi chez celui qui en a reçu tradition ; donnera-t-on dans cette hypothèse une autre solution, ou permettra-t-on au créancier, qui est le véritable coupable, d'imputer au débiteur la faute commise ?

Reste ce dernier argument : « l'inégalité de position qui « existe au détriment du débiteur peut se produire d'une « façon plus saillante encore au détriment du créancier lui- « même. Il se pourrait, en effet, que, tandis que l'action en « nullité du paiement serait prescrite contre le créancier au « profit du débiteur, l'action en revendication ne fût pas « prescrite au profit du propriétaire contre le créancier ; « comme si, le propriétaire étant mineur ou interdit, la pres-

(1) Demolombe, XXVII, 95.

« cription n'avait pu courir contre lui. Et ce serait alors une « grande inégalité de position : car le créancier, après s'être « vu enlever par l'action en revendication la chose que le « débiteur lui avait donnée en paiement, ne pourrait plus « demander un nouveau paiement à celui-ci (1). » Ou nous nous trompons fort, ou cette hypothèse est purement imaginaire. Si le créancier est évincé de la chose qu'il a reçue en paiement à une époque où il ne peut plus agir en nullité en vertu de l'article 1238, il a du moins contre le débiteur l'action en garantie pour se faire indemniser, car « la prescrip- « tion ne court point..... à l'égard d'une action en garantie, « jusqu'à ce que l'éviction ait eu lieu. » Art. 2257-2°.

Faut-il donc décider que, dans tous les cas, celui qui a livré la chose d'autrui à un acheteur ou à tout autre créancier, pourra, malgré la prescription accomplie par celui-ci, agir en restitution de la chose? Nous pensons qu'il faut distinguer suivant que l'aliénateur est ou non soumis à un recours de la part du propriétaire dépossédé.

A. Plaçons-nous d'abord dans l'hypothèse que voici : la prescription s'est accomplie au profit de l'acheteur ; mais elle n'aurait pas pu avoir lieu, si la chose était restée entre les mains du vendeur, soit que celui-ci ne pût absolument pas prescrire, soit qu'il n'eût pas, comme l'acheteur, le bénéfice d'une prescription abrégée. Par exemple, je détiens à titre précaire, et je fais tradition à un acheteur qui prescrit ; ou bien j'ai une possession privée de juste titre ou de bonne foi, qui ne peut me conduire qu'à la prescription trentenaire, et je fais tradition à un tiers de bonne foi qui, après le laps de dix à vingt ans, peut repousser la revendication. Dans cette hypo-

(1) V. aussi Colmet de Santerre.

thèse, le propriétaire revendique à une époque où il ne peut plus triompher contre l'acheteur, mais où, cependant, il triompherait contre le vendeur, si celui-ci était encore en possession; il souffre ainsi, à raison de la vente, un préjudice dont il peut demander réparation au vendeur, en vertu de l'article 1382. Le vendeur peut avoir un très-grand intérêt à se soustraire à l'action en indemnité dont il est menacé de la part du propriétaire dépossédé ; or, nous croyons qu'en ce cas il a le droit d'invoquer la nullité de la vente, et de se faire restituer la chose pour la rendre à son véritable maître.

Comment le repousserait-on ? par une exception tirée des obligations qu'il a contractée ? mais il n'a pu valablement s'obliger qu'à transférer la propriété : il ne s'est obligé ni à faire avoir à l'acheteur la possession de la chose d'autrui, ni à lu procurer indirectement, par le moyen de la prescription, l'acquisition de cette chose. Si telle est en fait l'obligation à laquelle il a voulu se soumettre, s'il l'a exécutée par la mise en possession de l'acheteur, il n'a qu'à faire constater la nullité de ce qui a été fait pour exiger le rétablissement des choses en l'état antérieur.

Sa demande rencontrera-t-elle un obstacle dans la prescription que l'acheteur a consommée ? La prescription acquisitive a pour effet de consolider la propriété aux mains du possesseur, mais non de purger le titre des causes de nullité qui le vicient ; elle éteint l'action en revendication du propriétaire, non les actions personnelles qui peuvent compéter au vendeur à raison des vices dont la vente est entachée (1). L'acheteur est devenu propriétaire : mais qu'importe? Le vendeur ne revendique pas ; il intente une action en répétition. Or, cette action est soumise à une prescription extinctive de

(1) V. Aubry et Rau, § 218 et note 46.

trente ans, qui n'a rien de commun avec la prescription acquisitive de la propriété. Si elle n'est pas prescrite, pourquoi ne serait-elle pas valablement intentée? Elle ne suppose qu'une chose, la nullité de l'acte d'aliénation qui a porté sur la chose d'autrui ; il faudrait pour la repousser démontrer que cette nullité a été couverte, c'est-à-dire que la propriété a été ultérieurement transmise à l'acheteur par le vendeur ; or, la prescription accomplie n'enlève rien à l'illégalité de l'acte ; elle consomme à l'encontre du propriétaire la spoliation dont cet acte contenait le germe ; mais est-ce une raison pour le valider? N'est-il pas plus sage d'en maintenir la nullité, et de permettre ainsi d'en réparer encore les effets? C'est, croyons-nous, ce qu'a voulu le législateur, toujours inspiré par la pensée d'assurer, autant que les nécessités sociales le permettent, le respect des droits du véritable propriétaire.

Aussitôt rentrée dans la possession du vendeur par l'exercice de l'action en répétition, la chose redeviendra immédiatement la propriété de celui à qui elle appartenait primitivement, et à qui elle sera réputée n'avoir jamais cessé d'appartenir ; en effet, tout doit se passer comme si le vendeur avait toujours possédé lui-même ; or, nous avons supposé que, s'il eût conservé la chose entre ses mains, il n'aurait pas pu l'acquérir par prescription.

Si le vendeur n'intente pas l'action en répétition, le propriétaire pourra l'exercer en son nom, par application de l'article 1166, et se faire ainsi réintégrer dans sa propriété. Qu'on ne nous accuse pas d'enlever à l'acheteur, d'une façon indirecte, le bénéfice de la prescription. L'action en restitution que nous donnons au propriétaire agissant comme créancier du vendeur n'a rien de commun avec l'action en revendication, qui est bien définitivement éteinte : c'est une action propre au vendeur, aussi pourra-t-elle être repoussée, même quand le propriétaire l'exercera, par les exceptions personnelles au vendeur ; l'acheteur ne pourra jamais être privé par cette action de la chose qu'il a prescrite sans recevoir, suivant les cas, la restitution de son prix ou le paiement de dommages-intérêts. Ces résultats ne sont-ils pas parfaitement satisfaisants au point de vue de l'équité ?

Il est un texte qui en contient implicitement la consécration. L'article 1238 accorde au débiteur qui a donné en paiement la chose d'autrui le droit de la répéter ; or, en matière mobilière, l'acquéreur de bonne foi de la chose d'autrui peut se dire immédiatement propriétaire et repousser la revendication; suffira-t-il donc que le créancier ait été de bonne foi pour que le débiteur qui lui a livré des meubles appartenant à autrui perde le droit de les répéter? Non: l'article 1238 ne lui enlève ce droit que si le créancier a de bonne foi consommé la chose. Concluons-en que l'action en restitution, que le débiteur peut intenter en se fondant sur la nullité du paiement, survit à la prescription instantanée accomplie par le créancier en vertu de l'article 2279.

B. Arrivons maintenant au second terme de la distinction que nous avons annoncée : l'acheteur a prescrit; mais, si le vendeur eût conservé la possession, il aurait lui-même prescrit. Dans cette hypothèse, l'ancien propriétaire ne peut pas prétendre que la vente lui ait causé un préjudice, et, par conséquent, il n'a pas d'action en indemnité contre le vendeur : en effet, lors même que la vente n'aurait pas eu lieu, il n'en aurait pas moins perdu le droit de revendiquer (1). Permet-

(1) Dans la théorie romaine, qui accordait l'action *in rem* contre le *fictus possessor*, on devait aboutir au même résultat en disant : « celui qui a cessé de posséder est poursuivi comme s'il possédait

trons-nous au vendeur d'agir, dans ces circonstances, en répétition de la chose vendue ? Non ; car, s'il pouvait par ce moyen se faire restituer la chose, c'est à son profit que la prescription se trouverait accomplie. S'il prétendait encore se prévaloir de la nullité, il serait justement repoussé au nom des obligations qu'il a valablement contractées ; l'acheteur lui dirait : « Vous vous êtes obligé à me transférer la propriété. « Sans doute, cette obligation ne vous empêche pas de réclamer la restitution de la possession tant qu'elle peut s'opérer « sans vous rendre vous-même propriétaire ; mais elle vous « empêche de m'enlever à votre profit, soit par la revendication, soit par toute autre action, la propriété que vous vous « êtes engagé à me procurer. Vous ne pouvez répéter qu'autant que la chose est encore, au moins à votre égard, *res* « *aliena* ; or, elle n'a ce caractère ni vis-à-vis de moi, qui « suis devenu propriétaire par la prescription, ni vis-à-vis de « vous, qui le deviendrez en faisant prononcer la nullité. Si « après m'avoir vendu la chose d'autrui vous l'aviez gardée « en votre possession, vous en auriez acquis par prescription « la propriété, et vous me l'auriez ainsi immédiatement transmise : vous ne pouvez pas avoir plus de droit sur elle parce « que vous l'avez livrée et que la prescription s'est accomplie « en ma personne. »

Le vendeur objectera-t-il qu'une fois réintégré dans sa possession, il entend ne pas invoquer la prescription et restituer la chose au véritable propriétaire ? Fût-il sincère, il ne pourrait pas, en déclarant ainsi sa volonté de renoncer à la pres-

encore ; il doit être fondé à se prévaloir des moyens de défense qui lui compèteraient s'il était demeuré en possession. » Labbé, *de l'Action à exercer contre celui qui par dol...*, n° 18 (Revue de législ., 1872).

cription acquise, porter atteinte au droit de l'acheteur, son créancier : c'est ici qu'il y aurait lieu d'appliquer l'article 2225 : « Les créanciers ou toute autre personne ayant intérêt à ce « que la prescription soit accomplie peuvent l'opposer, encore « que le débiteur ou le propriétaire y renonce. »

En terminant, nous avouerons que l'isolement presque complet où nous nous trouvons, en ce qui touche cette dernière question, nous inspire bien des hésitations et bien des doutes. Mais, la doctrine que nous croyons pouvoir soutenir sans crainte, lors même qu'elle devrait, dans le cas où l'acquéreur se prévaut de la prescription, recevoir échec, la doctrine qui nous paraît rendre le mieux la pensée du législateur, c'est celle qui déclare en principe absolument nulle toute convention portant sur la possession du bien d'autrui : c'est cette idée qui, suivant nous, domine toute la théorie des actes de disposition *a non domino*, et distingue profondément notre droit actuel des législations qui l'ont précédé.

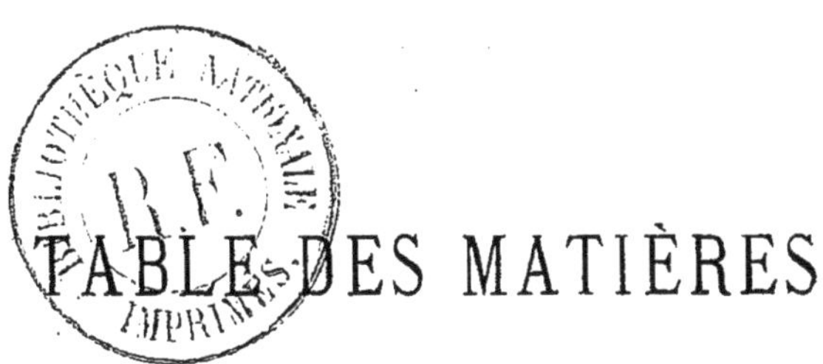

TABLE DES MATIÈRES

Droit Romain

Droit Français

POSITIONS

DROIT ROMAIN

I. — La sentence du juge qui déclare le revendiquant propriétaire et ordonne que la chose lui soit restituée ne peut pas lui servir de juste cause à l'effet d'usucaper.

II. — Si plusieurs hypothèques ont été consenties sur un même bien à des époques différentes par un *non dominus,* chacune prend rang sur le bien une fois acquis par le constituant, à dater du jour où elle a été consentie.

III. — L'ancienne règle, d'après laquelle la propriété quiritaire des choses léguées *per vindicationem* était requise chez le testateur, non-seulement au moment du décès, mais encore au moment de la confection du testament, dérivait du même principe que la règle catonienne, et devait, par conséquent, comporter la même exception dans le cas où le legs était conditionnel.

IV. — Si le possesseur de bonne foi d'une hérédité a vendu des objets héréditaires à un tiers qu'il doit indemniser en cas d'éviction, l'acheteur peut, au moyen d'une exception fondée sur la règle du sénatus-consulte juvencien, repousser la revendication du véritable héritier.

V. — Celui qui a promis *donationis causâ* de donner une chose *in genere* et qui livre en exécution de sa promesse une chose appartenant à autrui, est obligé de fournir à l'acheteur évincé un nouveau paiement, quoiqu'il ne se soit pas soumis à la garantie.

DROIT FRANÇAIS

I. — L'action publicienne n'existe pas en droit français : mais, dans une instance en revendication, lorsque l'une des parties invoque un titre d'acquisition, sans démontrer que celui de qui il émane était véritablement propriétaire, « la « partie adverse ne peut détruire la preuve qui résulte de ce « titre qu'à la charge de faire la preuve contraire, et d'éta- « blir à son profit, soit un droit de propriété préférable, soit « une possession antérieure légalement acquisitive (1). »

II. — Le propriétaire qui, muni d'un titre *a non domino*, exerce une servitude discontinue sur le fonds voisin, ne peut pas acquérir le droit par la prescription même trentenaire, et ne peut exercer les actions possessoires que contre celui de qui émane le titre.

III. — Le bien héréditaire, aliéné par un héritier apparent, peut être revendiqué par l'héritier véritable, lors même que la vente aurait été opérée de bonne foi ; seulement, le

(1) Cass., 27 déc. 1865.

revendiquant devra, si le vendeur a été de bonne foi, prendre à sa charge les dommages-intérêts dus par l'acheteur évincé.

IV. — La femme dont le mari a vendu le bien propre et qui accepte la communauté peut revendiquer pour moitié.

V. — L'acte d'acquisition *a non domino* constitue, avant même d'avoir éte transcrit, un juste titre qui peut servir de base à la prescription de dix à vingt ans.

DROIT PÉNAL

I. — Pour qu'il y ait recel, il faut qu'au moment même où on reçoit la chose volée on en connaisse la provenance criminelle.

II. — L'action en revendication d'une chose enlevée au propriétaire par un délit ou par un crime n'est pas soumise à la prescription de l'action publique.

DROIT DES GENS

Les Alsaciens-Lorrains qui ont perdu la qualité de Français par application du traité du 10 mai 1871 peuvent la recouvrer conformément à l'article 18 du Code civil.

—

La femme française, séparée de corps, ne peut pas, sans

l'autorisation de son mari, se faire naturaliser en pays étranger.

VU :

Lyon, le 11 janvier 1877.

Le Doyen, Président de la Thèse,

E. CAILLEMER.

Vu et permis d'imprimer :

Lyon, le 12 janvier 1877.

Le Recteur de l'Académie,

DARESTE.

Lyon. — Impr. P. Mougin-Rusand, rue Stella, 3.

www.ingramcontent.com/pod-product-compliance
Ingram Content Group UK Ltd.
Pitfield, Milton Keynes, MK11 3LW, UK
UKHW012011240726
13965UKWH00002B/302